기출이 답이다

공기업
일반상식·한국사
단기완성 기출 500제 + 무료동영상 (최신시사 특강)

시대에듀

2026 시대에듀 기출이 답이다
공기업 일반상식·한국사 단기완성 기출 500제

Always with you

사람의 인연은 길에서 우연하게 만나거나 함께 살아가는 것만을 의미하지는 않습니다.
책을 펴내는 출판사와 그 책을 읽는 독자의 만남도 소중한 인연입니다.
시대에듀는 항상 독자의 마음을 헤아리기 위해 노력하고 있습니다. 늘 독자와 함께하겠습니다.

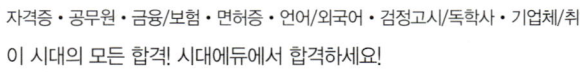
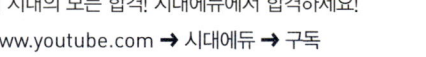

머리말

PREFACE

흔히 '신의 직장'이라 불리는 공기업·공공기관의 채용 소식을 접하기 위한 창구가 늘어나고 있습니다. 행정안전부는 지방공공기관의 채용정보를 정확하고 투명하게 전달하기 위해 인터넷 페이지 〈클린아이 잡플러스(Cleaneye Job+)〉를 운영하고 있습니다. 이로 인해 그동안 정보를 접하기 어려워 어떤 채용이 이뤄지는지 알기 힘들었던 지방공공기관의 채용정보도 쉽고 빠르게 파악할 수 있게 되었습니다.

지난 몇 년간 채용시장에서는 NCS-인적성평가의 도입이 곳곳에서 이어졌습니다. 하지만 이런 NCS 평가의 고질적 문제인 '변별력 부족' 때문에 기관들은 NCS 시험이라는 타이틀을 유지하면서 시험 내부에 상식 담기 여부를 묻는 일반상식 문제를 출제합니다. 일반상식과 한국사는 오랜 기간 많은 채용시험에서 변별력 있는 필기과목으로 애용되어온 만큼 기업들의 신뢰가 큽니다.

이에 저희들은 『기출이 답이다 공기업 일반상식·한국사 단기완성 기출 500제』를 출간하였습니다. 전국 공기업과 공공기관의 개별·통합채용 시험에서 뽑아낸 상식 키워드를 수집하여 최근 10년간 '한 번 이상 출제된 키워드'만 뽑아 복원하였습니다. 또한 NCS 시험에서 어떤 방식으로 시사상식에 대한 질문을 하는지도 파악할 수 있도록 문제 유형별 분석을 충실히 해내었습니다. 책 서두의 '출제 리포트'에서는 공기업에서 어떤 분야의 상식 키워드를 주로 출제하는지 분석하였습니다. 상식 시험을 본다고 하여 무턱대고 상식책을 파는 것은 좋지 않습니다. 자신이 원하는 기업의 출제경향에 맞는 상식을 암기하는 전략적 판단이 필요합니다.

여러분의 채용을 진심으로 기원합니다. 본서는 복잡해져가는 공기업 채용시험에서 여러분을 합격의 길로 인도할 것입니다!

시사상식연구소 씀

왜, 기출이 답이다 일까요?

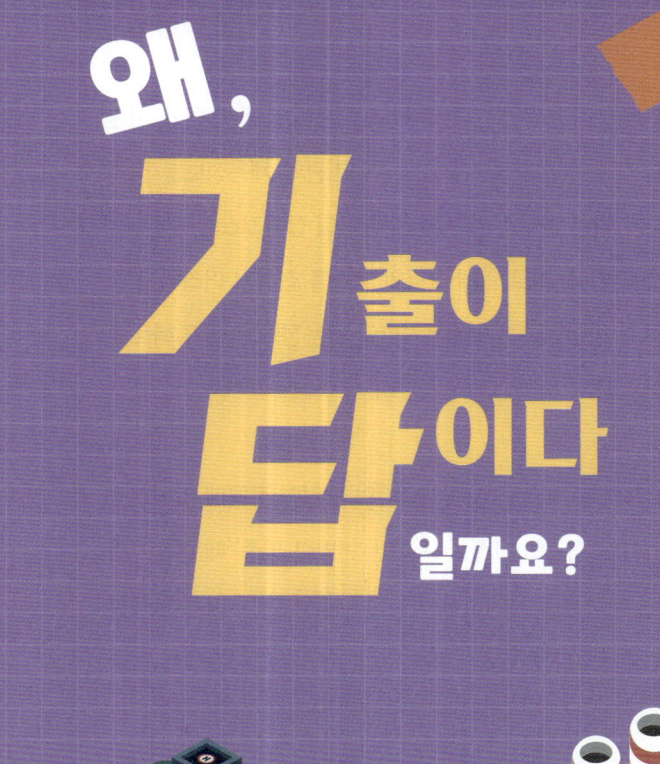

多 기출!
"한 번 이상 출제된 키워드만 넣었다"
최근 10년간 공기업·공공기관 채용시험에 출제된 2,000여 개의 상식키워드 분석

NCS 빈출 키워드
"NCS까지 커버한다!"
NCS 출제 가능성이 높은 단어들은 따로 표기해 집중학습 가능

문제 유형 분석
"실전에 맞는 문제 유형"
단답형·서술형·NCS 유형의 상식문제 숙달

최신시사 + 한국사
"출제유력한 최신시사·한국사"
'출제유력 키워드'를 새롭고 다채롭게 구성

기업별 출제경향
"내가 지원한 기업엔 어떤 상식이?"
공기업 입사시험의 상식 출제경향을 살펴보고 나에게 맞는 상식공부 실시

출제경향 리포트

ANALYSIS

공기업 상식 시험! 이렇게 대비하라

◆ 모든 지식의 기본은 상식!

상식이라는 것은 모든 지식의 기본이다. 기본이 잘 갖추어져 있으면 어떤 공부를 해도 쉬운 것처럼, 상식이 풍부하면 그만큼 다양한 문제에 대비할 수 있다. 상식 시험은 지엽적인 질문에서부터 고등교육을 받은 사람이라면 충분히 상식선에서 풀만한 문제까지 난이도 편차는 다양하다. 그만큼 상식 시험을 대비하기 위해서는 여러 분야의 문제에서 자주 나오는 내용을 파악하여 전략적으로 대비해야 한다.

◆ 상식이 필요하지 않은 시험은 없다

공기업 상식 시험의 출제영역은 크게 시사상식, 일반상식, 회사상식이 있다. 이중 시사상식의 영역은 최근에 뉴스에서 자주 등장한 이슈들에 대해 질문하는 경우가 대다수이다. 또 기본적으로 누구나 알만한 사항이라도 다시 화두로 떠오르는 경향이 있다면 시사상식 문제로 출제될 수 있다. 회사상식은 기업이 지원자에게 관련 직무와 회사에 대한 기본사항을 알고 있는지 확인하기 위한 질문으로 보통 홈페이지 소개에 있는 내용으로 출제된다.

◆ 출제범위로 전략적 학습

일반상식 시험의 경우 정치, 국제, 경영, 경제, 사회, 법률, 환경, 과학, IT 등 다양한 영역이 출제된다. 그리고 이런 영역 중 가장 대표적인 일반상식 영역이 바로 한국사다. 그래서 일반상식과 한국사를 묶어 자주 나오는 영역들을 한 눈에 파악할 수 있도록 출제 리포트를 제공했다.

분야별 일반상식 출제 리포트		
대분류	소분류	출제빈도
인문분야	국어·한자·국문학	★★☆☆☆
	시사일반·교양	★★★☆☆
이공분야	우주·군사·안보	★★☆☆☆
	정보통신·컴퓨터·인터넷	★★★★☆
	인체(질병)·생물	★★☆☆☆
	첨단과학	★★☆☆☆
사회분야	경제·경영·금융·행정	★★★★☆
	국제·외교	★★★★☆
	법률·사회·노동	★★★☆☆
	환경·지리·산업	★★☆☆☆
	정치·철학·사상	★★★☆☆
	한국사(선사시대~현대사)	★★★★★
	세계사·세계문학	★★☆☆☆
예술분야	문화·예술·미디어	★★★★☆

이 책의 구성과 특징

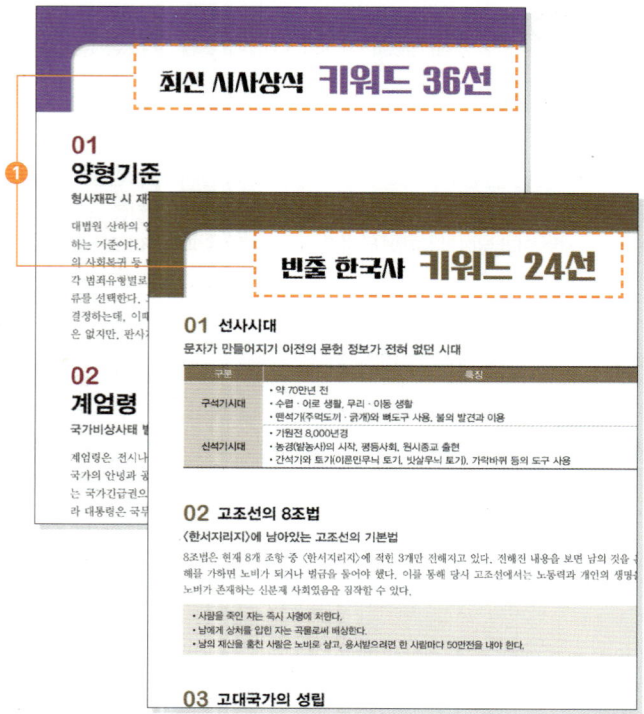

1 최신 시사상식 + 한국사 키워드 설명

최신 시사상식 키워드와 함께 국제 시상식 수상자 내역을 정리했습니다. 또한 빈출 한국사 키워드까지 정리하여 최신상식과 한국사를 동시에 대비할 수 있습니다.

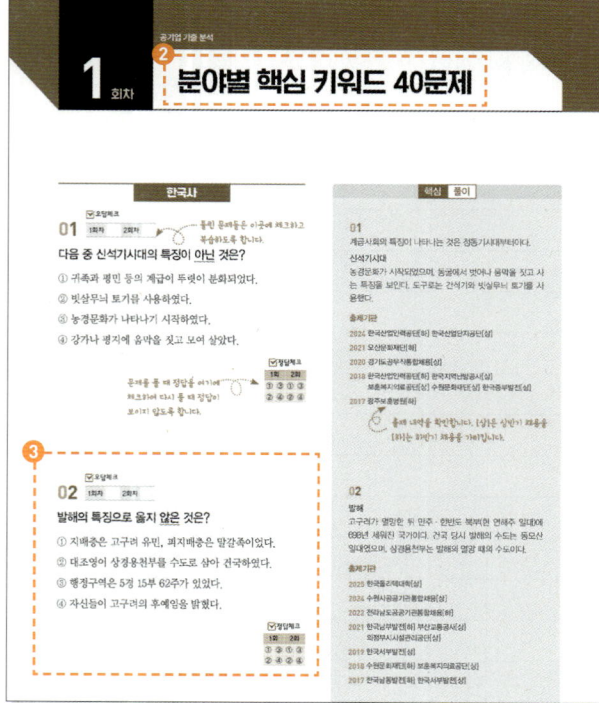

2 공기업 기출 분석 8회

다(多)기출 상식 문제를 풀어봅니다. 해설이 키워드 형식으로 나열되어 있어 모르는 단어들은 그때그때 암기하면서 진행할 수 있습니다.

3 정답체크와 오답체크

문제를 풀면서 정답은 〈정답체크〉란에 체크하여 다시 풀기 쉽도록 합니다. 틀린 문제는 〈오답체크〉란에 체크하여 빈틈없이 복습합니다.

STRUCTURES

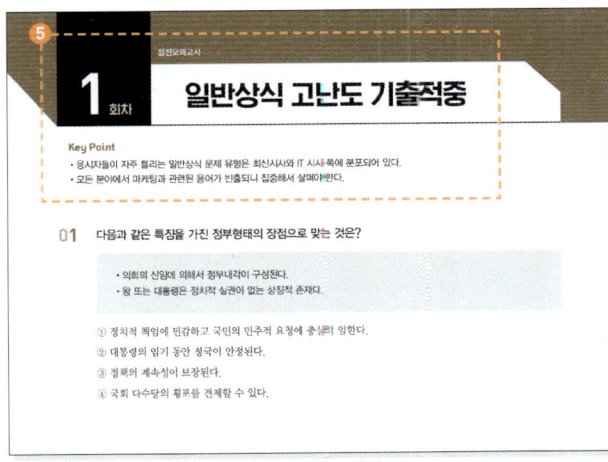

 빈틈없는 유형분석

앞에서 풀어본 상식 키워드들을 이번엔 단답형·약술형·NCS 형식의 문제로 풀어봅니다. 선다형이 아닌 문제들을 출제하는 기관도 많습니다. 실전 감각을 익히도록 합니다.

 고난도 + 계열별 실전모의고사

고난도 문제들로 구성된 일반상식 모의고사와 한국사 모의고사를 풀어봅니다. 경제 계열과 문화·관광 계열 지원자를 위한 모의고사도 마련되어 있습니다. 회차별 'Key Point'에서 어떤 부분을 파악해야 하는지 알려줍니다.

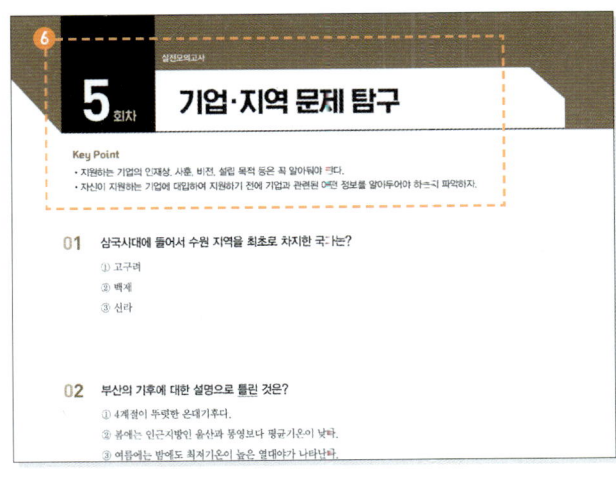 **기업·지역, NCS 상식문제 탐구**

기업·지역 관련 문제들은 어떤 것들을 물어보며, 일반상식이 필요한 NCS 문제들은 어떻게 출제되는지 파악합니다.

이 책의 차례

최신 시사상식 키워드

최신 시사상식 키워드 36선 · **012**

꼭 알아둬야 할 빈출 Awards · **024**

한국사 키워드

빈출 한국사 키워드 24선 · **032**

PART 1 공기업 기출 분석   분야별 핵심 키워드

1회차 분야별 핵심 키워드 40문제 · **040**

문제 유형 살펴보기 · **060**

2회차 분야별 핵심 키워드 40문제 · **062**

문제 유형 살펴보기 · **082**

3회차 분야별 핵심 키워드 40문제 · **084**

문제 유형 살펴보기 · **104**

4회차 분야별 핵심 키워드 40문제 · **106**

문제 유형 살펴보기 · **126**

CONTENTS

5회차	분야별 핵심 키워드 40문제	128
	문제 유형 살펴보기	148
6회차	분야별 핵심 키워드 40문제	150
	문제 유형 살펴보기	170
7회차	분야별 핵심 키워드 40문제	172
	문제 유형 살펴보기	192
8회차	분야별 핵심 키워드 40문제	194
	문제 유형 살펴보기	214

PART2 실전모의고사 계열별·유형별 6회

1회차	일반상식 고난도 기출적중	218
2회차	한국사 고난도 기출적중	224
3회차	경제 계열 기출적중	230
4회차	문화·관광 계열 기출적중	236
5회차	기업·지역 문제 탐구	242
6회차	NCS 기반 일반상식 문제 탐구	248
정답 및 해설		254

합격의 공식 시대에듀 www.sdedu.co.kr

최신 시사상식,
키워드

HOT ISSUE

최신 시사상식 키워드 36선

01
양형기준
형사재판 시 재판부가 형량 결정에 참고할 수 있는 기준

대법원 산하의 양형위원회에서 44개 범죄유형별로 그 특성을 반영해 제정하는 기준이다. 죄질과 피의자의 책임 정도, 범죄예방과 재범방지, 피의자의 사회복귀 등 다양한 면을 고려해 세워진다. 형사재판에서 판사는 형법에 각 범죄유형별로 규정된 형벌 중에서 징역이나 벌금형 같이 선고할 형의 종류를 선택한다. 그리고 법률에 규정된 바에 따라 형을 가중·감경해 형량을 결정하는데, 이때 참조하는 기준이 '양형기준'이다. 양형기준은 법적 구속력은 없지만, 판사가 양형기준과 다른 형량을 내리려면 반드시 합당한 사유를 판결문에 적어야 한다.

02
계엄령
국가비상사태 발생 시 대통령이 선포하는 국가긴급권

계엄령은 전시나 사변 또는 이에 준하는 국가 비상사태가 발생하는 경우 국가의 안녕과 공공질서를 유지하기 위해 법률이 정하는 바에 따라 선포하는 국가긴급권으로 대통령의 고유권한이다. 헌법 제77조 및 계엄법에 따라 대통령은 국무회의 의결을 통해 비상계엄 또는 경비계엄을 선포할 수 있고, 국방부장관과 행정안전부장관이 이를 건의할 수 있다. 계엄령이 선포되면 해당지역 내 행정권·사법권이 군으로 이관되고, 헌법에 보장된 국민의 기본권을 제한할 수 있다.

03
보편관세
모든 수입품에 일괄적으로 부과하는 관세

도널드 트럼프 미국 대통령이 2024년 대선기간 중 발표한 관세정책 중 하나로 모든 수입품에 일괄적으로 관세를 부과해 기존의 복잡한 관세체계를 단순화하는 것을 골자로 한다. 즉, 특정 국가나 상품이 아니라 모든 무역국과 상품에 동일한 관세율을 적용하겠다는 것이다. 트럼프는 '새로운 미국 산업주의'라는 공약을 내세우면서 '모든 국가에서 수입하는 모든 상품에 10~20%의 보편관세를 부과하고, 중국산 제품에는 최소 60%의 관세를 부과하겠다'라고 밝힌 바 있다. 그러나 다른 국가들이 이에 상응하는 조치를 취할 경우 무역전쟁이 확산할 수 있다는 우려가 나왔다.

04
연금개혁
2025년 3월 국회에서 합의된 국민연금 모수개혁

2025년 3월 20일 연금개혁이 18년 만에 국회에서 결실을 맺었다. 이번에 성사된 연금개혁은 '내는 돈'과 '받는 돈'을 결정하는 '모수(母數)개혁'이다. 먼저 내는 돈인 보험료율을 현행 9%에서 13%로 높이기로 했고, 받는 돈을 정하는 소득대체율은 2026년부터 43%로 올렸다. 이번 개혁으로 '더 내고 더 받는' 연금구조가 짜였고, 국민연금 적자전환 시점과 기금 소진 시점도 각각 7년, 9년 늦춰지게 됐다. 이 밖에도 국가가 국민연금의 안정적·지속적 지급을 보장하는 내용의 '지급보장 명문화'도 법에 반영하기로 했다.

05
친족상도례 親族相盜例
친인척 간에 발생한 재산범죄에 대해 형을 면제하는 특례

8촌 내의 혈족이나 4촌 내 인척, 배우자 간에 발생한 절도·사기죄 등 재산범죄에 대해 형을 면제하거나, 고소하지 않으면 공소를 제기할 수 없는 형법상 특례를 말한다. 1953년 형법 제정 당시 가족 내부에서 일어난 재산범죄에는 국가가 최대한 개입하지 않는다는 원칙에 의해 도입됐다. 그러나 2024년 6월 헌법재판소가 친족상도례 규정에 헌법불합치 판결을 내리면서 관련조항의 법적용이 중지됐다. 아울러 2024년 4월에는 학대 등 패륜행위를 한 가족에게도 의무적으로 일정유산을 상속하도록 한 현행민법인, 이른바 '유류분' 규정이 헌법에 어긋난다는 헌재 판단이 나오기도 했다.

06
파나마운하
태평양과 대서양을 연결하는 파나마 지협의 운하

중남미의 파나마 지협을 가로질러 건설된 운하로 태평양과 대서양을 연결하는 길이 82km의 운하다. 운하의 건설로 북아메리카 서부와 동부를 오가기 위해 남아메리카를 우회해야 했던 경로를 크게 줄일 수 있었다. 수에즈운하와 더불어 세계 2대 운하로 꼽힌다. 파나마운하는 1903년 프랑스계 회사로부터 굴착권을 매입한 미국이 건설을 시작해 12년 만에 완공했다. 운하의 운영권은 미국이 갖고 있었으나 파나마는 지속해서 반환을 요구했고, 1977년 파나마운하조약을 체결해 1999년 운영권이 파나마로 이전됐다. 그런데 2025년 제47대 미국 대통령으로 취임한 도널드 트럼프가 다시 운하의 환수 가능성을 거론해 화제가 됐다.

07
디토소비
특정 인물이나 광고, 콘텐츠 등을 따라 물건을 구매하는 것

디토소비는 최근 등장한 소비 트렌드 중 하나로, 인플루언서·연예인 등 특정인이나 콘텐츠, 커머스를 따라 그대로 물건을 구매하는 것이다. 디토(Ditto)란 '나도, 동감이야'를 의미하는 단어로, 말 그대로 다른 사람이 하는 소비를 그대로 따라하는 소비패턴을 의미한다. 특히 MZ세대에서 유행하는 소비 트렌드로 SNS, 유튜브 등에서 인플루언서 등이 추천하거나 구매한 제품을 구매하는 방식으로 나타난다. '남들이 다 가지고 있으니 나도 구입한다'는 의식에서 행하기도 한다.

08
노바이 Nobuy
불필요한 소비를 줄이고, 최소한으로만 구매하는 생활방식

최근에 등장한 소비 트렌드로 'No + Buy' 즉, '아무것도 사지 않는다'는 의미다. 불필요한 소비를 줄이고 최소한으로 구매해 생활하는 방식을 말한다. 고물가·고금리 시대에 생활비 부담이 커지면서 절약 트렌드가 확산됐고, 꼭 필요한 것만 구매하고 과소비에 따른 환경문제까지 고려하는 '가치소비'가 주목을 받으면서 정립됐다. 새로 물건을 구입하기 보다는 기존의 물건을 다시 쓰거나 소비를 신중히 결정해 행한다. 불필요한 소비를 통제하는 '무지출 챌린지'와 유사한 성격을 띤다.

09
스테이블코인 Stablecoin
실제화폐와 가치가 연동되는 가상화폐

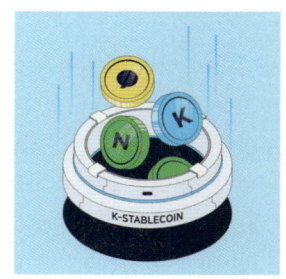

가상화폐의 변동성을 최소화하는 가상화폐의 일종이다. '안정성'을 뜻하는 스테이블이라는 명칭처럼 법정화폐의 '가치 고정화'를 특징으로 하고 가상화폐의 장점인 '거래 투명성'을 겸비한다. 현재 달러와 유로화 등 특정 명목화폐와 동일한 가치를 갖도록 발행되고 있다. 발행하는 측에서는 코인의 가치가 연결된 해당 명목화폐 가치와 1:1 비중을 담보한다고 설명한다. 다만 연결된 명목화폐의 가치가 변하면 스테이블코인의 가치도 그만큼 변동된다.

10
딥페이크(Deepfake) 음란물
딥페이크 기술을 활용해 실제인물 사진과 다른 이미지를 합성해 만든 음란물

딥페이크(Deepfake)란 '딥러닝(Deep Learning)'과 '페이크(Fake, 가짜)'의 합성어로, 인공지능(AI)이나 얼굴 매핑 기술을 활용해 합성한 영상을 뜻한다. 최근 우리나라에서는 실제인물의 얼굴과 음란물을 정교하게 합성한 딥페이크 음란물이 온라인 메신저인 '텔레그램'에서 대규모로 유통돼 충격을 줬다. SNS에서 일반인의 사진을 무단으로 도용해 음란물을 제작하고 유포했는데, 대학생과 중·고교생, 교사와 여군까지 피해가 사회 전방위로 확산돼 큰 파문이 일었다.

11
ESG
기업의 비재무적인 요소인 환경과 사회적 책무, 지배구조

'Environmental', 'Social', 'Governance'의 앞 글자를 딴 용어로 기업의 비재무적인 요소인 환경과 사회적 책무, 지배구조를 뜻한다. '지속가능한 경영방식'이라고도 하는데, 기업을 운영하면서 사회에 미칠 영향을 먼저 생각하는 것을 말한다. 기업들은 환경캠페인을 벌이는 식으로 기후변화 대처에 일조하며, 이사회에서 대표이사와 이사회 의장을 분리하여 서로 견제하도록 해 지배구조 개선에 힘쓰기도 한다. 아울러 지역사회에 보탬이 되는 봉사활동을 기획하는 등 사회와의 동행에도 노력하게 된다.

12
소프트파워 Soft Power
인간의 이성 및 감성적 능력을 포함하는 문화적 영향력

군사·경제력과 같은 하드파워(Hard Power)에 대응하는 개념으로 설득을 통해 자발적 순응을 유도하는 힘을 말한다. 21세기에 들어서며 세계가 군사력을 바탕으로 한 하드파워, 즉 강성국가의 시대에서 소프트파워를 중심으로 한 연성국가의 시대로 접어들었다는 의미로 하버드대 케네디스쿨의 '조지프 나이'가 처음 사용했다. 대중문화의 전파, 특정 표준의 국제적 채택, 도덕적 우위의 확산 등을 통해 커지며, 우리나라를 비롯한 세계 여러 나라에서 자국의 소프트파워를 키우고 활용하기 위한 노력을 계속하고 있다.

13
사이버 렉커 Cyber Wrecker
이슈를 자극적으로 다루어 온라인에서 공론화하는 매체

온라인상에서 화제가 되는 이슈를 자극적으로 포장해 공론화하는 매체를 말한다. 빠르게 소식을 옮기는 모습이 마치 사고현장에 신속히 도착해 자동차를 옮기는 렉커(견인차)의 모습과 닮았다고 해서 이 같은 이름이 붙었다. 이들은 유튜브와 인터넷 커뮤니티 등에서 활동하는데, 자극적인 제목과 썸네일로 조회 수를 유도한다. 정확한 사실 확인을 거치지 않고 무분별하게 정보를 퍼트린다는 점에서 문제가 된다.

14
사적제재
적법한 절차 없이 개인·집단에 사인이 제재를 가하는 행위

국가에 의한 사법절차 없이 사인(私人)이 나름의 기준대로 개인 또는 집단에 가하는 제재를 말한다. 우리나라에서는 보통 국가·공공기관이 아닌 개인에 의해 범죄자의 신상정보 등이 폭로되는 형태로 나타난다. 최근 사례를 살펴보면 2020년 'N번방 사태' 당시 가해자들의 신상을 온라인에 박제한 '디지털교도소'가 논란이 됐고, 2024년 6월에는 2004년 경남 밀양시에서 발생한 여중생 집단 성폭행 사건 가해자들의 신상과 근황을 한 유튜버가 공개하면서 다시금 공분을 일으키기도 했다.

15
이상동기범죄
일반적이지 않은 범행동기로 벌이는 범죄

범행동기가 뚜렷하게 드러나지 않거나 일반적이지 않은 동기를 가지고 벌이는 범죄를 지칭하는 용어다. '묻지마 범죄'라는 말로 표현돼왔으나 전문가들은 이러한 명칭이 범죄원인 파악과 예방대책 마련을 어렵게 한다고 지적했다. 이에 경찰이 '이상동기범죄'라는 공식용어를 발표하고 관련범죄분석 및 통계수집, 대응책 마련 등에 나서면서 사용되기 시작했다. 이상동기범죄 피의자들은 대부분 개인적 실패의 원인을 사회나 불특정 다수에게 전가해 자신의 범죄를 합리화하는 것으로 알려졌다.

16
알파세대
2010년대 초~2020년대 중반에 출생한 세대

2010년 이후에 태어난 이들을 지칭하는 용어로 다른 세대와 달리 순수하게 디지털 세계에서 나고 자란 최초의 세대로도 분류된다. 어릴 때부터 기술적 진보를 경험했기 때문에 스마트폰이나 인공지능, 로봇 등을 사용하는 것에 익숙하다. 그러나 사람과의 소통보다 기계와의 일방적 소통에 익숙해 정서나 사회성 발달에 부정적인 영향이 나타날 수 있다는 우려도 있다. 알파세대는 2025년 약 22억명에 달할 것으로 예측됐으며, 소비시장에서도 영향력을 확대하는 추세다.

17
출생통보제
의료기관이 아이 출생사실을 의무적으로 지방자치단체에 통보하도록 하는 제도

부모가 고의로 출생신고를 누락해 '유령아동'이 생기지 않도록 의료기관이 출생정보를 건강보험심사평가원을 통해 지방자치단체에 통보하고, 지방자치단체가 출생신고를 하는 제도다. 2024년 6월 30일부터 시행됐다. 한편 정부·국회는 미혼모나 미성년 임산부 등 사회·경제적 위기에 놓인 산모가 신원을 숨기고 출산해도 정부가 출생신고를 할 수 있는 '보호출산제'를 함께 도입했다.

18
슈링크플레이션
기업이 제품의 가격은 유지하는 대신 수량·무게를 줄여 가격을 사실상 올리는 것

기업들이 자사제품의 가격은 유지하고, 대신 수량과 무게·용량만 줄여 사실상 가격을 올리는 전략이다. '줄어들다'라는 뜻의 '슈링크(Shrink)'와 '인플레이션(Inflation)'의 합성어다. 한국소비자원의 조사에 따르면 2023년 우리나라 식품업계에서 9개 품목, 37개 상품에서 슈링크플레이션이 확인됐다. 정부는 제품의 포장지에 용량이 변경된 사실을 의무적으로 표기하도록 하고, 이러한 가격인상 행위에 대해 과태료를 부과하겠다고 밝혔다.

19
합계출산율
한 여성이 가임기간 동안 낳을 것으로 기대되는 평균 출생아 수

인구동향조사에서 15~49세의 가임여성 1명이 평생 동안 낳을 것으로 추정되는 출생아 명수를 통계화한 것이다. 한 나라의 인구증감과 출산수준을 비교하기 위해 대표적으로 활용되는 지표로서 일반적으로 연령별 출산율의 합으로 계산된다. 2024년 우리나라의 합계출산율은 0.75명을 기록했다. 2024년 기준 경제협력개발기구(OECD) 회원국 중 합계출산율이 1.00명 미만인 국가는 우리나라가 유일하다.

20
학생인권조례
학생의 존엄과 가치 및 자유와 권리를 보장하기 위해 제정된 조례

지방자치단체나 시·도 교육청의 조례로 2011년 전면적으로 도입됐다. 두발과 복장규제, 체벌, 일괄적 소지품 검사를 금지하고 성별과 종교, 성적지향을 이유로 학생을 차별할 수 없도록 했다. 2023년 7월 서이초 교사 사망 사건 이후 정부는 학생인권조례의 축소 및 폐지 움직임을 보였다. 교육부장관이 "학생인권이 지나치게 강조돼 교권은 땅에 떨어지고 교실현장은 붕괴되고 있다"며 "학생인권조례를 재정비하겠다"고 밝힌 바 있다.

21
사도광산
일본 니가타현에 소재한 일제강점기 조선인 강제노역 현장

에도시대 금광으로 일제강점기 당시 조선인 강제노역이 자행된 곳이다. 최근 일본은 사도광산의 세계유산 등재를 추진했는데, 대상기간을 16~19세기 중반으로 한정해 일제강점기 조선인 강제노동 내용을 배제했다. 우리나라는 그간 사도광산의 등재추진에 대한 문제점을 유네스코와 일본에 지속적으로 제기해왔는데, 유네스코 자문기구인 ICOMOS는 '등재권고 보류' 판결을 내리며, 일본정부에게 광산의 전체역사를 추천서에 반영하고 주변국과도 협의를 이뤄 오라고 통보했다. 그런데 2024년 7월 윤석열정부가 일본 측과 협상 중 등재에 동의했고, 그러면서도 '강제성' 표현을 명시하라는 정부의 요구를 일본 측이 거부한 것으로 드러나면서 논란이 일었다.

22
디리스킹 De-risking
중국에 대한 외교적·경제적 의존도를 낮춰 위험요소를 줄이겠다는 서방의 전략

종래까지 미국을 비롯한 서방국가들은 대체로 중국과 거리를 두고 공급망에서 배제하는 '디커플링(De-coupling, 탈동조화)' 전략을 택해왔다. 그러나 2023년에 들어서는 중국과의 긴장을 완화하고 조금 더 유연한 관계로 전환하는 디리스킹 전략을 취하려는 움직임을 보였다. 디리스킹은 '위험제거'를 뜻하는 말로, 중국과 경제적 협력관계를 유지하면서도 중국에 대한 과도한 외교·경제적 의존도를 낮춰 위험을 관리하겠다는 의도로 풀이된다.

23
브릭스 BRICS
브라질·러시아·인도·중국·남아공의 신흥경제 5국을 하나의 경제권으로 묶은 용어

브라질(Brazil), 러시아(Russia), 인도(India), 중국(China), 남아공(South Africa) 등 5국의 영문 머리글자를 딴 것이다. 90년대 말부터 떠오른 신흥경제국으로 매년 정상회의를 개최하고 있다. 2011년에 남아공이 공식회원국으로 가입하면서, 기존 'BRICs'에서 'BRICS'로 의미가 확대됐다. 또한 2023년에는 사우디아라비아와 이란, 아랍에미리트(UAE), 아르헨티나, 이집트, 에티오피아를 새 회원국으로 품으면서, 정식회원국은 11개국으로 늘어났다. 중국과 러시아가 브릭스의 규모를 키워 서방 선진국 모임인 G7의 대항마도 세우려 한다는 분석이 나왔다.

24
하마스 HAMAS
팔레스타인의 민족주의 정당이자 준군사조직

팔레스타인의 무장단체이자 정당이다. 'HAMAS'라는 명칭은 '이슬람 저항운동'의 아랍어 첫 글자를 딴 것이다. '아마드 야신'이 1987년 창설했으며, 이슬람 수니파 원리주의를 표방한다. 이스라엘에 저항하고 팔레스타인의 독립을 목표로 무장 저항활동을 펼치고 있다. 이들은 팔레스타인 가자지구와 요르단강 서쪽 지역을 실질 지배하고 있다. 이스라엘과의 '팔레스타인 분쟁'의 중심에 서 있는 조직으로 2023년 10월 이스라엘을 무력으로 침공하면서 전면전이 시작됐다. 이스라엘이 곧 '하마스 섬멸'을 천명하고 가자지구를 공격하면서 수많은 가자지구 국민들이 희생됐다.

25
소형모듈원전 SMR ; Small Modular Reactor
발전용량 300MW급의 소형원전

소형모듈원전(SMR)은 발전용량 300MW급의 소형원전을 뜻하며, 차세대 원전으로 떠오르고 있다. 기존 대형원전은 원자로와 냉각재 펌프 등 갖가지 장치가 별개로 설치되어야 하나, SMR은 이 장치들을 한 공간에 몰아넣어 원전의 크기를 대폭 줄일 수 있다. 대형원전에 비해 방사능유출 위험이 적다는 장점도 있다. 배관을 쓰지 않는 SMR은 노심이 과열되면 아예 냉각수에 담가버려 식힐 수 있다. 과열되는 설비의 수 자체도 적고, 나아가 원전 크기가 작은 만큼 노심에서 발생하는 열도 낮아 비교적 식히기도 쉽다. 또 냉각수로 쓸 강물이나 바닷물을 굳이 끌어올 필요가 없기 때문에 입지를 자유롭게 고를 수 있다.

26
온디바이스 AI
스마트기기에서 인터넷 연결 없이 자체적으로 작동하는 인공지능(AI)

스마트기기에 탑재돼 외부서버나 클라우드에 연결돼 있지 않아도 서비스를 제공할 수 있는 인공지능(AI)을 말한다. '에지(Edge) AI'라고도 불린다. 기존에는 기기에서 수집한 정보를 중앙클라우드 서버로 전송해 데이터와 연산을 지원받아야 했는데, 불안정한 통신상황에서는 서비스 이용이 제한적이라는 한계가 있었다. 온디바이스 AI는 자체적으로 정보를 처리해 인터넷 연결이나 통신상태로부터 자유롭고, 개인정보를 담은 데이터를 외부서버로 전송하지 않아도 된다는 점에서 차세대 기술로 주목받고 있다.

27
위고비 Wegovy
덴마크 제약회사가 개발한 성인용 비만치료제

덴마크의 제약회사인 노보 노디스크가 2021년 개발한 성인용 비만치료제다. 본래는 제2형 당뇨를 치료하기 위한 약품이었으나, 비만인의 체중감량효과가 있다는 것이 확인되면서 미국 FDA에서 비만치료제로 승인을 받았다. 이후 미국에서 위고비는 선풍적인 인기를 얻었고, 지난 2024년 10월에는 우리나라에도 정식 출시가 되면서 큰 화제를 불러 일으켰다. 한편 위고비가 근본 목적인 비만 치료가 아닌 단순 다이어트 등의 미용 목적으로 오·남용되면서 부작용을 낳을 수 있다는 우려가 제기되기도 했다.

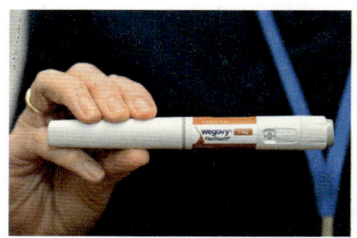

28
조용한 해고 Cuiet Cutting
기업이 직원에게 간접적으로 해고의 신호를 주면서 퇴사하도록 유도하는 것

기업이 직원을 직접 해고하는 대신 간접적으로 해고의 신호를 주는 조치를 말한다. 기업은 장기간 봉급인상 거부, 승진기회 박탈, 피드백 거부 등의 방식으로 조용히 불이익을 주면서 직원들이 스스로 퇴사하도록 유도한다. 이는 팬데믹 이후 확산했던 '조용한 퇴사(Quiet Quitting)'에 대응하는 기업들의 새로운 움직임이다. '조용한 퇴사'란 직장을 그만두지는 않지만 정해진 업무시간과 업무범위 내에서만 일하고 초과근무를 거부하는 노동방식을 말한다.

29
스마트팩토리 Smart Factory
인간의 개입 없이 전체공정이 정보통신기술로 이뤄지는 지능형 공장

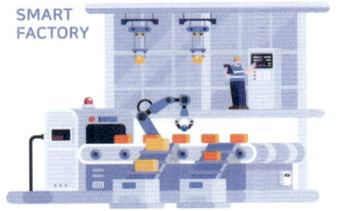

제품의 기획 및 설계단계부터 판매 및 마케팅 등의 모든 공정이 사물인터넷(IoT), 인공지능(AI), 빅데이터와 같은 정보통신기술(ICT)을 적용해 기업의 생산성과 제품의 품질 등을 높이는 지능형 공장을 의미한다. 모든 공정이 인공지능에 의해 자동화되는 제조업의 혁신이라고도 불린다. 자동화된 공정에서 수집되는 데이터를 활용해 각 공정이 서로 유기적으로 이뤄질 수 있도록 한다. 스마트팩토리의 구체적인 운영 전략은 국가별 제조업의 특성 및 강점, 산업구조 등에 따라 다양한 형태를 갖춘다.

30
도심항공교통 UAM ; Urban Air Mobility
전동 수직이착륙기를 활용한 도심교통시스템

기체, 운항, 서비스 등을 총칭하는 개념으로 전동 수직이착륙기(eVTOL)를 활용하여 지상에서 450m 정도의 저고도 공중에서 이동하는 도심교통시스템을 말한다. '도심항공모빌리티'라고도 하며, 도심의 교통체증이 한계에 다다르면서 이를 극복하기 위해 추진되고 있다. UAM의 핵심인 eVTOL은 옥상 등에서 수직이착륙이 가능해 활주로가 필요하지 않으며, 내장된 연료전지와 배터리로 전기모터를 구동해 탄소배출이 거의 없다. 또한 소음이 적고 자율주행도 수월하다는 점 때문에 도심형 친환경 항공 교통수단으로 각광받고 있다.

31
밸류업 Value Up
코리아 디스카운트 대응 방안

대상의 가치를 높이는 행위를 말하며 경영에서는 기업가치 제고를 의미한다. 가치평가 수준이 비슷한 외국 상장기업에 비해 우리기업의 가치가 낮게 형성되는 '코리아 디스카운트'에 대응할 수단이다. 밸류업을 위해서는 기업 스스로 체질개선을 하려는 노력이 필요하다. 금융위원회는 2024년 2월 '기업 밸류업 프로그램'을 발표했는데, 기업들의 자발적인 기업가치 제고 노력과 주주환원정책을 통해 만성적 저평가를 해결하겠다는 내용이다. 정부는 기업들의 참여유도를 위해 다양한 세제지원책을 인센티브로 제시하기로 했다.

32
오버투어리즘 Overtourism
관광객 과잉과 그로 인한 폐해

관광객이 너무 많아 발생하는 문제들을 가리킨다. 관광객이 많을 경우 지역상권은 발전하지만 그로 인해 지역의 땅값이 올라 지역주민들이 쫓겨나거나, 교통체증과 물가상승에 시달리는 등 삶의 질이 떨어지는 문제가 발생할 수 있다. 최근 이탈리아의 유명 관광지 베네치아에서는 극심한 오버투어리즘 탓에 도시 입장료 부과를 시범 실시했고, 일본 후지산 인근 마을인 후지카와구치코에서도 숙박세 도입을 예고했다.

33
HBM High Bandwidth Memory
기존 DRAM의 데이터 처리능력을 끌어올린 고대역폭메모리

우리나라의 SK하이닉스가 세계 최초로 고안해 양산한 고대역폭메모리로 DRAM을 수직으로 적층해 데이터 처리 속도를 대폭 강화했다. 이러한 적층구조는 기반 면적당 훨씬 높은 데이터 용량을 확보할 수 있게 한다. 인공지능이나 빅데이터처럼 방대한 양의 데이터를 연산·처리해야 하는 첨단 IT기술 구현의 강력한 무기가 되고 있다. SK하이닉스는 2024년 9월 HBM 최대용량 36GB를 구현한 HBM3E 12단 신제품을 세계 최초로 양산하기 시작했다.

34
시성비
시간 대비 효율을 추구하는 소비문화

'가격 대비 품질'을 의미하는 '가성비'에서 변형된 신조어로 투입한 시간 대비 더 뛰어난 성능을 추구하는 소비문화를 말한다. 시성비는 콘텐츠 분야에서 출발해 여러 산업분야의 소비 트렌드로 확산되고 있다. 먼저 유튜브 같은 콘텐츠 플랫폼에서는 영화나 드라마 등 영상을 빠르게 시청하기 위해 건너뛰기·2배속 재생을 하는 경향을 보이고, 긴 이야기를 짧게 압축해 주요장면만 이어붙인 요약 콘텐츠가 인기를 끌고 있다. 나아가 자동 식기세척기나 로봇청소기 등 가사에 드는 시간을 절약해주는 제품들이 비싼 가격에도 호황을 누리는 중이다.

35
퍼스널 컬러
타고난 개인의 신체적 컬러

퍼스널 컬러는 타고난 개인의 신체적 컬러를 뜻하는 용어로 '봄웜톤', '여름쿨톤', '가을웜톤', '겨울쿨톤' 등 4가지가 있다. 퍼스널 컬러는 개인이 갖고 있는 고유한 피부, 머리카락, 눈동자의 명도와 채도로 결정된다. 이 퍼스널 컬러를 파악하여 잘 어울리는 의상이나 액세서리, 화장품을 선택할 수 있다. 최근 패션·미용업계에서는 고객들의 퍼스널 컬러를 진단해주고, 이에 알맞은 상품을 추천하는 등 마케팅을 펼치고 있다.

36
보편적 시청권
전 국민적 관심을 받는 스포츠를 시청할 수 있는 권리

전 국민적 관심을 받는 스포츠를 시청할 수 있는 권리다. 이 권리가 보장되기 위해서는 무료 지상파 채널이 우선으로 중계권을 소유해야 한다. 해당 제도는 유럽의 '보편적 접근권'을 원용한 것으로 2007년 방송법이 개정되면서 처음 도입됐다. 방송통신위원회는 모호한 의미였던 '국민적 관심이 매우 큰 체육경기대회'를 구체화하면서 2016년 방송수단을 확보해야 하는 시청범위를 90%와 75%를 기준으로 나눴다. 90%는 동·하계 올림픽과 월드컵, 75%는 월드 베이스볼 챔피언 등이다.

꼭 알아둬야 할 빈출 Awards

노벨상

수상 부문		생리의학, 물리학, 화학, 경제학, 문학, 평화
주최		스웨덴 왕립아카데미, 노르웨이 노벨위원회
시작 연도		1901년
시상식 장소		스웨덴 스톡홀름(평화상은 노르웨이 오슬로)
시상식 일정		매년 12월 10일
심사	생리의학	카롤린스카 의학연구소
	물리학	스웨덴 왕립과학아카데미
	화학	
	경제학	
	문학	스웨덴 아카데미(한림원)
	평화	노르웨이 노벨위원회

〈2025 수상내역〉

• **노벨생리의학상**

생리의학상은 '말초 면역 관용' 관련 발견으로 인체 면역 관련 연구에 기여한 생명과학자 메리 E. 브렁코, 프레드 램즈델, 사카구치 시몬에게 돌아갔다. 브렁코는 미국 시애틀 시스템생물학 연구소의 선임 프로그램 매니저이고, 램즈델은 샌프란시스코의 소노마 바이오테라퓨틱스의 과학 고문이다. 사카구치는 일본 오사카대 석좌교수다. 이들은 면역세포가 우리 몸을 공격하는 것을 막는 면역체계의 경비병 역할을 하는 '조절 T세포'의 존재를 밝혀냈다. 노벨위원회는 이들이 "인체의 면역체계가 어떻게 통제되는지를 발견"했다고 설명했다.

메리 E. 브렁코　　프레드 램즈델　　사카구치 시몬

• **노벨물리학상**

물리학상은 거시 규모에서 나타나는 양자역학 효과를 연구한 UC 버클리 교수 존 클라크, 예일대·UC 샌타바버라 교수 미셸 드보레, UC 샌타바버라 교수 존 마티니스 등 3인이 수상했다. 이들은 원자수준의 미시 규모에서 적용되는 양자역학의 효과가 미시세계에만 나타나는 것이 아니라 전기회로 등 거시적 규모에서도 드러나는 것을 연구했다. 노벨위원회는 '거시적 양자역학적 터널링과 전기회로에서의 에너지 양자화'를 발견한 이들의 공로를 인정했다.

존 클라크　　미셸 드보레　　존 마티니스

- **노벨화학상**

노벨위원회는 기타가와 스스무 교토대 교수, 리처드 롭슨 멜버른대 교수, 오마르 M. 야기 UC 버클리대 교수를 화학상 수상자로 선정했다. 이들은 '금속-유기 골격체(MOF)'라는 새로운 분자 구조를 만든 공로를 인정받았다. MOF는 금속이온을 유기분자로 연결해 만든 결정구조로, 내부에 수많은 미세한 구멍이 있어 다른 분자들이 드나들 수 있다. MOF를 활용해 사막의 공기에서 수분을 채취해 물로 만들고 공기 중 이산화탄소를 포집해 기후위기에 대응하는 여러 기술이 개발됐다.

기타가와 스스무   리처드 롭슨   오마르 M. 야기

- **노벨경제학상**

경제학상은 '지속가능한 성장' 연구에 기여한 조엘 모키어, 필리프 아기옹, 피터 하윗 등 3인에게 돌아갔다. 모키어 미 노스웨스턴대 교수는 '기술진보를 통해 지속가능한 성장의 전제조건을 파악한 공로'를 인정받았다. 아기옹 영국 런던정치경제대 교수와 하윗 미 브라운대 교수는 '창조적 파괴를 통한 지속가능한 성장이론'을 세웠다. 왕립과학원은 "올해 경제학상 수상자들은 혁신이 어떻게 더 큰 진보를 위한 원동력을 제공하는지 설명한다"고 선정 이유를 밝혔다.

조엘 모키어   필리프 아기옹   피터 하윗

- **노벨문학상**

문학상은 헝가리 작가 크러스너호르커이 라슬로가 수상했다. 그는 1985년 발표한 데뷔 장편소설 〈사탄탱고〉의 성공으로 단숨에 주목받는 현대문학 작가 반열에 올랐다. 이 소설은 1980년 헝가리 농촌에서 공산주의 체제가 무너지는 과정을 묵시록적 분위기로 그려냈다. 그의 소설은 대체로 종말론적인 세계관과 어두운 색채로 강한 인상을 남긴다. 한림원은 "종말론적 두려움 속에서도 예술의 힘을 재확인하는 그의 강렬하고 선구적인 모든 작품"에 상을 수여한다고 설명했다.

크러스너호르커이 라슬로

- **노벨평화상**

평화상은 니콜라스 마두로 베네수엘라 대통령의 철권통치에 맞서 자유로운 선거와 대의민주주의 제도를 주장해온 베네수엘라의 여성 야권 지도자 마리아 코리나 마차도에게 돌아갔다. 노벨위원회는 베네수엘라 국민의 민주적 권리를 증진하고 독재체제를 평화적으로 민주주의로 전환하기 위해 투쟁한 공로로 그녀를 수상자로 선정했다. 마차도의 수상으로, 관심을 모았던 도널드 트럼프 미국 대통령의 평화상 수상은 불발됐다.

마리아 코리나 마차도

세계 3대 영화제

01 베니스 영화제

개최 장소	이탈리아 베네치아
개최 시기	매년 8월 말~9월 초
시작 연도	1932년

〈2025 제82회 수상내역〉

- **황금사자상**

  미국 출신 감독 짐 자머시의 작품 〈파더 마더 시스터 브라더〉가 최고작품상인 황금사자상을 수상했다. 케이트 블란쳇, 빅키 크리엡스 등이 출연한 이 영화는 성인이 된 자녀들과의 관계에서 소외감을 느끼는 부모의 이야기를 3부 구성으로 담아냈다.

〈파더 마더 시스터 브라더〉　짐 자머시

- **심사위원대상/감독상**

  심사위원대상은 튀니지의 영화감독 카우타르 벤 하니야가 연출한 〈힌드의 목소리〉가 차지했다. 2024년 1월 이스라엘-하마스 전쟁 중 총격을 받는 차량 안에 갇힌 채 구조를 요청하는 팔레스타인 소녀 '힌드'와 이를 구출하려는 적신월 자원봉사자들의 이야기를 담았다. 감독상은 〈스매싱 머신〉의 베니 샤프디 감독이 받았다. 과거 이름을 날렸던 유명 격투기 선수 '마크 커'가 재기를 위해 마약성 진통제에 의지하다 중독돼 가는 과정을 그린 작품이다.

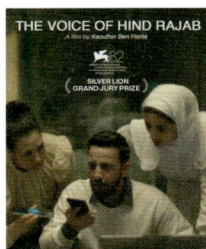

〈힌드의 목소리〉　베니 샤프디

- **남우주연상/여우주연상**

  남우주연상은 이탈리아 감독인 파올로 소렌티노의 정치 드라마 〈라 그라치아〉에 출연한 토니 세르빌로가 수상했다. 여우주연상은 잊고 지냈던 전 남편과 병원 로비에서 뜻하지 않게 재회하게 된 여성 '메이윈'의 삶을 연기한 〈우리 머리 위의 햇살〉의 중국 배우 신지뢰가 차지했다.

토니 세르빌로　신지뢰

02 칸 영화제

개최 장소	프랑스 남부의 도시 칸
개최 시기	매년 5월
시작 연도	1946년

⟨2025 제78회 수상내역⟩

- **황금종려상**

이란 출신의 거장이며 사회비판적 작품을 만드는 것으로 유명한 자파르 파나히 감독의 ⟨심플 액시던트⟩가 최고작품상인 황금종려상을 수상했다. 이란과 프랑스 합작영화이며, 이란의 작은 마을에서 한 부부에게 벌어진 우연한 사고를 통해 체제와 개인의 운명을 통찰하는 스릴러 영화다.

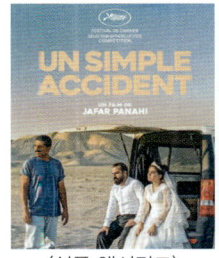 

⟨심플 액시던트⟩　자파르 파나히

- **심사위원대상/감독상**

심사위원대상은 노르웨이 출신의 감독 요아킴 트리에 감독의 ⟨센티멘탈 밸류⟩가 받았고, 감독상은 ⟨시크릿 에이전트⟩를 연출한 브라질 출신의 감독 클레베르 멘돈사 필류가 수상했다. ⟨센티멘탈 밸류⟩는 유명 영화감독을 아버지로 둔 자매의 이야기로, 인간관계 속 감정적 '가치'와 기억을 탐구하는 감성적인 드라마다. ⟨시크릿 에이전트⟩는 1970년대 말 브라질의 군사정권 하에서 정치적 혼란에 휘말린 대학교수의 이야기를 담고 있다.

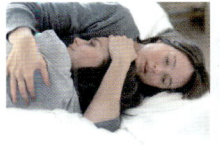 

⟨센티멘탈 밸류⟩　클레베르 멘돈사 필류

- **남우주연상/여우주연상**

남우주연상은 감독상을 수상한 ⟨시크릿 에이전트⟩에서 주인공인 '마르셀루' 역을 연기한 브라질 배우 바그네르 모우라가 받았다. 여우주연상은 프랑스-독일 합작영화 ⟨리틀 시스터⟩에서 어린 동생을 지키기 위해 고군분투하는 언니 역을 섬세하게 연기한 프랑스-알제리계 배우 나디아 멜리티가 수상했다.

바그네르 모우라　나디아 멜리티

03 베를린 영화제

개최 장소	독일 베를린
개최 시기	매년 2월 중순
시작 연도	1951년

〈2025 제75회 수상내역〉

- **황금곰상**

  노르웨이 출신의 감독 다그 요한 하우거루드의 작품 〈드림스〉가 최고작품상인 황금곰상을 수상했다. 이 작품은 여교사와 사랑에 빠진 17살 여학생의 이야기를 다룬다. 심사위원단은 본 작품이 인간 욕망의 원동력과 그 결과를 잘 그려냈으며, 관찰력·카메라·연기의 3박자가 훌륭하게 이뤄졌다고 평했다.

〈드림스〉　　　다그 요한 하우거루드

- **심사위원대상/감독상**

  심사위원대상은 〈더 블루트레일〉을 연출한 브라질 감독 가브리엘 마스카로가 받았고, 감독상은 〈생식지지〉를 연출한 중국 출신의 곽맹이 수상했다. 〈더 블루트레일〉은 경제회복이라는 미명 아래 노인들을 격리하는 시스템을 만든 브라질을 배경으로, 정부의 눈을 피해 자유를 실현하려는 한 노인의 이야기를 담고 있다. 〈생식지지〉는 1990년대 산업화로 인해 변화하는 중국의 농촌과 도시로 이주하는 농민들의 삶을 다룬 작품이다.

〈더 블루트레일〉　　　곽맹

- **주연상/조연상**

  주연상은 〈내가 다리가 있으면 널 차버릴 거야〉에서 주인공 '린다' 역으로 열연한 호주 출신의 배우 로즈 번이 수상했다. 조연상은 미국의 작사가 로젠즈 하트의 삶을 그린 리차드 링클레이터 감독의 〈블루 문〉에 출연한 앤드류 스콧이 받았다.

로즈 번　　　앤드류 스콧

기타 Awards

시상	부문	수상 내역
필즈상(수학) [2022]	–	허준이, 마리나 비아조프스카, 위고 뒤미닐코팽, 제임스 메이나드
골든글로브상 (영상극) [2025]	작품상-드라마	브레이디 코벳 〈브루탈리스트(The Brutalist)〉
	작품상-뮤지컬·코미디	자크 오디아르 〈에밀리아 페레즈(Emilia Pérez)〉
	감독상	브레이디 코벳 〈브루탈리스트(The Brutalist)〉
그래미상(가요) [2025]	올해의 앨범	비욘세 〈COWBOY CARTER〉
	올해의 레코드	켄드릭 라마 〈Not Like Us〉
아카데미상 (영화) [2025]	최고의 작품상	션 베이커 〈아노라(Anora)〉
	남우주연상	에이드리언 브로디 〈브루탈리스트(The Brutalist)〉
	여우주연상	마이키 매디슨 〈아노라(Anora)〉
부커상(문학) [2025]	부커상	서맨사 하비 〈오비털〉(2024년)
	부커상 인터내셔널	바누 무스타크, 디파 바스티 〈하트 램프〉
토니상(연극) [2025]	베스트 뮤지컬	〈어쩌면 해피엔딩(Maybe Happy Ending)〉 ※ 한국 창작 뮤지컬 사상 최초의 토니상 수상
	베스트 연극	〈퍼포즈(Purpose)〉
에미상(방송) [2025]	드라마	HBO 〈더 피트(The Pitt)〉
	미니시리즈·TV영화	NETFLIX 〈소년의 시간(Adolescence)〉
울프상 [2025]	농업	제프리 댕글, 브라이언 스타스카비츠, 조나단 D. G. 존스
	화학	헬무트 슈바르츠
	물리학	모티 헤이블럼, 제임스 P. 아이젠슈타인, 자이넨드라 K. 자인
	의학	파멜라 비요크만
	건축	쉬텐텐
선댄스영화제 [2025]	심사위원대상-드라마	헤일리 게이츠 〈아트로피아(Atropia)〉
	관객상-드라마	제임스 스위니 〈트윈리스(Twinless)〉

합격의 공식 시대에듀 www.sdedu.co.kr

한국사
키워드

HOT ISSUE

빈출 한국사 키워드 24선

01 선사시대
문자가 만들어지기 이전의 문헌 정보가 전혀 없던 시대

구분	특징
구석기시대	• 약 70만년 전 • 수렵·어로 생활, 무리·이동 생활 • 뗀석기(주먹도끼·긁개)와 뼈도구 사용, 불의 발견과 이용
신석기시대	• 기원전 8,000년경 • 농경(밭농사)의 시작, 평등사회, 원시종교 출현 • 간석기와 토기(이른민무늬 토기, 빗살무늬 토기), 가락바퀴 등의 도구 사용

02 고조선의 8조법
〈한서지리지〉에 남아있는 고조선의 기본법

8조법은 현재 8개 조항 중 〈한서지리지〉에 적힌 3개만 전해지고 있다. 전해진 내용을 보면 남의 것을 훔치거나 상해를 가하면 노비가 되거나 벌금을 물어야 했다. 이를 통해 당시 고조선에서는 노동력과 개인의 생명을 중시했고 노비가 존재하는 신분제 사회였음을 짐작할 수 있다.

- 사람을 죽인 자는 즉시 사형에 처한다.
- 남에게 상처를 입힌 자는 곡물로써 배상한다.
- 남의 재산을 훔친 사람은 노비로 삼고, 용서받으려면 한 사람마다 50만전을 내야 한다.

03 고대국가의 성립
연맹왕국에서 중앙집권국가로 발전하며 형성된 국가

고구려	부여계 유이민과 압록강 유역 토착민을 중심으로 건국하여 옥저를 복속, 낙랑을 압박하였으며 5부 체제 발전 및 고씨 왕위 세습을 통한 중앙집권 국가의 기반 형성
백제	고구려계 유이민과 한강 유역 토착민을 중심으로 건국하여 한 군현과 항쟁, 한강 유역 장악, 율령 반포, 관등제 정비, 관복제 도입을 통한 중앙집권 국가의 기반 형성
신라	유이민 집단(박·석·김)과 경주 토착세력을 중심으로 건국하여 국가 발전의 지연, 낙동강 유역 진출, 왜구 격퇴(호우명그릇) 및 김씨 왕위 세습, 마립간 왕호 사용 등을 통한 중앙집권 국가의 기반 형성
가야	낙동강 하류 변한지역에서 6가야 연맹을 형성하여 농경문화, 철 생산, 중계무역으로 발전하였으나, 금관가야 멸망(532), 대가야 멸망(562)으로 중앙집권 국가로 성립하지 못하고 신라에 흡수됨

04 광개토대왕릉비
선왕인 광개토대왕의 업적을 기려 장수왕 2년(414년)에 만주에 세운 비석

고구려 제19대왕인 광개토대왕(391~412)의 정복 사업과 영토 확장 등의 업적을 기리기 위해서 아들인 장수왕이 414년에 현재의 중국 지린성 지안현 통구 지역에 세웠다. 고구려의 전성기를 보여주는 비석으로 한국 고대사의 실상을 풀어줄 수 있는 사료적 가치가 매우 크다. 비문에는 고구려의 건국신화와 광개토대왕의 정복활동, 영토관리, 신라구원 등을 연대별로 정리되어있다. 44행 1775자 중 150여 자는 훼멸되어 판독이 불가능하여 비문 해석에 논란이 있다.

05 발해
고구려를 계승하여 신라와 남북국시대를 이룬 국가

발해는 고구려 유민과 말갈족이 연합하여 대조영이 698년에 한반도 북부 지역, 만주와 연해주 지역에 걸쳐 건국한 국가이다. 고구려의 계승국임을 밝히며, 상류 지배층인 고구려 유민이 하류층인 말갈족을 지배했다. 당나라의 제도를 받아들여 3성 6부 체제의 정치 조직을 지녔고, 독자적인 연호를 사용하였고 중국에서는 발해를 가리켜 바다 동쪽에서 번성한 나라라는 뜻의 '해동성국'이라는 칭호를 얻을 정도로 강성했으나 926년 거란족(요나라)에 의해 멸망했다.

06 사심관 제도, 기인 제도
지방 세력을 효과적으로 감시·통제하기 위한 고려의 제도

사심관 제도와 기인 제도는 고려 태조가 지방 호족 세력을 견제하고 지방 통치력을 강화하기 위해 만든 제도이다. 사심관 제도는 중앙의 고관이 된 자가 자기 고향의 사심관이 되게 하는 제도로, 유력 호족 출신의 중앙 관료를 출신 지역의 사심관으로 임명하여 부호장 이하의 관직을 맡게 하였다. 사심관은 부호장 이하의 향리를 임명할 수 있었으며 그 지역에서 발생한 일에 대해 연대책임을 졌다. 기인제도는 지방 호족 및 토호의 자제를 중앙에 인질로 데려와 수도에 머물게 하는 제도를 이르는 말이다. 지방 세력의 반란을 견제하기 위한 정책으로 신라의 상수리 제도에서 유래됐다.

07 공음전
고려시대 5품 이상의 관료에게 지급되어 세습이 허용된 토지

5품 이상의 관료들에게 지급한 임야와 토지로 세습이 가능했기 때문에 음서 제도와 함께 문벌귀족의 기득권 유지에 기여하면서 경제적 기반이 되었다.

> **고려의 토지제도**
> - 군인전 : 중앙 군인에게 지급한 토지 → 세습 인정
> - 구분전 : 하급 관리나 군인들의 유가족에게 지급한 토지
> - 한인전 : 6품 이하의 자제로서 관직에 오르지 못한 사람에게 지급한 토지
> - 공해전 : 중앙과 지방의 각 관아의 경비 충당을 위해 지급한 토지
> - 외역전 : 지방 향리에게 지급한 토지 → 세습 인정
> - 내장전 : 왕실의 경비를 충당하기 위해 지급된 토지 → 세습 인정

08 도병마사
고려시대 중요 사안을 심의·결정하던 국가 최고의 회의기관

중서문하성의 재신과 중추원의 고관(추밀)으로 구성되었으며 국방상 중요한 문제와 국가의 정책을 협의·결정하는 기관이었다. 고려 후기에는 원의 간섭 하에 도평의사사로 개편되어 국정 전반의 문제를 합의했으며 조선 전기에는 의정부로 개편됐다.

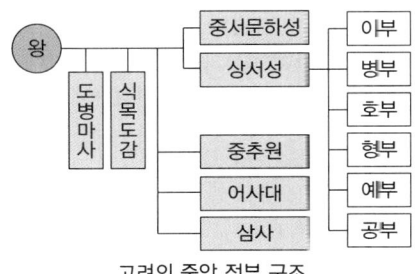

고려의 중앙 정부 구조

09 묘청의 난
서경천도를 주장하던 묘청이 개경 문벌귀족에 대해 일으킨 반란

이자겸의 난 이후 김부식을 중심으로 한 개경세력과 묘청, 정지상을 중심으로 한 서경세력 간의 대립이 발생했다. 서경세력은 풍수지리설에 의거하여 서경천도와 칭제건원, 금국정벌을 주장하였으나 받아들여지지 않자 서경에서 반란을 일으켰다. 신채호는 〈조선상고사〉에서 이 사건을 '조선 천년 역사에서 최고의 사건'이라 말하며 묘청의 서경천도운동을 자주성의 측면에서 높이 평가하였다.

10 교정도감
고려 무신정권기에 최충헌이 세운 최고정치기관

고려 후기 무신정권 당시 최고정치기관으로, 정무를 의결하고 조세 징수권과 관리 감찰 등 국정을 총괄하며 막강한 권력을 지니면서 최씨 정권을 뒷받침했다.

> **무신집권기 권력 기구**
> - 교정도감 : 최충헌 설치, 국정을 총괄하는 최고 권력 기구
> - 정방 : 최우 설치, 인사 행정 기구
> - 서방 : 최우 설치, 능력 있는 문신을 등용하여 자문을 구하는 기구
> - 도방 : 경대승 설치, 무신정권의 사병 기관
> - 삼별초 : 최우가 설치한 군사 조직, 치안과 전투 담당

11 공민왕의 개혁정치
대외적으로 친원세력을 몰아내고, 대내적으로 왕권을 강화하기 위한 공민왕의 개혁정책

배경	원·명 교체기의 혼란 이용, 주원장의 명 건국(1368)
개혁방향	• 반원자주정책 : 친원파 숙청(기철), 정동행성 이문소 폐지, 쌍성총관부 공격(유인우)으로 철령 이북의 땅 수복, 관제 복구, 요동 공략(지용수, 이성계), 몽골풍 일소, 원의 침입 격퇴(최영, 이성계) • 왕권강화정책 : 정방 폐지, 전민변정도감 설치(신돈 기용), 과거 제도 정비를 통한 신진사대부의 등용
개혁실패	• 권문세족의 반발 : 친원파의 도평의사사 장악 및 토지 독점 • 원의 압력과 개혁 추진 세력(신진사대부) 미약으로 왕권 약화 • 홍건적과 왜구의 침입으로 인한 사회 혼란

12 과전법
신진사대부의 경제적 기반을 마련한 토지 제도의 개혁

고려 말, 국가 재정의 고갈 문제를 해결하기 위해 권문세족이 불법으로 점유한 토지를 몰수하여 관리들에게 급료로 토지를 분급한 제도로, 경기 지방 토지에 한하여 전·현직 관리에게 지급되었다. 해당 관리는 과전에서 나오는 세금을 거두는 수조권을 부여받았는데, 이는 조선 초 토지 제도의 근간을 이루었다.

13 사화
사림파와 훈구파 사이의 대립으로 사림파가 큰 피해를 입은 4가지 사건

세조 이후 공신들을 중심으로 정치적 실권을 장악하고 중앙집권체제를 강조한 훈구파에 맞서 성리학에 투철한 사족들이 영남과 호서 지방을 중심으로 지방에서 세력 기반을 쌓으며 왕도정치를 강조했다. 이러한 사림 세력이 성장하여 훈구파를 비판하면서 대립과 갈등을 빚기 시작했다. 네 차례의 사화로 사림파는 큰 피해를 입었다.

무오사화	1498년 (연산군)	• 훈구파와 사림파의 대립 • 연산군의 실정, 세조의 왕위 찬탈을 비판한 김종직의 조의제문 • 유자광, 이극돈
갑자사화	1504년 (연산군)	• 폐비 윤씨 사건이 배경 • 무오사화 때 피해를 면한 일부 훈구 세력까지 피해
기묘사화	1519년 (중종)	• 조광조의 개혁 정치 • 위훈 삭제로 인한 훈구 세력의 반발 • 주초위왕 사건
을사사화	1545년 (명종)	• 인종의 외척 윤임(대윤파)과 명종의 외척 윤원형(소윤파)의 대립 • 명종의 즉위로 문정왕후 수렴청정 • 집권한 소윤파가 대윤파를 공격

14 광해군의 중립외교
광해군이 명과 후금 사이에서 실리를 추구하였던 실리 정책

여진이 성장하며 후금이 건국됐고 임진왜란 이후 힘이 약화된 명을 위협했다. 이에 명이 조선에 원군을 요청하자 조선은 명과 후금 사이에서 중립외교 정책을 실시했고 명을 지원하러 갔던 조선군 사령관 강홍립이 광해군의 밀명으로 후금에 항복하면서 마찰을 피했다. 이후 계속된 명의 지원 요청을 거절하고 후금과 친선 관계를 추구했던 중립외교 정책은 대의명분을 강조한 서인과 남인의 불만을 초래해 이후 인조반정의 원인이 됐다.

15 대동법
방납의 폐단을 시정하기 위하여 공물을 쌀로 바치도록 한 제도

농민의 부담을 줄이고 부족한 국가 재원을 확충하기 위해 광해군 1년(1608년) 대동법을 실시했고, 토지결수에 따라 공물을 쌀로 징수했다. 이후 숙종 때에 이르러 평안도와 함경도를 제외한 전국에서 대동법을 시행했다. 대동법의 실시 이후 국가에서 필요한 물품은 공인이 조달하며, 이를 바탕으로 상품 화폐 경제가 발달하게 됐다.

16 동학농민운동
1894년 전봉준이 중심이 되어 일어난 반봉건·반외세 농민운동

고부 군수 조병갑의 불법착취, 농민 수탈의 강화와 농촌 경제의 파탄, 일본의 침략, 동학교도에 대한 탄압 등을 이유로 확산된 아래로부터의 반봉건적·반침략적 민족운동이다. 동학농민군은 전주성을 점령하는 한편 집강소를 설치하여 12개조의 폐정개혁안을 발표했으나 우금치 전투에서 관군과 일본의 연합군에 패배했다. 이는 갑오개혁과 청일전쟁을 유발하는 계기가 됐다.

17 갑오개혁
1894년 일본의 강압으로 실시한 근대적 개혁

일본의 강압으로 정치·경제·사회·문화 전반에 걸쳐 실시한 근대적 개혁으로 근대화의 출발점이 되었으나 보수적 봉건 잔재로 인해 기형적 근대화를 초래했다. 갑오개혁의 홍범 14조에는 청의 종주권 부인과 개국기원 사용, 과거제 폐지 및 노비해방, 신교육령 실시 등의 내용이 포함되어 있다.

> **홍범 14조**
> 갑오개혁 이후 정치적 근대화와 개혁을 위해 제정된 국가기본법으로, 청에 대한 종주권을 부인하여 자주독립의 기초를 세울 것을 선포했고, 종신과 외척의 정치 관여를 용납하지 않음으로써 대원군과 명성황후의 정치개입을 배제했다.

18 국채보상운동
1907년 일본으로부터 빌린 차관 1,300만원을 갚기 위한 민족경제 자립운동

일본은 조선정부를 경제적으로 예속하기 위해 차관을 제공했는데, 이를 갚기 위해 서상돈 등이 국채보상기성회를 조직했다. 대한매일신보, 제국신문, 황성신문 등 언론 기관도 앞장서서 전 국민의 적극적인 참여 속에 국채를 갚으려는 운동이 전개됐으나, 일본 통감부의 압력과 매국적 정치단체인 일진회의 방해로 결국 실패했다.

> **물산장려운동**
> 1922년 조만식을 중심으로 일어난 민족경제 자립실천운동으로, 일제의 경제적 수탈에 맞서 국산품 애용과 근검절약·자급자족·민족기업의 육성 등을 추진하였다. 그러나 일제의 탄압으로 큰 성과를 거두지 못하였다.

19 일제의 조선 통치정책
1910년대부터 1930년대 이후까지 일제강점기에 실시된 조선 통치정책

구분	정책 내용
무단통치 (1910년대)	조선총독부 설치(1910년), 헌병경찰의 즉결 처분권, 언론·출판·집회·결사의 자유 박탈, 105인 사건 등을 일으켜 독립운동 탄압, 토지조사사업
문화통치 (1920년대)	3·1 운동 이후 보통 경찰제 실시, 식민 통치를 은폐하기 위한 기만적 정책, 우민화 교육, 친일파 세력 양성을 통한 민족 분열, 산미증식계획 실시(1920~1934년)
민족말살통치 (1930년대 이후)	내선일체, 황국신민화, 창씨개명, 우리말 사용과 국사 교육 금지, 강제징용·징병, 일본군 위안부, 중일 전쟁(1937년) 이후 병참기지화 정책으로 물자와 인력 수탈

20 3·1 운동
1919년 3월 1일에 일제 식민 지배에 저항하며 일어난 대규모 민족 만세운동

- 배경 : 도쿄 유학생들의 2·8 독립선언 발표, 미국 윌슨 대통령의 민족자결주의 제창
- 과정 : 1919년 3월 1일 탑골공원에서 민족 대표 33인의 이름으로 독립선언서를 발표하고 전국과 외국으로 독립만세운동이 퍼져나감
- 결과 : 일본의 통치방식이 문화통치로 전환, 대한민국 임시정부 수립에 큰 영향, 민족 주체성의 확인과 독립 문제를 세계에 알림

21 대한민국 임시정부
1919년 독립을 위해 중국 상하이에 수립한 대한민국 임시정부

3·1운동 이후 일본 식민통치에 조직적으로 항거할 필요성을 느끼고 설립된 기관이다. 1919년 4월 11일 임시 의정원을 구성하고, 이틀 뒤인 4월 13일 정식으로 대한민국 임시정부를 스립, 선포했다. 우리나라 최초의 민주공화정체로서 1대 대통령은 이승만, 2대 대통령은 박은식이다. 연통제 실시와 군자금 조달, 애국공채 발행, 독립신문 간행 등 독립 운동의 중요한 역할을 담당했던 대표기관이다.

22 4·19 혁명
부패한 독재 정권을 학생과 시민의 힘으로 무너뜨린 민주 혁명

1960년에 이승만과 자유당 정권의 3·15 부정선거의 대한 항의로 4·19 혁명이 발발했다. 그 결과 이승만이 하야하고 수립된 과도 정부는 부정선거를 단행한 자유당 간부들을 구속했으며, 국회는 내각 책임제와 양원제를 골자로 한 개헌안을 통과시켰다. 이후 구성된 국회를 통해 윤보선이 대통령으로 선출되고, 장면이 국무총리로 지명되어 장면 내각이 성립됐다.

23 6월 민주항쟁
1987년 6월에 전국에서 일어났던 범국민적인 민주화 운동

전두환 군사정권의 장기집권을 저지하기 위해 일어난 범국민적 민주화 운동으로 1987년 1월 박종철 고문치사 사건이 발생하고 그해 5월 천주교정의구현사제단에 의해 이 사건이 은폐·축소된 것이 밝혀지면서 시위가 확산됐다. 그러던 중 시위 과정에서 이한열이 심한 부상으로 사경을 헤매게 되면서 산발적으로 전개되던 민주화 투쟁이 전국적으로 확산됐다.

24 남북정상회담
세 차례 이루어진 남북 최고 지도자들의 회담

1945년 분단 이후 남한과 북한은 세 차례에 걸쳐 정상 회담을 가졌는데 2000년 6월에는 김대중 전 대통령과 김정일 전 위원장, 2007년 10월에는 노무현 전 대통령과 김정일 전 위원장, 2018년 4월에는 문재인 대통령과 김정은 위원장이 만났다. 남한과 북한의 최고당국자가 직접 만나 남북한의 현안을 포함한 제반문제에 대해 협의하면서 남북한 현안을 포함한 통일 문제를 논의했다. 2018년 9월에 평양에서 열린 3차 회담의 평양공동선언을 통해 실질적 종전을 선언했다.

회담 시기	날짜	남한 정상	북한 정상	결과
1차 남북정상회담	2000년 6월 13~15일	김대중	김정일	6·15공동선언
2차 남북정상회담	2007년 10월 2~4일	노무현	김정일	10·4선언
3차 남북정상회담	2018년 4월 27일	문재인	김정은	평양공동선언 (판문점선언)

합격의 공식 시대에듀 www.sdedu.co.kr

01 공기업 기출 분석

분야별 핵심 키워드 40문제 8회

1회차 분야별 핵심 키워드 40문제

한국사

01 ☑오답체크 1회차 2회차
틀린 문제들은 이곳에 체크하고 복습하도록 합니다.

다음 중 신석기시대의 특징이 아닌 것은?

① 귀족과 평민 등의 계급이 뚜렷이 분화되었다.
② 빗살무늬 토기를 사용하였다.
③ 농경문화가 나타나기 시작하였다.
④ 강가나 평지에 움막을 짓고 모여 살았다.

문제를 풀 때 정답을 여기에 체크하여 다시 풀 때 정답이 보이지 않도록 합니다.

☑정답체크
1회	2회
①	③	①	③
②	④	②	④

02 ☑오답체크 1회차 2회차

발해의 특징으로 옳지 않은 것은?

① 지배층은 고구려 유민, 피지배층은 말갈족이었다.
② 대조영이 상경용천부를 수도로 삼아 건국하였다.
③ 행정구역은 5경 15부 62주가 있었다.
④ 자신들이 고구려의 후예임을 밝혔다.

☑정답체크
1회	2회
①	③	①	③
②	④	②	④

핵심 풀이

01
계급사회의 특징이 나타나는 것은 청동기시대부터이다.

신석기시대
농경문화가 시작되었으며, 동굴에서 벗어나 움막을 짓고 사는 특징을 보인다. 도구로는 간석기와 빗살무늬 토기를 사용했다.

출제기관
2024 한국산업인력공단[하] 한국산업단지공단[상]
2021 오산문화재단[하]
2020 경기도공무직통합채용[상]
2018 한국산업인력공단[하] 한국지역난방공사[상]
　　　보훈복지의료공단[상] 수원문화재단[상] 한국중부발전[상]
2017 광주보훈병원[하]

 출제 내역을 확인합니다. [상]은 상반기 채용을 [하]는 하반기 채용을 가리킵니다.

02
발해
고구려가 멸망한 뒤 만주·한반도 북부(현 연해주 일대)에 698년 세워진 국가이다. 건국 당시 발해의 수도는 동모산 일대였으며, 상경용천부는 발해의 멸망 때의 수도이다.

출제기관
2025 한국폴리텍대학[상]
2024 수원시공공기관통합채용[상]
2022 전라남도공공기관통합채용[하]
2021 한국남부발전[하] 부산교통공사[상]
　　　의정부시시설관리공단[상]
2019 한국서부발전[상]
2018 수원문화재단[하] 보훈복지의료공단[상]
2017 한국남동발전[하] 한국서부발전[상]

정답 01 ① | 02 ②

03 ☑ 오답체크 1회차 2회차

다음과 같은 명령을 내린 왕이 실시한 정책으로 옳은 것은?

> - 정초와 변효문에게 새로운 농서 편찬을 지시하였다.
> - 우리 풍토에 맞는 농법을 보급하기 위한 서적이 되어야 할 것을 당부하였다.

① 결작을 징수하여 재정 부족 문제에 대처하였다.
② 연분 9등법을 시행하여 수취 체제를 정비하였다.
③ 기유약조를 체결하여 일본과의 무역을 재개하였다.
④ 직전법을 실시하여 현직 관리에게만 수조권을 지급하였다.

04 ☑ 오답체크 1회차 2회차

일제강점기 당시 독립운동가로 1932년 일왕의 생일날 거사를 일으킨 인물은?

① 윤봉길
② 이봉창
③ 김원봉
④ 조소앙

핵심 풀이

03

조선 세종
조선의 4대 임금으로 훈민정음을 만들고 〈삼강행실도〉, 〈효행록〉, 〈농사직설〉을 편찬하도록 했다. 최윤덕과 김종서에게 북방에 4군 6진을 개척하도록 하였으며, 이종무로 하여금 대마도를 정벌하도록 했다. 연분 9등법을 실시하여 수취 체제를 정비했다.

균역법
조선 영조는 균역법의 시행으로 부족해진 재정을 보충하기 위해 지주들에게 결작이라 하여 토지 1결당 쌀 2두를 부과했다.

기유약조
조선 광해군은 대마도주와 기유약조를 체결하고 국교를 재개하여 부산에 왜관을 설치했다.

직전법
과전법으로 지급된 토지가 수신전, 휼양전 등의 명목으로 세습되는 등 과전법이 악용되자 조선 세조 대에 실시한 현직 관리에게만 수조지를 지급하는 제도이다.

출제기관
2024 한국산업기술시험원[하]
2023 보훈교육연구원[상]
2021 한국농수산식품유통공사[하] 수원시공공기관통합채용[상]
2020 한국산업인력공단[하] 수원시지속가능재단[상]

04

윤봉길
일제강점기 독립운동가인 윤봉길 의사는 임시정부의 김구가 창설한 한인애국단에 가입해, 1932년 중국 상하이 홍커우공원에서 열린 일왕의 생일 기념식에 폭탄을 던져 의거했다. 일왕을 사살하지는 못했으나, 일본군 대장과 일본인 거류민단장이 그 자리에서 사망했다. 현장에서 체포된 윤봉길 의사는 사형선고를 받아 1932년 12월 19일 순국했다.

출제기관
2025 광주광역시공공기관통합채용[하]
2023 보훈교육연구원[상] 중소기업유통센터[상]
2022 한국산업인력공단[하]
2020 부산항보안공사[상]

정답 03 ② | 04 ①

05

다음 중 〈여유당전서〉가 집필되던 시기와 시간상의 격차가 가장 먼 시기에 대한 설명은?

① 삼정의 문란이 심화되었다.
② 정조의 계획도시 수원에 화성이 건축되었다.
③ 〈목민심서〉가 집필되었다.
④ 왕명으로 〈고려사〉와 〈고려사절요〉 등을 편찬하였다.

05

정약용
조선 정조 대의 관료로 거중기와 배다리 설계 등 과학·기술학 면에서 큰 업적을 남겼다. 기술이 인간 생활을 풍요롭게 한다는 실학자적 면모를 보였으며 〈경세유표〉, 〈목민심서〉, 〈흠흠신서〉 등의 저서를 남겼다. 여전론을 통해 마을 단위로 토지의 공동 소유, 공동경작, 노동력에 따른 수확물의 분배를 주장하였다. 1934년 정인보와 안재홍 등은 정약용의 저술을 모은 〈여유당전서〉를 간행하였다.

조선 정조
즉위 이후 규장각, 장용영을 설치하고 초계문신제를 실시하는 등 각종 왕권 강화 정책을 펼쳤다. 서얼들을 대거 등용하는 한편 화성을 세워 정치·군사적 기능을 부여하기도 했다. 또한 정약용, 박지원, 박제가 등 실학자들을 등용하였고 신해통공을 실시하여 육의전을 제외한 시전 상인들의 금난전권을 폐지하였다.

고려사·고려사절요
고려사에 대해 정리한 역사서이다. 조선 전기에 왕명으로 김종서 등이 문종 1~2년(1451~1452)에 편찬했다.

출제기관
2021 의정부시시설관리공단[상]
2020 한국산업인력공단[하]
2018 수원문화재단[하] 한국전력거래소[하] 한국산업인력공단[상]
2017 한국수력원자력[상]

06

신라에 율령을 도입하여 중앙집권적 체제를 완비한 왕의 업적이 아닌 것은?

① '건원(建元)'이라는 연호를 사용하였다.
② 불교를 공인하고 전국에 장려하였다.
③ 백관의 공복을 품관별로 지정하였다.
④ 순장을 폐지하였다.

06

법흥왕
신라의 23대 임금으로 '건원(建元)'이라는 연호의 사용과 율령 반포 등을 통해 국가 체제의 확립에 힘을 기울였다. 이 외에도 불교를 공인하고 백관의 공복을 정립하는 등 나라의 기틀을 다졌다.

지증왕
신라의 22대 임금으로 신라를 부국강병하게 만드는 많은 업적을 남겼다. 시장의 감시기구인 동시전을 설치하고 군현제를 정비하였다. '신라'라는 국호와 왕호를 처음으로 사용하였으며 이사부에게 명하여 우산국을 정복하였다. 순장을 폐지하고 우경법을 실시하여 노동력과 농업 생산력을 올리기도 했다.

출제기관
2024 광주광역시공공기관통합채용[하]
2022 한국보훈복지의료공단[상]
2020 한국산업인력공단[하]
2018 한국전력거래소[하] 한국산업인력공단[상] 한국중부발전[상]

정답 05 ④ | 06 ④

07

다음 대화의 (가) 인물에 대한 설명으로 옳은 것은?

> 소손녕 : 고려는 우리 거란과 국경을 접하고 있는데 왜 바다 건너 송을 섬기는가?
> (가) : 여진이 압록강 안팎을 막고 있기 때문에 귀국과 왕래하지 못하는 것이다. 여진을 내쫓고 우리 옛 땅을 돌려준다면 어찌 교류하지 않겠는가?

① 4군과 6진을 개척했다.
② 동북 9성을 축조했다.
③ 화통도감을 설치했다.
④ 강동 6주를 확보했다.

08

다음 중 갑신정변에 대한 내용으로 옳지 않은 것은?

① 임오군란 이후 급진개화파가 일본의 군사적 지원을 받아 일으켰다.
② 우정총국 개국 축하연 자리에서 일으켰다.
③ 구본신참을 기본정신으로 삼았다.
④ 개화당 정부를 수립하고 14개조 개혁정강을 발표했다.

핵심 풀이

07

서희의 외교담판

거란은 송과의 대결에서 우위를 차지하기 위해 여러 번 고려를 침략했다. 고려 성종 때 1차 침입한 거란은 그려가 차지하고 있는 옛 고구려 땅을 내놓고 송과 교류를 끊을 것을 요구했다. 고려에서 외교관으로 나선 서희는 소손녕과의 외교담판을 통해 거란과 교류할 것을 약속하는 대신, 고려가 고구려를 계승하였음을 인정받고 압록강 동쪽의 강동 6주를 획득하는 성과를 거두었다.

출제기관
2023 보훈교육연구원[상]
2021 부산교통공사[상]

08

갑신정변

1882년 벌어진 임오군란 이후 청의 내정간섭이 심화되자 김옥균 · 박영효 등 급진개화파는 근대화 추진과 민씨 세력 제거를 위해 일본의 군사적 지원을 받아 1884년 우정총국 개국 축하연 자리에서 갑신정변을 일으켰다. 이후 개화당 정부를 수립하고 14개조 개혁정강을 발표한 후 입헌군주제, 청과의 사대관계 폐지, 능력에 따른 인재등용 등의 개혁을 추진했다. 그러나 청군의 개입과 일본의 군사지원이 약속대로 이행되지 않아 3일 만에 실패했다.

광무개혁

대한제국 선포 직후 고종은 '옛 법을 근본으로 삼고 새로운 것을 추가한다'는 의미의 '구본신참'을 기본정신으로 하여 1897년 광무개혁을 실시했다. 이에 따라 관립의학교와 국립병원인 광제원이 설립되었다.

출제기관
2025 한국폴리텍대학[상]
2024 광주광역시공무직통합채용[하]
2022 한국산업인력공단[하]

정답 07 ④ | 08 ③

09 ☑오답체크 1회차 2회차

다음의 일본과 관련된 조약을 사건이 일어난 순서대로 배치한 것은?

> ㉠ 계해약조
> ㉡ 기유약조
> ㉢ 가쓰라–테프트밀약
> ㉣ 한일의정서

① ㉠ – ㉡ – ㉢ – ㉣
② ㉠ – ㉡ – ㉣ – ㉢
③ ㉡ – ㉠ – ㉢ – ㉣
④ ㉡ – ㉠ – ㉢ – ㉣

10 ☑오답체크 1회차 2회차

흥선대원군의 업적으로 올바른 것은?

① 통리기무아문을 설치하고 개혁정책을 추진하였다.
② 능력 있는 관리들을 규장각에서 재교육시키는 초계문신제를 수행하였다.
③ 2필씩 납부하던 군포를 1필씩 납부하는 균역법을 실시하였다.
④ 외세의 침략을 막고 척화비를 세워 통상 거부 의사를 나타냈다.

핵심 풀이

09

계해약조
조선 세종 대에 대마도주의 요구를 받아들여 부산포, 제포, 염포를 개방하였고(1426), 이후 제한된 범위 내에서 왜와 무역을 허락하는 계해약조가 체결되었다(1443).

기유약조
조선 광해군 대에 대마도주와 기유약조를 체결하여 임진왜란으로 끊겼던 국교가 재개되었고 부산에 왜관이 설치되었다(1609).

한일의정서
1904년 대한제국은 외교적 중립을 선언하였으나, 일본은 강제로 한일의정서를 체결하여 한반도 내에 군사를 배치하였다.

가쓰라–테프트밀약
한일의정서(1904)와 제1차 한일협약(1904)을 맺은 뒤 러시아와 포츠머스조약을 맺고 조선을 복속한 일본은 미국이 필리핀을, 일본이 한반도를 지배하는 것을 상호 묵인한다는 가쓰라–테프트밀약을 맺었다(1905).

출제기관
2023 부산광역시공공기관통합채용[상]
2019 한국산업인력공단[상]
2017 한국남동발전[하] 경기문화재단[하]

10

흥선대원군
흥선대원군은 세도정치로 인해 혼란에 빠진 국가체제를 복구하고 왕권을 회복하려 했다. 국가 재정 확보를 위해 양반에게도 군포를 부과하는 호포제를 시행했으며, 사창제로써 환곡의 폐단을 해결하고자 했다. 또한 임진왜란 때 화재로 방치된 경복궁을 중건했고, 비변사 폐지 후 의정부와 삼군부를 부활시켜 왕권을 강화했다. 대외적으로는 전국에 척화비를 세우고, 외세 열강과의 통상수교거부 정책을 확고히 했다.

통리기무아문
조선 고종이 설치한 군국 기무 총괄 관리기구이다.

초계문신제
조선 정조 대에 실시한 초급 관리의 재교육 제도다. 규장각에서 왕이 직접 참여하여 교육하는 경우가 많았고, 이는 왕권 강화에 이바지했다.

균역법
영조 대에 실시한 정책으로 2필씩 납부하던 군포를 1필씩 납부하고 다른 세금을 더 거둬들였다. 농민층의 세금 부담을 경감하고자 했다.

출제기관
2024 부산광역시공공기관통합채용[상]
2023 한국서부발전[상]
2021 부산교통공사[상]
2020 독립기념관[하] 한국산업인력공단[하]

정답 09 ② | 10 ④

경제 · 경영

11 다음 중 BCG매트릭스에서 원의 크기가 의미하는 것은?

① 시장 성장률
② 상대적 시장점유율
③ 기업의 규모
④ 매출액의 크기

12 애덤 스미스의 〈국부론〉에 등장하는 4가지 조세원칙으로 틀린 것은?

① 편의성
② 최대성
③ 투명성
④ 효율성

11
BCG매트릭스에서 원의 크기는 매출액의 크기를 의미한다.

BCG매트릭스 NCS
미국의 보스턴 컨설팅 그룹이 개발한 사업전략의 평가 기법으로 '성장-점유율 분석'이라고도 한다. 상대적 시장점유율과 시장성장률 2가지를 각각 X, Y축으로 하여 매트릭스(2차원 공간)에 해당 사업을 위치시켜 사업전략을 위한 분석과 판단에 이용한다.

출제기관
2021 한국보훈복지의료공단[상]
2020 IBK기업은행[상]
2019 한국관광공사[상] 지역난방공사[상]
2018 한국가스공사[하] 보훈복지의료공단[상] 전남신용보증재단[상]
2017 한국관광공사[하]

12
조세의 4가지 원칙
애덤 스미스는 대표적 저서인 〈국부론〉을 통해 조세의 4가지 원칙을 내세우고 있다. 첫째 소득에 따라서 비례적으로 걷혀야 할 것(비례성), 둘째 임의대로 징수하는 것이 아닌 확실한 기준이 있을 것(투명성), 셋째 납세자가 편리한 방법으로 납부할 수 있을 것(편의성), 넷째 징수에 드는 행정비용이 저렴할 것(효율성) 등이다.

출제기관
2024 한국폴리텍대학[상]

정답 11 ④ | 12 ②

13 ☑오답체크 1회차 2회차

물가가 지속적 하락에서 벗어나 점진적으로 상승하는 것을 뜻하는 용어는?

① 콘플레이션
② 업플레이션
③ 인플레이션
④ 리플레이션

핵심 풀이

13

리플레이션(Reflation)
경기침체로 물가가 지나치게 하락(디플레이션)하거나 수요가 위축된 상황에서, 정부나 중앙은행이 재정·통화정책을 동원해 물가와 경기를 다시 끌어올리는 것을 말한다. 즉, 경기를 부양해서 물가를 정상 수준으로 되돌린다는 의미이다. 인플레이션이 일어나지 않을 정도로 금리 인하나 재정 지출을 확대해 통화를 재팽창시키는 정책이다.

콘플레이션(Cornflation)
옥수수 가격이 최고치로 치솟는 현상

업플레이션(Upflation)
소비자들이 필요 없다고 여기는 제품에 새로운 용도를 만들어 가격을 인상하는 것

출제기관
2025 부산광역시공무직통합채용[하]

---

14 ☑오답체크 1회차 2회차

국제결제나 금융거래의 중심이 되는 특정국의 통화를 무엇이라 하는가?

① 기축통화
② 준비통화
③ 결제통화
④ 기준통화

14

기축통화
국제결제나 금융거래의 기축이 되는 특정국의 통화를 말한다. 국제통화라고도 하며 보통 미국 달러를 가리키기 때문에 미국을 기축통화국이라고도 부른다. 기축통화가 정해지기 전까지 영국의 파운드화가 오랫동안 기축통화로서의 자격을 확보해왔으나 제2차 세계대전 이후, 미국이 각국 중앙은행에 달러의 금태환을 약속함에 따라 달러가 기축통화로서 중심적 지위를 차지하게 됐다.

출제기관
2023 한국수력원자력[상]
2019 종로구시설관리공단[하]
2018 서울시설공단[하]

정답 13 ④ | 14 ①

15

부실채권이나 부실자산을 사들여 소각·정리하는 기관을 뜻하는 용어는?

① 섀도뱅크
② 배드뱅크
③ 쿼팅뱅크
④ 굿뱅크

16

연간 소득 대비 총부채 원리금상환액을 기준으로 부채상환능력을 평가함으로써 대출 규모를 제한하는 기준은?

① DTI
② DSR
③ LTV
④ DTA

핵심풀이

15

배드뱅크(Bad Bank)
은행이 가진 부실채권이나 부실자산 등을 따로 떼어내 관리하는 특수 금융기관을 말한다. 나쁜 자산을 떠안아 금융시장의 건전성을 회복하고 금융 시스템을 안정화시키는 것이 목표다. 우리나라에서는 현재 한국자산관리공사(캠코)가 배드뱅크의 역할을 하고 있다.

섀도뱅킹(Shadow Bank)
은행과 비슷하게 신용을 중개하면서도 은행 수준의 엄격한 건전성 규제를 받지 않는 금융기관

쿼팅뱅크(Quoting Bank)
외화 환율을 고시하는 은행

굿뱅크(Good Bank)
부실채권을 모두 배드뱅크에 맡겨 건전한 우량자산만 운영하게 된 은행

출제기관
2025 화성시공공기관통합채용[하]

16

DSR
DSR은 'Debt Service Ratio'의 약어로, 우리말로는 '총부채 원리금 상환 비율'이라 한다. 주택대출의 원리금과 신용 대출, 자동차 할부, 학자금 대출, 카드론 등 모든 대출의 원리금 상환액이 수익에서 얼마를 차지하는지를 나타내는 비율로, 낮을수록 대출이 어려워진다.

DTI
총소득에서 주택담보 부채의 연간 원리금 상환액과 기타 대출의 이자 상환액이 차지하는 비율이다.

LTV
담보 물건의 실제 가치 대비 대출금액의 비율이다.

DTA
자산평가액 대비 총부채 비율이다.

출제기관
2024 대구의료원[상]
2023 수원시공공기관통합채용[상]
2021 영화진흥위원회[상]
2018 신용회복위원회[하]
2017 금융감독원[하] 경북관광공사[하]

정답 15 ② | 16 ②

17

주식을 대량으로 보유한 매도자가 매수자에게 장외 시간에 주식을 넘기는 거래는?

① 숏커버링
② 블록딜
③ 윈도드레싱
④ 스캘핑

핵심 풀이

17

블록딜(Block Deal)
거래소 시장이 시작하는 전후에 주식을 대량으로 보유한 매도자가 대량으로 구매할 매수자에게 그 주식을 넘기는 거래를 말한다. 한 번에 대량의 주식이 거래될 경우 이로 인한 파동이 시장에 영향을 미치지 않도록 하는 조치다.

숏커버링(Short Covering)
주식이 없는 상태에서 주식을 판매(공매도)한 뒤 양도 기일이 다가와 주식을 매집하는 것이다. 일반적으로 숏커버링이 이뤄지기 전에 주가가 저점을 찍고 오르는 현상을 보인다.

윈도드레싱(Window Dressing)
실적이 좋은 주식은 집중 매입하고, 실적이 저주한 주식을 처분하여 투자수익률을 최대한 높이는 행위다.

스캘핑(Scalping)
주식 또는 선물·옵션 등의 거래에서 매수 뒤 몇 분 빠르면 몇 초 이내에 매도해 차익을 내는 초단타 거래기법이다.

출제기관
2025 한국폴리텍대학[상]
2024 대구의료원[상]
2021 광주광역시공공기관통합채용[상]

국제·정치

18

다음 정부 주요 인사 중 국회의 인사청문회 대상이 <u>아닌</u> 것은?

① 합참의장
② 감사원장
③ 국세청장
④ 비서실장

18

인사청문회
사법부 혹은 행정부의 요인을 임명할 때 국회가 인사의 비위사실, 도덕성을 검증하는 과정이다. 국회는 정부로부터 임명동의안을 받을 경우 20일 이내에 청문 절차를 마무리 해야 하며 실제 청문회 기간은 3일을 넘을 수 없다. 인사청문회 대상 중 국무총리, 헌법재판소장, 대법원장, 감사원장, 대법관에 대해서는 국회의 동의 없이 임명할 수 없으나 국무위원, 방통위원장, 국정원장, 공정위원장, 금융위원장, 인권위원장, 국세청장, 한은총재, 특별감찰관, KBS사장, 검찰총장, 경찰청장, 합참의장, 대통령·대법원 선출 헌법재판관, 중앙선관위원에 대해서는 청문 기한이 끝날 경우 국회 임명동의안 없이 임명할 수 있다. 비서실장 등 대통령실 비서실 인사들은 인사청문회 대상이 아니다.

출제기관
2020 서울시설공단[하]
2019 경기도공공기관열린채용[상]

정답 17 ② | 18 ④

19

어느 한쪽이 양보하지 않을 경우 양쪽 모두 파국으로 치닫게 되는 극단적인 게임 이론은?

① 제로섬 게임
② 치킨게임
③ 징고이즘
④ 스핀닥터

19

치킨게임(Chicken Game)
분쟁 당사자들의 어느 한쪽이 양보하지 않을 때 결국 모두 파국으로 치닫게 되는 극단적 게임 이론이다. 1950~1970년대 미국과 소련 사이의 극심한 군비경쟁을 꼬집는 용어로 사용되면서 국제정치학 용어로 정착되었다. 그 예로는 한 국가 안의 정치나 노사협상, 국제외교 등에서 상대의 양보를 기다리다가 파국으로 끝나는 것 등이 있다.

출제기관
2023 화성시공공기관통합채용[하]
2022 서울시복지재단[상]
2017 경기도시공사[하]
2016 경상대학교병원[하]

20

다음 중 OPEC+에 해당하는 국가는?

① 러시아
② 캐나다
③ 미국
④ 중국

20

OPEC-
OPEC-는 OPEC(석유수출국기구, 오펙)의 회원국과 러시아 등 기타 산유국과의 협의체를 말한다. OPEC은 쿠웨이트, 이란, 사우디아라비아 등 중동의 대표적 산유국 5개국이 모여 창립했고, 산유국 간의 공동이익 증진을 위한 행보를 보여 왔다. 그러다가 러시아, 멕시코, 말레이시아 같은 비OPEC 산유국들이 성장하면서, 이들이 함께 모여 석유생산을 논의하는 OPEC+ 체계가 잡히게 됐다.

출제기관
2024 화성시공공기관통합채용[하] 대전광역시공공기관통합채용[상]
2020 한국폴리텍대학[하]

정답 19 ② | 20 ①

21

파리협정에 따라 마련된 온실가스 감축 노력과 가장 관련 있는 보기는 무엇인가?

① 탄소세
② 탄소수지
③ 탄소배출권
④ 탄소발자국

22

미국이 환태평양경제동반자협정 탈퇴 선언 후 일본, 캐나다, 멕시코 등 11개국이 출범한 자유무역협정은?

① CPTPP
② APEC
③ RCEP
④ ASEM

핵심 풀이

21

탄소배출권(CERs) NCS
파리협정에 따라 195개의 협약국들은 한 해 탄소배출 감축 목표를 지켜야 한다. 유엔이 이를 평가하며, 목표에 성공한 국가에 탄소배출권을 부여한다. 개발도상국에서 온실가스 배출을 줄일 수 있는 사업(CDM)을 진행한 선진국도 탄소배출권을 받는다. 배출 권한이 있어야만 탄소를 배출할 수 있으며 권한은 사고팔 수 있다.

탄소세
온실가스 방출 시 부과되는 세금이다.

탄소발자국
생산부터 폐기까지 하나의 제품이 발생시키는 이산화탄소 배출 총량을 말한다. 2006년 영국의회 과학기술처(POST)에서 처음 사용한 용어로 제품 생산 시 발생된 이산화탄소의 총량을 무게 단위인 kg, g 또는 심어야 하는 나무 수로 나타낸다.

출제기관
2023 공무원연금공단[상]
2021 영화진흥위원회[상]
2018 대구시설공단[상]
2017 경기도시공사[하] 경기문화재단[하]

22

CPTPP
Comprehensive and Progressive Agreement for Trans-Pacific Partnership의 약자이다. 미국이 환태평양경제동반자협정(TPP) 탈퇴 선언 후 일본, 캐나다, 멕시코, 호주, 뉴질랜드, 베트남, 말레이시아, 싱가포르, 칠레, 페루, 브루나이 등 11개국이 추진해 출범했다.

APEC
Asia Pacific Economic Cooperation의 약자로 아시아태평양경제협력체라 한다. 본부는 싱가포르에 있으며, 1년에 한 번씩 회의를 개최한다.

RCEP
Regional Comprehensive Economic Partnership의 약자이다. 아세안 10개국과 한·중·일, 호주, 뉴질랜드 등 15개국이 역내 무역자유화를 위해 체결한 다자간 자유무역협정(FTA)을 말한다.

ASEM
Asia Europe Meeting은 아시아 유럽 정상회의로 한국, 중국, 일본, 동북아 3개국과 동남아시아 ASEAN 회원국, EU회원국으로 개최되며 2년에 한 번씩 회의가 열린다.

출제기관
2023 부산광역시공무직통합채용[상]
2016 경기도시공사[하] 한국농수산식품유통공사[상]

정답 21 ③ | 22 ①

법률·사회

23

12인승 이하의 승합자동차가 고속도로에서 버스전용차로를 이용하기 위해서는 최소 몇 명의 인원이 탑승해야 하는가?

① 2명
② 3명
③ 4명
④ 6명

23
9인승 이상 12인승 이하의 승합자동차가 고속도로에서 버스전용차로를 이용하기 위해서는 최소 6명 이상이 탑승해야 한다. 이를 위반할 경우 벌점 30점과 승용차는 범칙금 6만원, 승합차는 7만원을 부과 받게 된다.

출제기관
2024 대구의료원[상]

24

다음 중 반의사불벌죄가 아닌 것은?

① 존속폭행죄
② 협박죄
③ 명예훼손죄
④ 고욕죄

24
반의사불벌죄
피해자의 요청 없이 공소를 제기할 수 있으나, 피해자가 처벌을 원치 않을 경우 처벌은 불가능하다. 폭행죄, 협박죄, 명예훼손죄, 과실치상죄 등이 있다.

친고죄
고소·고발이 있어야만 공소를 제기할 수 있는 죄로 모욕죄, 사자명예훼손죄, 비밀침해죄 등이 있다.

출제기관
2021 부천시공공기관통합채용[하]
2017 대구시설공단[하]
2016 한국농어촌공사[하]

정답 23 ④ | 24 ④

25

우리나라의 현행 헌법이 마지막으로 개정된 연도는?

① 1952년
② 1960년
③ 1987년
④ 1993년

26

다음 중 범죄 성립의 3요소에 해당하지 않는 것은?

① 구성요건 해당성
② 위법성
③ 모욕성
④ 책임성

25

대한민국 헌법
헌법은 우리나라의 최고 기본법이다. 1987년 10월 29일에 마지막으로 개정된 현행 헌법은 전문과 총강, 국민의 권리와 의무, 국회, 정부, 법원, 헌법재판소, 선거관리, 지방자치, 경제, 헌법 개정 등 본문 130개조, 부칙 6개조로 구성되어 있는 민정(民定)·경성(硬性)·성문(成文)의 단일법전이다. 인적으로는 대한민국의 국민에게 적용되고, 장소적으로는 대한민국의 영역 내에서 적용된다.

헌법 개정절차
- 제안 : 대통령은 국무회의 심의를 거친다. 국회 재적의원 과반수 또는 대통령의 발의로 헌법개정안을 제안한다.
- 공고 : 제안된 개정안은 대통령이 20일 이상의 기간 동안 이를 공고해야 한다(의무규정).
- 국회 의결 : 국회는 헌법개정안이 공고된 날로부터 60일 이내에 의결해야 한다. 국회 의결은 재적의원 3분의 2 이상의 찬성을 얻어야 한다.
- 국민투표 : 국회를 통과한 개정안은 30일 이내에 국민투표에 붙여야 한다. 국회의원선거권자 과반수의 투표와 투표자 과반수의 찬성을 얻어야만, 헌법 개정이 확정된다.
- 공포 : 헌법 개정이 확정되면 대통령은 즉시 이를 공포해야 한다.
- 시행

출제기관
2024 한국폴리텍대학[상]
2023 광주보훈병원[상]
2022 인천글로벌캠퍼스운영재단[상]

26

범죄 성립의 3요소
범죄 성립의 3요소에는 구성요건 해당성, 위법성, 책임성이 있다. 어떠한 행위가 형법에서 범죄로 규정하고 있는 구성요건에 해당이 되어야 하며, 전체 법질서로부터 위법적인 행위라는 판단이 가능해야 한다. 또한 범죄 행위자가 법이 요구하는 공동생활상의 규범에 합치할 수 있도록 의사결정을 할 수 있는 능력인 책임능력을 갖추고 있어야 한다.

출제기관
2024 한국폴리텍대학[상]
2021 영화진흥위원회[하]

정답 25 ③ | 26 ③

인문·세계사·문화·미디어

27

일정시간까지 뉴스의 보도를 미루는 것을 뜻하는 미디어 용어는?

① 게이트키핑
② 발롱데세
③ 엠바고
④ 스쿠프

27

엠바고(Embargo)
본래 특정국가에 대한 무역·투자 등의 교류 금지를 뜻하지만 언론에서는 뉴스기사의 보도를 한시적으로 유보하는 것을 말한다. 즉, 정부기관 등의 정보제공자가 뉴스의 자료를 제보하면서 일정시간까지 공개하지 말 것을 요구할 경우 그때까지 보도를 미루는 것이다.

게이트키핑(Gate Keeping)
뉴스가 대중에게 전해지기 전에 기자나 편집자 같은 뉴스 결정권자(게이트키퍼)가 대중에게 전달하고자 하는 뉴스를 취사선택하여 전달하는 것이다.

발롱데세
상대방의 의견이나 여론의 방향을 알아보기 위해 시험적으로 특정 의견 또는 정보를 언론에 흘림으로써 여론 동향을 탐색하는 수단이다.

스쿠프(Scoop)
경쟁언론사보다 빠르게 입수하여 독점보도하는 특종기사를 말한다.

출제기관
2023 서울시복지재단[상]
2020 서대문구도시관리공단[하] 서울시설공단[하] 부천산업진흥원[하]

28

상담이나 의사소통을 통해 구축된 상호신뢰관계를 뜻하는 심리학 용어는?

① 라포
② 그루밍
③ 메타인지
④ 모글리 현상

28

라포(Rapport)
상담 또는 교육, 의사소통을 바탕으로 구축된 상호신뢰관계를 뜻하는 말이다. 주로 상담과정에서 상담자와 내담자 사이에 쌓이는 친근한 인간관계를 지칭할 때 쓰인다. 라포는 공감대 형성과 상호협조가 필요한 상담·치료·교육과정에서 성공을 이끌어 낼 수 있는 필수요소로 꼽힌다.

출제기관
2024 한국폴리텍대학[상]

정답 27 ③ | 28 ①

문학 · 예체능 · 기타예술

29

소설 〈젊은 베르테르의 슬픔〉을 쓴 작가의 이름은?

① 토마스 만
② 프리드리히 니체
③ 요한 볼프강 폰 괴테
④ 프리드리히 실러

30

형상을 단순화하여 간결하고 원색적인 색채를 즐겨 사용한 20세기 초의 미술사조는?

① 인상주의
② 사실주의
③ 낭만주의
④ 표현주의

핵심 풀이

29

〈젊은 베르테르의 슬픔〉
독일의 문학가 요한 볼프강 폰 괴테가 쓴 서간체 소설로, 당대의 인습적 체제와 귀족사회의 통념에 반대하는 지식인의 우울함과 열정을 그렸다. 베르테르가 남의 약혼녀인 로테를 사랑하다가 끝내 권총으로 자살한다는 내용으로 이에 공감한 젊은 세대의 자살이 유행하였다.

베르테르 효과
〈젊은 베르테르의 슬픔〉에서 유래한 사회적 현상이다. 연예인 등 유명인이나 자신이 롤모델로 삼고 있는 사람이 자살할 경우, 심리적으로 동조하거나 그 사람과 자신을 동일시여겨 모방 자살을 시도하는 사회현상을 말한다. '자살전염'이라고도 부른다.

파파게노 효과
미디어가 자살 관련 보도를 자제하여 자살을 예방하는 효과를 말한다.

출제기관
2024 대구의료원[상]
2019 경기관광공사[하] 포항시시설관리공단[상]
2018 한국소비자원[상] 한국문화예술위원회[상]

30

표현주의
20세기 초에 나타난 미술사조로 인상주의에 반하여 대상의 형상을 단순화하고, 강렬하고 원색적인 색채를 통해 작품에 역동성을 부여하려 한 양식이다. 본래 조형예술에서 비롯된 양식으로서 표현주의 화가들은 자신이 대상에서 느끼는 강렬하고 직설적인 느낌을 과감하게 표현하려 했다.

사실주의
19세기 중엽, 프랑스 예술의 주류를 이룬 사조로 객관적 대상을 정확하게 묘사하려는 태도를 견지했다. 대표적 화가로는 밀레, 쿠르베 등이 있다.

낭만주의
18~19세기 중반, 자유로운 내면세계를 표출한 양식으로 개성을 중시하고 주관적·감정적 태도가 두드러졌다. 대표 화가로는 들라크루아가 있다.

출제기관
2021 부산교통공사[상]
2019 노원문화재단[상]
2018 대구시설관리공단[상]

정답 29 ③ | 30 ④

31 ☑오답체크 1회차 2회차

〈하멜표류기〉를 쓴 헨드릭 하멜은 어느 나라 출신인가?

① 미국
② 영국
③ 네덜란드
④ 스웨덴

핵심 풀이

31
〈하멜표류기〉
네덜란드의 동인도회사 소속 선원이었던 헨드릭 하멜이 일본 나가사키로 향하던 중 1653년 제주도 인근 해역에서 난파되어 조선에 체류하던 때의 기록이다. 하멜을 포함해 36명의 선원이 조선에 13년간 억류되어 살았고, 1666년 하멜을 비롯한 일부는 탈출하여 나가사키에 도착했다. 이후 네덜란드에 귀국한 하멜이 경험을 기록해 출간했다.

출제기관
2025 화성시 공공기관통합채용[하]

---

32 ☑오답체크 1회차 2회차

다음 중 작가와 해당 작품의 연결이 올바른 것은?

① 외딴 방-공지영
② 아리랑-조정래
③ 우리들의 일그러진 영웅-신경숙
④ 봉순이 언니-이문열

32
〈외딴 방〉은 1994년 겨울부터 계간지 〈문학동네〉에 연재된 신경숙의 장편소설이다. 〈우리들의 일그러진 영웅〉은 1987년 발표된 중편소설로 이문열의 대표작이며, 〈봉순이 언니〉는 1998년 나온 공지영의 장편소설이다.

출제기관
2024 대구의료원[상]

정답 31 ③ | 32 ②

33

미술 등에서 원작자가 직접 만든 작품의 사본을 뜻하는 말은?

① 레플리카
② 어센틱
③ 레디메이드
④ 카피레프트

33

레플리카(Replica)
그림·조각 등 미술 분야에서 원작자가 기존과 동일한 방법으로 원작을 재현한 사본을 의미하는 용어. 기존 재료와 기술을 그대로 활용하여 원작을 동일하게 모사한다. 레플리카는 화학·산업분야에서 물체의 표면에 플라스틱으로 피막을 만들어 그 표면상태를 그대로 복제한 것을 뜻하기도 한다.

어센틱(Authentic)
미술·디자인 등에서 보수적이며 고급스러운 이미지를 만드는 색채를 뜻한다.

레디메이드(Ready-made)
공장에서 대량 생산되는 기성품을 의미한다. 미술에서는 프랑스 출신 예술가 '마르셀 뒤샹'이 소변기 같은 일상적 기성품을 그대로 전시에 내놓아 예술작품으로 제시하면서 전통적 미술 관념을 흔들어 놓기도 했다.

카피레프트(Copyleft)
저작권(Copyright)에 반대되는 개념으로 지식재산권이 계층 격차 확대를 불러올 것이라 주장하여 정보의 공유를 옹호하는 입장이다.

출제기관
2025 한국폴리텍대학[상]

34

음악의 빠르기에 대한 설명이 잘못된 것은?

① 아다지오(Adagio) : 느리고 침착하게
② 모데라토(Moderato) : 보통 빠르게
③ 알레그레토(Allegretto) : 천천히
④ 프레스토(Presto) : 매우 빠르게

34

주요 메트로놈 기호(음악의 빠르기)
- 라르고 : 천천히
- 렌토 : 느리게
- 아다지오 : 침착하게 느리게
- 안단테 : 천천히 걷는 빠르기로
- 안단티노 : 안단테보다 조금 빠르게
- 모데라토 : 보통 빠르기로
- 알레그레토 : 조금 빠르게
- 알레그로 : 빠르고 경쾌하게
- 비바체 : 아주 빠르게
- 프레스토 : 매우 빠르게

출제기관
2022 전라남도공무직통합채용[하]
2021 영화진흥위원회[상]
2020 오산문화재단[상]
2018 전남신용보증재단[상]

정답 33 ① | 34 ③

과학·IT

35

다음 중 영양소에 대한 설명으로 옳은 것은?

① 5대 영양소에는 알칼리가 포함된다.
② 지용성 비타민은 열과 빛에 약하다.
③ 수용성 비타민은 체내에 저장되지 않는다.
④ 나트륨은 적게 먹을수록 좋다.

36

중국의 인공지능 스타트업으로 2024년 말 챗GPT를 능가하는 성능의 인공지능 모델을 개발한 기업의 이름은?

① 딥시크
② OpenELM
③ Qwen
④ 엑사원

핵심 풀이

35

비타민
지용성 비타민은 열과 빛에 강하여 조리 시 파괴되는 정도가 약하다. 수용성 비타민은 체내에 저장되지 않아 매일 공급해주어야 한다.

5대 영양소
3대 필수 영양소인 탄수화물, 지방, 단백질에 무기질과 비타민이 포함된다. 알칼리는 염소를 포함한 염기성 물질을 가리킨다.

나트륨
혈압과 관련된 영양소로 너무 적게 먹어도, 너무 많이 먹어도 좋지 않다.

출제기관
2024 수원시공공기관통합채용[상]
2019 한국폴리텍대학[상]
2018 용인도시공사[상]
2017 서울시설공단[상] 한국소비자원[상]

36

딥시크(DeepSeek)
2023년 중국의 량원펑이 설립한 인공지능(AI) 스타트업이다. 지난 2024년 말 상대적으로 더 적은 인력과 비용만으로 챗GPT를 능가하는 성능의 인공지능 언어모델을 공개해 충격을 줬다. 그런가하면 딥시크는 스스로 중국정부와 정치에 대한 비판에 검열을 하고, 아울러 Open AI의 학습 데이터를 무단으로 수집했다는 의혹이 불거지기도 했다. 또한 중국으로 사용자의 개인정보를 전송하는 것으로 알려져 논란을 낳았다.

OpenELM
애플에서 개발한 오픈소스 소형 언어모델

Qwen
알리바바 클라우드 산하 연구소에서 개발한 소형 언어모델

엑사원(EXAONE)
LG AI연구원에서 개발한 언어모델

출제기관
2025 화성산업진흥원[상]

정답 35 ③ | 36 ①

37

다음 중 챗GPT에 대한 설명으로 옳은 것은?

① 구글이 개발한 대화형 인공지능 챗봇이다.
② 사용자와의 초반 대화내용을 기억해 질문에 답변할 수 있다.
③ 이미지 창작과 생성이 주요 기능이다.
④ 인공지능 모델 GPT-1.0 기술을 바탕에 둔다.

핵심 풀이

37

챗GPT(ChatGPT)
인공지능 연구재단 오픈AI(Open AI)가 개발한 대화 전문 인공지능 챗봇이다. 사용자가 대화창에 텍스트를 입력하면 그에 맞춰 대화를 나누는 서비스로 오픈AI에서 만든 대규모 인공지능 모델 'GPT-3.5' 언어기술을 기반으로 개발됐다. 챗GPT는 인간과 자연스럽게 대화를 나누기 위해 수백만개의 웹페이지로 구성된 방대한 데이터베이스에서 사전 훈련된 대량생성 변환기를 사용하고 있으며, 사용자가 대화 초반에 말한 내용을 기억해 답변하기도 한다.

챗봇(Chatbot)
채팅 프로그램에서 사람의 말과 글을 이해해 그에 맞춰 대화나 특정 작업을 수행하도록 설계된 컴퓨터 프로그램이다. 자연어 처리(NLP)와 인공지능 기술을 활용한다.

출제기관
2025 화성시공공기관통합채용[하]
2024 부산광역시공무직통합채용[하] 대전광역시공공기관통합채용[하]
2023 수원시공공기관통합채용[하] 광주보훈병원[상]
부산광역시공공기관통합채용[상] 한국폴리텍대학[상]

38

다음 중 우리 태양계 목성의 위성은 무엇인가?

① 이오
② 포보스
③ 타이탄
④ 엔셀라두스

38

목성
태양계의 가장 거대한 행성으로 가스형 행성이다. 목성은 95개 이상의 위성을 거느리고 있다. 이중 가장 크고 유명한 위성은 1610년 이탈리아의 천문학자 갈릴레오 갈릴레이가 발견한 네 개의 위성으로 이오(Io), 유로파(Europa), 가니메데(Ganymede), 칼리스토(Callisto)가 있다.

출제기관
2025 광명도시공사[하]
2021 동대문구시설관리공단[상] 부산교통공사[상]

정답 37 ② | 38 ①

우리말·한자

39 ☑오답체크 1회차 2회차

우리나라의 24절기 중 양력 6월 6일경을 의미하는 것은?

① 처서(處暑)
② 청명(淸明)
③ 소만(小滿)
④ 망종(芒種)

☑정답체크
1회	2회
① ③	① ③
② ④	② ④

---

40 ☑오답체크 1회차 2회차

다음 시조의 내용과 가장 관련 깊은 뜻의 사자성어는?

> 까마귀가 싸우는 골짜기에 백로야 가지 마라
> 성낸 까마귀가 흰 빛을 샘낼세라
> 맑은 물에 기껏 씻은 몸을 더럽힐까 하노라

① 거안사위(居安思危)
② 근묵자흑(近墨者黑)
③ 낭중지추(囊中之錐)
④ 이전투구(泥田鬪狗)

☑정답체크
1회	2회
① ③	① ③
② ④	② ④

핵심 풀이

39

망종(芒種)은 우리나라의 24절기 중 여름인 양력 6월 6일경에 해당하며, 보리가 익고 모를 심기 좋은 때라는 의미를 갖고 있다.

24절기
태음태양력을 기준으로 계절을 구분하는 동양의 전통적인 계절 구분 방식이다.
- 봄 : 입춘 – 우수 – 경칩 – 춘분 – 청명 – 곡우
- 여름 : 입하 – 소만 – 망종 – 하지 – 소서 – 대서
- 가을 : 입추 – 처서 – 백로 – 추분 – 한로 – 상강
- 겨울 : 입동 – 소설 – 대설 – 동지 – 소한 – 대한

출제기관
2025 한국폴리텍대학[상]
2024 수원시공공기관통합채용[상] 한국폴리텍대학[상]
2023 전라남도공무직통합채용[상]
2021 광주광역시공공기관통합채용[하] 천안시시설관리공단[상]
2020 영화진흥위원회[하] 호국기념관[하]
2019 영화진흥위원회[상]
2018 서울시설공단[하]
2017 포항시설관리공단[하] 평택도시공사[하]
2016 한국농어촌공사[하]

40

근묵자흑(近墨者黑)
먹을 가까이하는 사람은 검게 된다는 뜻으로, 나쁜 사람을 가까이하면 그 버릇에 물들기 쉽다는 말이다. 문제에 제시된 시조는 고려 말의 충신인 정몽주의 어머니가 지었다고 알려진 〈백로가〉다.

거안사위(居安思危)
편안히 살 때 위태로움을 생각함

낭중지추(囊中之錐)
뛰어난 재주를 가진 사람은 숨기려 해도 저절로 드러남을 비유함

이전투구(泥田鬪狗)
자기의 이익을 위하여 비열하게 다툼을 비유하는 말

출제기관
2023 부산광역시공공기관통합채용[상]

정답 39 ④ | 40 ②

문제 유형 살펴보기

단답형

01 조선 영조는 세수가 부족해지자, 군포를 줄이고 지주들에게 토지 1결당 쌀 2두를 부과했다. 이를 무엇이라 하는가?

02 분쟁 당사자들의 어느 한쪽이 양보하지 않을 때 결국 모두 파국으로 치닫게 되는 극단적 게임 이론을 (　　)(이)라고 한다.

03 (　　)은/는 피해자의 고소·고발이 있어야만 공소를 제기할 수 있는 죄를 말한다.

04 인공지능 연구재단 오픈AI가 개발한 대화 전문 인공지능 챗봇의 이름은?

05 국제결제나 금융거래의 기준이 되는 특정국의 통화를 (　　)(이)라고 한다.

> **정답** 1. 균역법 2. 치킨게임 3. 친고죄 4. 챗GPT 5. 기축통화

약술형

다음 용어에 대해 약술하시오.

01 광무개혁

02 블록딜

03 초계문신제

04 엠바고

> **정답**
>
> **1. 광무개혁**
> 1897년 고종이 구본신참을 기본정신으로 하여 대한제국 선포 직후 실시한 개혁으로 관립의학교와 국립병원인 광제원이 설립됐다.
>
> **2. 블록딜**
> 거래소 시장이 시작하는 전후에 주식을 대량으로 보유한 매도자가 대량으로 구매할 매수자에게 그 주식을 넘기는 거래 방식이다.
>
> **3. 초계문신제**
> 정조 대에 실시한 초급 관리의 재교육 제도이다. 장용영 등과 함께 정조의 왕권 강화책 중 하나였다.
>
> **4. 엠바고**
> 언론에서 정보제공자가 보도자료를 제공하며 일정 시간까지 공개하지 말 것을 요구할 경우 그때까지 보도를 미루는 것이다.

NCS

※ 다음 글을 읽고 이어지는 질문에 답하시오. [01~02]

1. 인도네시아 왐푸 수력발전사업
인도네시아 수마트라섬 북부 수마트라주에 위치한 왐푸 수력발전소 건설·운영사업은 설비용량 45MW(15MW×3)로 준공 후 30년간 인도네시아 전력공사에 전력을 공급한다. 왐푸 수력발전사업은 기존의 수력발전소와는 달리, 물길을 완전히 막지 않고 수로를 따로 만들어 전기를 생산하는 댐수로식 친환경 발전사업이다. 전기판매 수익 외에도 국내기업의 해외사업 진출 사례 최초로 연간 24만톤의 탄소배출권을 확보하였으며 계약기간 동안 인도네시아 정부의 지급보증을 받는다. 2012년 2월에 한국수출입은행과 금융계약을 체결하였으며, 2016년 4월에 상업운전을 개시하였다. 이는 국내전력그룹사 중 최초의 해외수력발전사업 분야 상업운전 달성사례로서 그 의미가 있다.

2. 인도네시아 땅가무스 수력발전사업
땅가무스 수력발전사업은 수마트라섬 땅가무스군 람뿡주에 위치한 총사업비 1.9억불, 설비용량 55.4MW(27.7MW×2)의 건설·운영사업이다. 본 사업은 현재 인도네시아에서 상업운전 중인 왐푸 수력발전사업의 후속사업으로 2017년 9월 준공 이후, 인도네시아 전력공사에 연간 발전량 278.9GWh를 30년간 공급할 예정이다. 댐 형식은 월류식으로 설계되어 기존 저류식 댐보다 시공이 용이하고 환경영향이 적은 것이 특징이다. 2015년 2월에 한국수출입은행과 재원조달 금융계약 체결 및 본공사를 시작하였으며, 2017년 9월 상업운전을 개시하였다. 본 사업은 인도네시아 정부 지급보증을 통한 전기판매로 수익창출 및 연간 20만톤의 탄소배출권을 확보한 친환경 사업으로 람뿡주 전력부족 해소에 크게 기여할 것으로 예상된다.

01 다음 글을 읽고 이해한 내용으로 적절하지 <u>않은</u> 것은?

① 왐푸 수력발전사업은 준공 후 30년간 인도네시아 전력공사에 전력을 공급한다.
② 왐푸 수력발전사업은 국내 전력그룹사 중 최초의 해외수력발전사업 분야 상업운전 달성사례이다.
③ 인도네시아 땅가무스 수력발전사업은 왐푸 수력발전사업의 후속사업이다.
④ 왐푸 수력발전사업은 탄소배출권은 없지만 계약기간 동안 인도네시아 정부의 지급보증을 받는다.

02 다음 중 발전사업과 사업에 해당하는 댐 형식을 바르게 짝지은 것은?

	수력발전사업	댐 형식
①	왐푸	월류식
②	왐푸	저류식
③	땅가무스	월류식
④	땅가무스	댐수로식

> **정답**
> 1. ④ 왐푸 수력발전사업은 연간 24만톤의 탄소배출권을 확보하였고, 계약기간 동안 인도네시아 정부의 지급보증을 받는다.
>   • 탄소배출권(CERs) 파리협정에 따라 195개의 협약국들은 한 해 탄소배출 감축목표를 지켜야 한다. 유엔이 이를 평가하며, 목표에 성공한 국가에 탄소배출권을 부여한다. 개발도상국에서 온실가스 배출을 줄일 수 있는 사업(CDM)을 진행한 선진국도 탄소배출권을 받는다. 배출 권한이 있어야만 탄소를 배출할 수 있으며 권한은 사고팔 수 있다.
> 2. ③ 왐푸 : 댐수로식, 땅가쿠스 : 월류식

2회차 분야별 핵심 키워드 40문제

공기업 기출 분석

한국사

01 ☑오답체크 1회차 2회차

왕권 강화와 중앙집권화를 이룬 국가의 특징이 **아닌** 것은 무엇인가?

① 정복활동으로 인한 영토의 확장
② 조세법률주의의 확립
③ 율령의 반포 및 통치체계의 정립
④ 불교의 수용 및 공인

☑정답체크
1회	2회
① ③	① ③
② ④	② ④

02 ☑오답체크 1회차 2회차

고려시대 군사조직인 별무반에 대한 설명으로 **틀린** 것은?

① 숙종 때 윤관의 건의에 따라 설치됐다.
② 예종 때 별무반은 여진을 물리치고 강동 6주를 획득했다.
③ 신기군, 신보군, 항마군으로 구성됐다.
④ 2군 6위에 속하지 않는 별도의 임시군사조직이었다.

☑정답체크
1회	2회
① ③	① ③
② ④	② ④

핵심 | 풀이

01
조세법률주의
국가가 국민에게 조세를 부과하기 위해서는 법률에 의거하여야 한다는 근대 국가의 통치자에 대한 견제 제도이다.

중앙집권화
연맹체적 성격의 고대 국가는 중앙집권화를 이룬 강력한 국가로 발전하였다. 고구려·신라·백제가 중앙집권화를 이뤘으며 부여·가야·옥저·동예 등이 중앙집권화를 이루지 못해 도태되었다고 평가된다. 중앙집권의 방식으로는 불교의 공인, 율령의 반포, 영토의 확장, 관등조직과 행정조직 마련, 조세 수취제도의 확립 등이 있다.

출제기관
2020 한국산업인력공단[하]
2019 지역난방공사[상]
2018 한국전력거래소[하] 한국산업인력공단[상] 한국중부발전[상]
2017 한국중부발전[하] 한국서부발전[상]

02
별무반
고려 숙종 때 부족을 통일한 여진이 고려의 국경을 자주 침입하자 윤관이 왕에게 건의하여 신기군, 신보군, 항마군으로 구성된 별무반을 조직했다(1104). 예종 때 윤관은 별무반을 이끌고 여진을 물리쳐 동북 9성을 설치하기도 했다(1107). 별무반은 고려의 정규 군사조직인 2군 6위와는 별도로 편제된 임시군사조직이었다.

출제기관
2023 대전도시공사[상]
2019 경기도시공사[하]

정답 01 ② | 02 ②

03

다음 기관 중 고려 말 공민왕의 왕권강화 정책과 관련 없는 것은?

① 정방
② 정동행성
③ 쌍성총관부
④ 전민변정도감

핵심 풀이

03

공민왕
왕권강화를 위해 공민왕은 고려 말기 국내외 정세를 틈타 쌍성총관부와 정동행성, 동녕부를 철폐하는 등 반원 정책을 폈였으며, 무신 집권기의 집권기구인 정방을 폐지하기도 했다.

전민변정도감
공민왕이 등용한 인재 신돈을 통해 만든 국가 정비 기구이다. 귀족들이 탈취한 토지를 농민에게 반환시키고 불법으로 노비가 된 이들을 조사하여 해방시켰다.

출제기관
2024 한국산업인력공단[하] 한국산업단지공단[상]
2022 광주광역시공공기관통합채용[하]
2019 경기도공공기관열린채용[상] 지역난방공사[상]
　　 한국원자력환경공단[상]
2018 수원문화재단[하] 부산교통공사[상]
2016 한국수력원자력[하] 한국동서발전[하] 한국농어촌공사[하]

04

고려시대의 반란 중 다음 내용에 해당하는 것은?

- 왕후장상의 씨가 따로 있지 않다며 신분 해방의 기치를 내걸었다.
- 당시 최고 권력자의 노비가 노비들을 규합하여 난을 일으켜 고려 사회에 적지 않은 충격을 주었다.

① 만적의 난
② 이통의 난
③ 조위총의 난
④ 망이 · 망소이의 난

04

만적의 난
최충헌의 사노비 만적이 신분 해방을 기치로 내걸고 일으킨 반란(1198년)이다.

이통의 난
강화도 천도 당시 어사대의 하인인 이통이 경기 지방의 좀도둑 떼와 개경 안의 노예들을 규합해 일으킨 반란(1232년)이다.

조위총의 난
무신 집권기에 지방 문신들이 무신 정권에 반발해 일으킨 반란(1174년)이다.

망이 · 망소이의 난
부곡제 영역에 속한 소민(所民)이 중심이 되어 일으킨 난이다. 우두머리가 산행 병마사(山行兵馬使)를 자칭하고 난을 일으켜 공주 일대를 점령했다. 중앙에서는 진압 과정에서 봉기 세력을 회유하기 위해 곡식을 내어 주기도 했다.

출제기관
2025 한국폴리텍대학[상]
2023 한국산업단지공단[상]
2020 부산항만공사[상]
2018 한국폴리텍대학[상]
2017 한국서부발전[상]

정답 03 ④ | 04 ①

05

다음과 같은 사회 규범이 자리 잡았을 때의 사회상으로 옳지 않은 것은?

- 사람을 죽인 자는 즉시 사형에 처한다(相殺以當時償殺).
- 남에게 상처를 입힌 자는 곡물로써 배상한다(相傷以穀償).
- 남의 물건을 훔친 자는 노비로 삼되, 용서를 받으려면 돈 50만냥을 내야 한다(相盜者男沒入爲其家奴女子爲婢, 欲自贖者人五十萬).

① 통화가 개발되지 않아 모든 교역은 물물교환으로 이뤄졌다.
② 상·대부·장군 등의 관직을 두었다.
③ 홍익인간 사상을 기반으로 제정일치를 이루었다.
④ 사유 재산을 보호하며 계급을 구분하는 사회가 형성되었다.

06

대동법의 시행 결과로 틀린 것은?

① 방납의 폐단이 경감되어 백성들의 생활이 비교적 안정되었다.
② 국가에 관수품을 조달하는 공인이 생겨났다.
③ 토산물 등 사치품에 대한 교역량이 줄었다.
④ 토지를 많이 보유한 양반층의 반발을 샀다.

핵심 풀이

05

고조선
〈삼국유사〉, 〈제왕운기〉, 〈동국여지승람〉, 〈응제시주〉로 전해지는 한반도 최초의 국가이다. 상·대부·장군 등의 관직을 두었으며, 명도전 등 중국의 화폐를 이용한 교역을 하였다. 범금 8조를 두어 사회를 통솔하였다고 전해진다.

범금 8조(8조법)
고조선은 8개조의 법률로 다스려졌다고 하며 중국의 〈한서(漢書)〉에는 고조선에서 사용한 8조법 중 3개조가 남아 있다.

출제기관
2023 부산광역시공공기관통합채용[상]
2021 의정부시시설관리공단[상]
2019 지역난방공사[상] 한국남동발전[상]
2018 한국지역난방공사[상] 안전보건공단[상]
2017 한국동서발전[하]
2016 장애인고용공단[상]

06

광해군
밖으로는 명나라와 후금 사이에서 중립외교 노선을 택하고, 안으로는 백성들의 생활 안정을 위해 선혜청을 두고 경기도에 한해서 대동법을 시행하기 시작하였다. 또한 임진왜란 이후 복구 사업에 주력해 토지대장과 호적을 새로 만들어 국가 재정을 확충하려 하였다. 인목대비를 폐위시키고 이복동생인 영창대군을 죽이는 등 잔학한 행위를 하여 이를 명분으로 폐위되었다.

대동법
이원익 등의 주장으로 광해군이 실시한 백성들의 생활 안정책이다. 민호(民戶)에 부과하던 토산물을 토지 결수에 따라 쌀, 포목, 돈으로 징수하는 것이다. 이로 인해 국가에 관수품을 조달하는 공인이 나타났고, 상품 수요의 증가와 공인의 활동 때문에 상공업의 발전이 촉진됐다. 효종은 이를 충청·전라 지역까지 확장하여 공납의 폐단을 바로잡으려 하였다.

출제기관
2024 한국수력원자력[하] 부산광역시공공기관통합채용[상]
2023 부산광역시공공기관통합채용[상] 수원시공공기관통합채용[상]
2021 의정부시시설관리공단[상]
2019 장애인고용공단[상] 보훈복지의료공단[상] 지역난방공사[상]

정답 05 ① | 06 ③

07 ✓오답체크 1회차 2회차

구한말 일어났던 다음 사건들을 시간 순서대로 나열한 것은?

> ㉮ 삼국 간섭 ㉯ 대한제국 건국
> ㉰ 을미사변 ㉱ 갑오개혁
> ㉲ 아관파천

① ㉮ - ㉱ - ㉰ - ㉯ - ㉲
② ㉱ - ㉮ - ㉰ - ㉲ - ㉯
③ ㉯ - ㉮ - ㉲ - ㉰ - ㉱
④ ㉰ - ㉲ - ㉯ - ㉮ - ㉱

08 ✓오답체크 1회차 2회차

다음에서 밑줄 친 전쟁 이후 발생한 사건으로 옳은 것은?

> 의정부 참정 심상훈이 아뢰기를, "지금 일본과 러시아 간에 전쟁이 시작된 이후 일본군사들이 용맹을 떨쳐 육지와 해상에서 연전연승한다는 소식이 세상에 퍼져 각기 나라 사람들과 더불어 가서 관전하는 일이 많습니다. 원수부에서 장령(將領)과 위관(尉官)을 해당 싸움터에 적절히 파견하여 관전하게 하는 것이 어떻겠습니까?" 하니, 윤허하였다.

① 평민 의병장 출신 신돌석이 을사의병을 주도했다.
② 독립협회가 관민공동회를 개최했다.
③ 고종이 러시아 공사관으로 피신했다.
④ 서양국가와의 최초의 조약인 조미수호통상조약이 체결됐다.

핵심 풀이

07

갑오개혁(1894년 7월)
1894년부터 실시된 3차례의 하향식 사회 개혁이다. 갑신정변의 실패로 일본에 망명했던 인사들이 일제의 위세에 힘입어 정권을 잡고 진행했다. 신분제 폐지, 은본위제 실시, 인신 매매 금지, 연좌제 폐지 등의 내용을 담고 있다.

삼국 간섭(1895년 4월)
청일전쟁에서 승리한 일본이 시모노세키 조약을 체결하여 요동반도와 타이완을 장악하고 조선의 실권을 잡았으나, 러시아, 독일, 프랑스의 간섭으로 무산된 일련의 사건이다.

을미사변(1895년 10월)
명성황후가 러시아를 통해 친러 내각을 수립하자 일본이 일으킨 황후 살해 사건이다. 이후 을미개혁(3차 갑오개혁)이 추진되어 건양 연호와 태양력이 사용되었고, 단발령이 시행되었다.

아관파천(1896년 2월~1897년 2월)
을미사변으로 인해 위기감을 느낀 고종이 러시아 대사관으로 피신한 사건이다.

대한제국 건국(1897년 10월)
고종이 자주권 확보를 위해 설립한 제국으로, 광무ㆍ융희 등의 연호를 사용하였다. 광무개혁 등을 실시했으나, 1904년 한일의정서, 1905년 을사늑약 등으로 주권을 일제에 빼앗겼다.

출제기관
2022 부산경제진흥원[상]
2020 대구도시공사[하]
2019 한국수력원자력[상]

08

러일전쟁과 을사늑약
만주와 조선의 지배권을 두고 러시아와 일본이 1904~1905년에 러일전쟁을 벌였다. 전쟁에서 승리한 일본이 사실상 열강들로부터 한국에 대한 지배를 인정받자 일본은 을사늑약을 체결해 대한제국의 외교권을 박탈하고 한국을 식민지로 만들려는 계획을 진행했다(1905). 을사늑약 체결 이듬해 서울에 통감부가 설치됐고, 이토 히로부미가 초대통감으로 부임하여 외교뿐만 아니라 내정에도 간섭했다. 을사늑약 체결 이후 유생 출신의 민종식, 최익현과 평민 의병장 출신 신돌석 등이 을사의병을 주도했다(1906).

출제기관
2023 부산보훈병원[하] 한국수력원자력[상]

정답 07 ② | 08 ①

09

다음 밑줄 친 사건 이후에 발생한 사실로 옳지 않은 것은?

> 1960년 이승만은 정·부통령 선거에서 부통령에 자유당 이기붕을 당선시키고 장기집권하기 위해 야당인사 살해, 투표권 강탈, 부정개표 등을 통한 부정선거를 자행하였다.

① 이승만정부가 계엄령을 선포했다.
② 최루탄에 맞은 채 사망한 학생 김주열의 시신이 발견됐다.
③ 이승만이 사사오입 개헌으로 대통령 3선 연임 제한을 철폐시켰다.
④ 허정을 수반으로 하는 과도정부가 수립됐다.

10

다음과 같은 경제 사안들이 있던 시기에 벌어진 사건으로 옳은 것은?

> • 세계무역기구(WTO) 가입
> • 경제협력개발기구(OECD) 가입
> • 대통령의 '세계화 구상' 발표

① 미국과의 자유무역협정(FTA)이 체결되었다.
② YH무역 노동자들이 폐업에 항의하며 농성하였다.
③ 경자유전의 원칙에 따른 농지 개혁법이 제정되었다.
④ 금융 거래의 투명성을 확보하고자 금융실명제가 실시되었다.

핵심 풀이

09

4·19 혁명
1960년에 이승만과 자유당 정권이 자행한 3·15 부정선거로 인해 마산에서 부정선거와 이승만의 장기집권에 저항하는 대규모 시위가 일어났다. 정부는 계엄령을 발동하여 이를 강경진압했고, 시위 도중 경찰의 최루탄에 맞은 채로 마산 해변가에 버려진 학생 김주열의 시신이 발견되며 4·19 혁명이 전국적으로 확산됐다. 그 결과 이승만이 하야하고 허정 과도정부가 수립됐으며, 국회는 내각책임제와 양원제를 골자로 한 개헌안을 통과시켰다. 이후 구성된 국회를 통해 윤보선이 대통령으로 선출되었고, 장면이 국무총리로 지명되어 장면 내각이 성립됐다.

사사오입 개헌
1954년 이승만은 자신의 대통령 3선을 위해 초대 대통령에 한해 중임제한을 철폐한다는 내용의 헌법개정안을 발표했으나 국회에서 의결정족수의 3분의 2를 채우지 못해 부결됐다. 그러나 1인 이하의 소수점 자리는 계산하지 않는다는 사사오입 논리로 개헌안을 통과시켜 장기집권을 시도했다.

출제기관
2025 용인도시공사[상]
2022 부산대학교병원[하]

10

금융실명제
신분증 없이는 계좌 계설과 이체가 불가능한 금융 제도이다. 1993년 김영삼 정부는 경제적으로 탈세와 부정부패를 뿌리 뽑겠다는 의지로 금융실명제를 실시하였다.

한미 FTA
FTA는 양국간 수출입 관세와 제한을 철폐하여 교역을 자유화하는 협정으로, 한미 FTA는 노무현 정부 때 1차 타결(2007), 이명박 정부 때 재협상안이 타결(2010)된 뒤 2011년 미국과 한국의 국회에서 비준된 한미 간의 자유무역협정이다.

YH 사건
가발 수출업체인 YH무역의 여성 근로자들이 회사폐업조치에 항의하여 야당인 신민당 당사에서 농성시위를 벌인 사건이다.

토지개혁
이승만 정부는 농지 개혁법을 제정하여 유상 매수, 유상 분배를 원칙으로 농지 개혁을 실시하였다.

출제기관
2024 한국서부발전[상]
2023 부산광역시공공기관통합채용[상]
2019 한국남동발전[하] 지역난방공사[상]
2018 한국산업인력공단[상]
2017 경기문화재단[하]

정답 09 ③ | 10 ④

경제 · 경영

11

경제학자 케인스가 처음 고안한 개념으로 '금리 인하, 재정지출 확대 등과 같은 경기부양책이 경기활성화에 도움이 되지 않는 상태'를 의미하는 것은?

① 소프트 패치
② 유동성 함정
③ 스미스의 역설
④ 패리티 지수

12

기업의 환경분석을 통해 강점과 약점, 기회와 위협 요인을 찾아 이를 기반으로 마케팅 전략을 수립하는 것을 무엇이라 하는가?

① SWOT 분석
② 블루오션 전략
③ BCG매트릭스
④ 가치사슬 분석

핵심 풀이

11

유동성 함정
경제주체들이 돈을 움켜쥐고 시장에 내놓지 않는 상황으로서 기업의 생산·투자와 가계의 소비가 늘지 않아 경기가 점점 더 나빠져 마치 함정에 빠진 것처럼 보이는 현상이다.

소프트 패치
경기 회복 국면에서 일시적인 어려움을 겪는 상황이다.

스미스의 역설
가격과 효용의 괴리 현상을 설명하면서 상품의 가치는 총효용에 의해 결정되는 것이 아니라 한계효용에 대해 결정된다고 주장한 것이다.

패리티 지수
물가 상승과 연동해 농산물의 가격을 산출할 때 사용하는 지수이다.

출제기관
2023 한국농수산식품유통공사[하]
2022 부산항보안공사[상]
2020 IBK기업은행[상] 신용보증기금[하]
2018 수원문화재단[하] 한국주택금융공사[하] 서울복지재단[상]
2016 한국산업인력공단[상] 국민연금공단[상] 해양환경단리공단[상]

12

SWOT 분석 NCS
어떤 기업의 내부 환경을 분석하여 강점과 약점을 발견하고, 외부 환경을 분석하여 기회와 위협을 찾아내 마케팅 전략을 수립하는 것을 말한다.

블루오션 전략
경쟁자가 없는 미지의 시장을 의미한다. 성공과 실패의 가능성이 가장 큰 시장이다.

BCG매트릭스 NCS
기업의 제품개발과 시장전략을 위한 분석도구로 세로축에는 각 사업성장률, 가로축에는 시장점유율을 표시한 4개의 분면으로 이뤄진 도표로 이에 맞춰 투자전략을 세우는 것을 말한다.

가치사슬 분석
회사 각 사업부가 서로 어떤 영향을 주는지 가치사슬을 작성해 봄으로써 기능을 더욱 활성화시키기 위해 어떤 것을 해야 하는지 구상하는 것이다.

출제기관
2023 서울시복지재단[상]
2020 IBK기업은행[상]
2019 서울교통공사[하] 지역난방공사[상]
2018 보훈복지의료공단[상]
2017 경기문화재단[하] 한국중부발전[하] 한국수력원자력[상]

정답 11 ② | 12 ①

13

해외 투자자가 평가하는 투자상대국의 대외신인도를 뜻하는 말은?

① 컨트리 리스크
② 소버린 리스크
③ 폴리티칼 리스크
④ 이머전시 리스크

13

컨트리 리스크(Country risk)
글로벌 투자자가 한 국가를 상대로 투자를 하려고 할 때 평가하는 투자상대국의 대외신인도를 말한다. 컨트리 리스크는 해당 국가의 정치적 결단이나 금융정책의 실행에 따라 한순간에 크게 좌우될 수 있다. 때문에 투자상대국의 정책적 행보에 따라 큰 손해를 볼 수 있으므로 글로벌 투자자는 컨트리 리스크를 면밀히 검토해야 한다.

출제기관
2024 한국폴리텍대학[상]

14

다음 글이 설명하고 있는 시장의 유형으로 적절한 것은?

- 주변에서 가장 많이 볼 수 있는 시장의 유형이다.
- 공급자의 수는 많지만, 상품의 질은 조금씩 다르다.
- 소비자들은 상품의 차별성을 보고 기호에 따라 재화나 서비스를 소비하게 된다.
- 미용실, 약국 등이 속한다.

① 과점시장
② 독점적 경쟁시장
③ 독점시장
④ 완전경쟁시장

14

독점적 경쟁시장
기업들이 독점적 입장의 강화를 꾀하면서도 서로 경쟁하는 시장을 말한다.

과점시장
소수의 기업이나 생산자가 시장을 장악하고 비슷한 상품을 제조하며 동일한 시장에서 경쟁하는 시장을 말한다.

완전경쟁시장
판매자와 구매자가 모두 합리적 선택을 하게 되는 시장으로 구매자에게 가격, 상대방의 정보, 제품의 질 등에 대한 완벽한 정보가 주어졌을 때 실현될 수 있다.

출제기관
2021 경남신용보증재단[상]
2020 경기도공공기관통합채용[상] 서울교통공사[상]
      한국도로공사[상] 한국자산관리공사[상]
2019 한국자산관리공사[상]
2018 한국주택금융공사[하] 보훈복지의료공단[상]

정답 13 ① | 14 ②

15

☑ 오답체크 1회차 2회차

국가의 중앙은행이 0.50%포인트 기준금리를 인상하는 것을 뜻하는 용어는?

① 베이비스텝
② 빅스텝
③ 자이언트스텝
④ 울트라스텝

☑ 정답체크
1회	2회
① ③	① ③
② ④	② ④

핵심 풀이

15

빅스텝(Big Step)

중앙은행이 물가를 조정하기 위해 기준금리를 0.50%포인트(p) 인상하는 것을 뜻한다. 이 밖에도 가장 통상적인 0.25%p 인상은 베이비스텝(Baby Step), 0.75%p의 상당 규모 인상은 자이언트 스텝(Giant Step), 1.00%p 인상은 울트라스텝(Ultra Step)이라고 부른다. 반대로 각각 0.25, 0.5, 1.0%p 이상 금리를 인하한다는 의미로는 '베이비컷', '빅컷', '자이언트컷'이 쓰인다. 다만 이러한 용어들은 우리나라의 국내 언론과 경제계, 증권시장에서만 사용하는 것으로 알려져 있다.

출제기관
2025 용인도시공사[상]
2023 보훈교육연구원[상]
2022 수원도시재단[상]

16

☑ 오답체크 1회차 2회차

둘 이상의 자회사의 주식을 갖고 있으면서, 그 회사의 경영권을 가지고 지휘·감독하는 회사는?

① 지주회사
② 주식회사
③ 합명회사
④ 합자회사

☑ 정답체크
1회	2회
① ③	① ③
② ④	② ④

16

회사의 종류

- 지주회사 : 둘 이상의 다른 회사(자회사)의 주식을 갖고 있으면서, 회사의 경영권을 가지고 지휘·감독하는 회사를 뜻한다.
- 합명회사 : 몇 사람이 동업을 하면서 회사를 설립해 회사의 존망을 모든 사원이 함께 책임지는 회사다.
- 합자회사 : 일부 사원은 투자 없이(월급사원), 일부 사원은 투자(월급+투자수익)하여 그 투자금액은 손실을 감수해야 하는 형태의 회사다. 즉 합명+유한회사의 형태다.
- 주식회사 : 주식을 발행하여 여러 사람이 자본투자에 참여할 수 있는 회사다.
- 유한회사 : 사원이 일정금액을 투자하여, 그 투자금액만큼만 책임지는 회사다.

출제기관
2024 대구의료원[상] 고양시공공기관통합채용[상]

정답 15 ② | 16 ①

17

대한민국의 최저임금과 관련된 설명으로 옳지 않은 것은?

① 최저임금위원회는 공익위원·사용자위원·근로자위원 동수로 구성된다.
② 1986년부터 노동 시장에 최저임금제도가 적용되기 시작했다.
③ 2026년 최저임금은 시급 기준 10,320원이다.
④ 노동부장관은 다음해 최저임금을 결정하여 8월 5일까지 고시해야 한다.

핵심풀이 17

최저임금위원회
1987년부터 실시한 최저임금제도의 심의위원회이다. 공익위원 9명, 근로자위원 9명, 사용자위원 9명으로 구성되어 있다. 고용노동부장관은 이를 통해 내년도 최저임금을 결정하여 8월 5일까지 고시한 뒤 이의제기를 받아야 한다. 2026년 최저임금은 시급 기준 10,320원이다.

2019년 최저임금법 개정
2019년부터 임금의 25% 수준 이상으로 상여금을 지급할 경우 초과분은 임금 산정액에 포함할 수 있게 되었다.

출제기관
2025 종로구시설관리공단[상]
2023 용인시공공기관통합채용[상]
2021 영화진흥위원회[하]
2020 경기도공무직통합채용[하]
2019 한국자산관리공사[상]
2018 평택도시공사[하]
2017 서울시설공단[하]

국제·정치

18

다음 중 입헌군주제 국가에 해당하는 나라가 아닌 것은?

① 네덜란드
② 네팔
③ 태국
④ 덴마크

18

현대의 입헌군주제
현대의 입헌군주제는 '군림하되 통치하지 않는다'는 것을 기조로 국왕과 왕실은 상징적인 존재로 남고 헌법에 따르며, 실질적인 통치는 주로 내각의 수반인 총리가 맡는 정부 형태를 말한다. 현존하는 입헌군주국에는 네덜란드와 덴마크, 노르웨이, 영국, 스페인, 일본, 태국, 캄보디아 등이 있다. 네팔은 1990년에 입헌군주정을 수립했으며 2008년 다시 절대왕정으로 회귀하려다 왕정을 폐지하고 민주공화국을 수립했다.

출제기관
2023 보훈교육연구원[상]

정답 17 ② | 18 ②

19

다음 중 우리나라의 계엄령에 대한 설명으로 옳지 않은 것은?

① 국가비상사태 발생 시 대통령이 선포하는 국가긴급권이다.
② 비상계엄과 경비계엄의 두 종류가 있다.
③ 대통령이 고유권한으로 국무회의 의결을 거치지 않고도 선포할 수 있다.
④ 우리나라의 최초의 계엄령은 1948년 여순사건 당시 선포됐다.

20

덴마크 자치령으로 세계에서 가장 큰 섬은?

① 그린란드
② 버진아일랜드
③ 미드웨이제도
④ 웨이크섬

핵심 풀이

19

계엄령
전시나 사변 또는 이에 준하는 국가 비상사태가 발생하는 경우 국가의 안녕과 공공질서를 유지하기 위해 법률이 정하는 바에 따라 선포하는 국가긴급권으로 대통령의 고유권한이다. 헌법 제77조 및 계엄법에 따라 대통령은 국무회의의 의결을 통해 비상계엄 또는 경비계엄을 선포할 수 있고, 국방부 장관과 행정안전부 장관이 이를 건의할 수 있다. 계엄령이 선포되면 해당지역 내 행정권·사법권이 군으로 이관되고, 헌법에 보장된 국민의 기본권을 제한할 수 있다. 우리나라 초초의 계엄령은 1948년 10월 여순사건 때 발동됐고, 제주4·3사건과 6·25전쟁 당시에도 선포됐다.

출제기관
2025 은평구도시공사[상]
2021 전남신용보증재단[상]

20

그린란드(Greenland)
덴마크의 자치령으로 유럽과 북미 대륙 사이에 위치한 세계에서 가장 큰 섬이다. 이곳에 사는 원주민을 이누이트(Inuit)라고 하며, 덴마크인들은 1814년부터 그린란드를 식민지로서 지배하기 시작했다. 국토의 85%가 얼음으로 덮인 척박한 환경이지만, 희토류 등 중요한 희귀자원이 풍부하게 매장된 것으로 알려졌다.

출제기관
2024 밀양시시설관리공단[상]
2019 경기관광공사[하]

정답 19 ③ | 20 ①

21

스위스의 휴양도시에서 열리는 세계경제포럼은?

① 다보스포럼
② 보아오포럼
③ 제네바포럼
④ 취리히포럼

22

핵확산금지조약에서 인정하는 핵보유국에 해당하는 나라는?

① 이탈리아
② 독일
③ 캐나다
④ 러시아

핵심 풀이

21

다보스포럼
정확한 명칭은 세계경제포럼(WEF ; World Economic Forum)이다. 본부는 스위스 제네바에 있다. 1971년 비영리 재단으로 창설되어 '유럽인 경영 심포지엄'으로 출발했으나, 1973년에 전 세계로 넓혀져 정치인으로까지 확대됐다. 독립된 비영리 단체로 세계 각국의 정상과 장관, 재계 및 금융계 최고 경영자들이 모여 각종 정보를 교환하고, 세계경제 발전방안 등에 대해 논의한다.

출제기관
2023 부산광역시공무직통합채용[상]
2020 서대문구도시관리공단[하]
2018 부산교통공사[상] 한국방송공사[상]
2017 평택도시공사[하] 경기도문화재단[하]

22

핵확산금지조약(NPT ; Non Proliferation Treaty)
핵무기가 무분별하게 제작·사용되는 것을 막기 위해 1966년 유엔총회에서 채택된 조약이다. 핵무기를 가지지 않은 나라가 핵무기를 보유하는 것을 금지하고, 핵무기를 가진 나라가 비보유국에 제공하는 것을 방지하기 위함이다. 우리나라는 1975년 정식 비준국이 되었다. 현재 NPT에서 인정하는 핵보유국은 미국, 영국, 프랑스, 러시아, 중국이다.

출제기관
2023 영화진흥위원회[상]
2021 전라남도공공기관통합채용[상]

정답 21 ① | 22 ④

법률·사회

23 ☑오답체크 1회차 2회차

다음 중 노동3권에 포함되는 것이 <u>아닌</u> 것은?

① 단결권
② 노동쟁의권
③ 단체교섭권
④ 단체행동권

24 ☑오답체크 1회차 2회차

직업 없이 돈이 필요할 때 일시적으로 아르바이트를 하며 생활하는 젊은 층을 뜻하는 용어는?

① 파이어족
② 캥거루족
③ 니트족
④ 프리터족

핵심 풀이

23

노동3권
헌법에서 보장하는 노동자의 권리이다. 단결권, 단체교섭권, 단체행동권이 있다.

출제기관
2022 전라남도공무직통합채용[하]
2020 경기도공무직통합채용[하]
2016 서울도시철도공사[상]

24

프리터족(Freeter族)
Free(프리)와 Arbeit(아르바이트)를 합성해 일본에서 생겨난 용어로 일정한 직업 없이 돈이 필요할 때 일시적으로 아르바이트를 하며 생활하는 젊은 층을 말한다.

파이어족(FIRE族)
Financial Independence, Retire Early(경제적 독립, 조기 은퇴)의 줄임말로 젊을 때 극단적으로 절약하고 투자·재테크를 통해 빠르게 자산을 모아 일찍 은퇴하고 자유로운 삶을 살려는 사람들을 가리킨다.

캥거루족(Kangaroo族)
성인이 되었음에도 경제적·정서적으로 독립하지 못하고 부모에게 의존하며 함께 사는 젊은 세대를 가리킨다.

니트족(NEET族)
'Not in Education, Employment or Training'의 줄임말로서 나라에서 정한 의무교육을 마친 후 진학이나 취직을 하지 않고 일할 의지도 없는 청년을 가리킨다.

출제기관
2025 광명도시공사[하]
2024 광주광역시공무직통합채용[하]
2022 전라남도공공기관통합채용[상]

정답 23 ② | 24 ④

25

기술 등의 물질문화가 빠르게 발전하는 것에 비해 사회 가치관 등의 비물질문화는 이를 따라잡지 못하는 현상은?

① 문화실조
② 문화접변
③ 문화지체
④ 문화충격

26

다음의 사례가 보여주는 현상을 무엇이라 하는가?

> '아름다운 물의 도시'라 불리는 이탈리아의 베네치아는 일 년에 약 2천만명의 관광객이 찾는 명소다. 관광업의 비중이 절대적이지만 대다수의 주민들은 지나치게 많은 관광객과 일부 비양심적인 관광객들로 생활에 지장을 받는다고 토로했다. 이런 환경 탓에 2009년 약 27만명이었던 베네치아의 인구가 현재는 6만명이 채 안 될 정도로 줄어들었다.

① 투어리스티피케이션
② 젠트리피케이션
③ J턴 현상
④ I턴 현상

핵심 풀이

25

문화지체(Cultural Lag)
급속히 발전하는 기술 등의 물질문화를 국가정책이나 개인의 가치관 등의 비물질문화가 따라잡지 못하면서 발생하는 현상을 말한다. 미국의 사회학자 'W.F.오그번'이 주장한 이론이다. 자동차가 발명돼도 교통법규 등의 시민의식은 금방 확립되지 않는 것처럼, 신기술이나 획기적 발명품이 탄생해도 이와 관련된 윤리의식이나 가치관의 발달은 더디게 일어난다는 것이다.

출제기관
2024 광주광역시공무직통합채용[하]

26

투어리스티피케이션(Touristification)
'관광지화(Touristify)'와 '젠트리피케이션(Gentrification)'의 합성어로, 유명관광지에 거주하는 주민들이 몰려드는 관광객이 만들어내는 소음, 쓰레기, 불법 주정차 등을 견디다 못해 다른 지역으로 이주하는 현상이다.

젠트리피케이션(Gentrification)
낙후됐던 도심 지역이 새롭게 바뀌며 중산층이 몰리면서 저소득층 원주민을 대체하는 현상이다.

J턴 현상
대도시에 살던 근로자가 고향과 가까운 지방 중소도시에 새롭게 정착하는 현상이다.

I턴 현상
도시에서 태어나 살다가 농촌으로 이주하는 현상이다.

출제기관
2022 광주광역시공공기관통합채용[상]
2019 한국문화예술위원회[상] 충남문화재단[상]
2018 한국문화예술위원회[상]
2017 한국중부발전[하] 한국소비자원[상] 한국수력원자력[상] 경기도시공사[상]

정답 25 ③ | 26 ①

인문 · 세계사 · 문화 · 미디어

27 ☑ 오답체크 1회차 2회차

다음 중 사회계약설과 관련 없는 인물은?

① 존 로크
② 장 자크 루소
③ 이마누엘 칸트
④ 토머스 홉스

28 ☑ 오답체크 1회차 2회차

19세기 초 영국 노동자들이 생산기계를 파괴하는 등 자본가에 맞서 계급투쟁을 벌인 운동은?

① 러다이트 운동
② 인클로저 운동
③ 차티스트 운동
④ 서프러제트 운동

핵심 풀이

27

사회계약설
모든 인간은 하늘이 내려준(천부) 권리를 가지며, 이 불확실한 자유와 권리를 국가와 계약을 통해 위임하였다는 정치 철학적 견해를 말한다. 국가는 시민의 권리를 보장하기 위해 합법적으로 권력을 행사할 수 있다. 사회계약설을 주장한 대표적 사상가로는 정부에 대한 시민의 저항권을 주장한 존 로크, 〈사회계약론〉을 저술한 장 자크 루소, 〈리바이어던〉을 통해 자연상태의 인간이 '만인에 의한 만인의 투쟁 상태에 있다고 주장한 토머스 홉스가 있다.

출제기관
2025 부산광역시공무직통합채용[상] 국립광주과학관[하]
2023 부산광역시공공기관통합채용[상]
2022 충북대학교병원[상]

28

러다이트 운동
1811년에 있었던 노동자들의 계급 투쟁운동으로 정부가 자본가와 결탁하여 '단결금지법'을 제정하자 기계를 파괴하며 항거했다.

인클로저 운동
18~19세기 영국 산업혁명 시기에 상업의 발달과 산업혁명으로 영국의 모든 공지(空地)가 양 목축지가 되고 농민들은 도시 노동자가 된 현상이다.

차티스트 운동
1838년에서 1848년에 걸쳐 있었던 노동자들의 참정권 요구 운동이다.

서프러제트 운동
1860년부터 시작된 여성참정권 운동으로, 1910년 1차 세계대전으로 인해 여성이 경제에 참가하게 되면서 1928년 여성참정권이 확보되었다.

출제기관
2023 노동교육연구원[상]
2021 한국폴리텍대학[상]
2020 영화진흥위원회[하]
2017 영화진흥위원회[하] 서울복지재단[상]

정답 27 ③ | 28 ①

문학 · 예체능 · 기타예술

29 ☑오답체크 1회차 2회차

다음 중 4대 남자 메이저 골프대회에 해당하지 <u>않는</u> 것은?

① PGA 챔피언십
② US 오픈
③ 프레지던츠컵
④ 브리티시 오픈

29
4대 남자 메이저 골프대회
4대 남자 메이저 골프대회로 꼽히는 것은 PGA 챔피언십(PGA Championship, 1916), US 오픈(US Open, 1895), 브리티시 오픈(British Open, 1860), 마스터스(Masters, 1930)이다. 프레지던츠컵은 미국과 유럽을 제외한 인터내셔널팀 사이의 남자 프로골프 대항전이다. 2년마다 열리는 유럽 남자 골프 대항전인 라이더컵이 개최되지 않는 해에 열린다.

출제기관
2023 부산광역시공무직통합채용[상]
2019 동대문구시설관리공단[하]

30 ☑오답체크 1회차 2회차

다음 작품을 그린 인물에 대한 설명으로 옳은 것은?

① 프랑스 출신의 화가다.
② 20세기 초 야수파에 지대한 영향을 끼쳤다.
③ 생전에 화가로서 대단한 성공을 거뒀다.
④ 초기에는 밝은 색채를 이용해 삶의 환희를 표현한 작품을 그렸다.

30
빈센트 반 고흐(Vincent van Gogh)
1853년 네덜란드에서 태어나 프랑스에서 주로 활동한 탈인상주의(후기 인상주의) 화가다. 초기에는 어두운 색채로 비참한 삶을 그린 작품을 주로 선보였다. 이후 프랑스에서 작품활동을 하며 자신만의 화려한 색 대조와 강렬한 붓 터치를 완성해 후대의 야수파와 표현주의에 지대한 영향을 끼쳤다. 생전에는 정신병을 앓는 등 어려운 삶을 살았고, 화가로서 성공을 거두지 못했지만 사후에는 대단한 명성을 누린 인물로 유명하다. 대표작에는 〈별이 빛나는 밤〉, 〈해바라기〉, 〈밤의 카페〉 등이 있다. 문제에 제시된 작품은 그의 초기작인 〈감자를 먹는 사람들〉(1885년)이다.

출제기관
2025 광명도시공사[하]
2023 대전도시공사[상]
2022 중앙보훈병원[상]

정답 29 ③ | 30 ②

31

장면의 순간적인 변화로 회상 신(Scene)을 보여줄 때 사용하는 연출 기법은?

① 디졸브
② 페이드아웃
③ 와이프
④ 플래시백

32

문학에서 진부하고 판에 박힌 표현을 가리키는 용어는?

① 클리셰
② 플롯
③ 골계
④ 그로테스크

핵심 풀이

31

영화의 장면전환 기법
- 컷 : 바로 화면이 바뀌는 것
- 페이드 : 차차 화면이 어두워지거나 밝아지는 것
- 디졸브 : 앞의 장면과 뒤의 장면이 겹쳐지면서 서서히 전환되는 것
- 와이프 : 한 쪽에서부터 밀어내듯이 장면이 바뀌는 것
- 플래시백 : 영화 기법에서 장면의 순간적인 변화를 보여주는 방법으로, 과거 회상을 보여주거나 감정의 격렬함을 보여줄 때에 사용한다.

출제기관
2021 오산문화재단[하]
2018 영화진흥위원회[하]
2017 영화진흥위원회[하] 경기콘텐츠진흥원[상]

32

클리셰(Cliche)
인쇄에서 '연판'을 뜻하는 프랑스어에서 기원했으며, 현재는 문학·영화에 등장하는 진부하고 상투적인 표현을 뜻하는 용어로 쓰인다. 지나친 클리셰는 극의 전개를 정형화하고 예측가능하게 만들어 독자와 관객의 흥미를 반감시킨다. 가령 전쟁터에서 수세에 몰린 병사들이 지휘관의 장엄한 연설에 힘을 얻어 승부를 뒤집는다든지, 범죄현장에서 모든 상황이 끝난 뒤에야 경찰이 도착하는 등의 다양한 클리셰가 존재한다.

출제기관
2024 인천시설공단[상]
2023 부산광역시공무직통합채용[상]
2021 천안시시설관리공단[상]
2020 경기도공무직통합채용[상]

정답 31 ④ | 32 ①

33

윌리엄 셰익스피어의 희극작품에 해당하지 않는 것은?

① 한 여름 밤의 꿈
② 베니스의 상인
③ 햄릿
④ 십이야

33

셰익스피어의 5대 희극
영국의 위대한 극작가 윌리엄 셰익스피어의 '5대 희극'에 꼽히는 작품은 〈한 여름 밤의 꿈〉, 〈베니스의 상인〉, 〈십이야〉, 〈말괄량이 길들이기〉, 〈뜻대로 하세요〉다.

셰익스피어의 4대 비극
〈햄릿〉, 〈오셀로〉, 〈리어왕〉, 〈맥베스〉

출제기관
2024 광주광역시도시공사[상]
2020 한국산업인력공단[하] 전라남도공공기관통합채용[하]

34

다음 중 안중근 의사가 거사 후 옥중에서 집필하다가 미완성한 저술의 이름은?

① 〈동양평화론〉
② 〈흠흠신서〉
③ 〈독립정신〉
④ 〈경세유표〉

34

〈동양평화론〉
안중근 의사가 1909년 하얼빈에서 이토 히로부미를 저격한 뒤 옥중에서 집필하였지만 사형 집행으로 끝내 미완성된 저작이다. 그는 이 저작에서 한국과 중국, 일본이 힘을 합해 서양 열강의 침략에 공동대응해야 한다는 '동양 삼국 협력론'을 폈다. 아울러 일본의 한국을 침략한 행위는 결국 동양의 평화를 깨뜨려 일본 스스로 자멸의 길을 초래할 것이라고 경고하기도 했다.

〈흠흠신서〉
조선 후기 실학자 정약용이 저술한 형법서

〈독립정신〉
이승만이 한성감옥 수감 중이던 1904년에 집필한 일제치하 조선의 각성과 계몽을 주장한 저서

〈경세유표〉
정약용이 국가의 행정과 제도개혁과 관련해 저술한 책

출제기관
2025 화성시공공기관통합채용[하]

정답 33 ③ | 34 ①

과학·IT

35. 지구 외의 행성을 인류가 거주할 수 있도록 환경을 개조하는 것을 뜻하는 용어는?

① 테라포밍
② 애스트로바이올로지
③ 스페이스 콜로니
④ 패러테라포밍

36. 엘니뇨는 평년보다 해수면 온도가 섭씨 몇 도 이상 높은 상태가 지속될 때를 말하는가?

① 0.3도
② 0.5도
③ 1.0도
④ 2.0도

핵심 풀이

35
테라포밍(Terraforming)
다른 행성의 환경을 인간을 비롯한 생명이 서식할 수 있게끔 지구와 유사하게 바꾸는 것을 뜻한다. '땅(Terra, 지구)'고 '형태를 바꾸다(forming)'의 합성어. 우주개척을 위해 인위적으로 행성의 환경을 개조하는 것이다. 현재 가장 가능성 있게 거론되고 있는 것은 화성에 대한 테라포밍이다.

출제기관
2025 화성시공공기관통합채용[하]

36
엘니뇨(El Nino)
평년보다 0.5℃ 이상 해수면 온도가 높은 상태가 5개월 이상 지속되는 현상을 말한다. 주로 열대 태평양 적도 부근의 남미해안이나 중태평양 해상에서 발생한다. 엘니뇨는 대기순환에 영향을 끼쳐 세계 각 지역에 홍수, 무더위, 가뭄 등 이상기후를 일으킨다. 반면 라니냐(La Nina)는 엘니뇨의 반대 현상으로, 평년보다 해수면 온도가 0.5℃ 이상 낮은 상태가 5개월 이상 지속되는 상태이다. 예년과 비교할 때 강한 무역풍이 지속돼 일어나는 기후변동 현상이다.

출제기관
2025 화성시공공기관통합채용[하]
2024 광주광역시도시공사[상] 한국폴리텍대학[상]
2020 화성시공공기관통합채용[하]

정답 35 ① | 36 ②

37

5G에서 G는 무엇의 약자인가?

① Global
② GHz
③ Generation
④ Grid

37
5G
'5th Generation Mobile Communication'의 약자로, 2020년 초 상용화된 모바일 국제 표준을 말한다. 최대 20Gbps의 데이터 전송속도와 어디에서든 최소 100Mbps 이상의 체감 전송속도를 제공하는 것을 목표로 IoT와 4차 산업혁명을 본격화하는 기술로 평가된다.

출제기관
2020 전라남도공공기관통합채용[하]
2019 포항시설관리공단[상] 한국관광공사[상]
2018 광주도시철도공사[하] 방송통신심의위원회[상]
2017 경기콘텐츠진흥원[상]

38

2022년 8월 발사된 우리나라 최초의 달 탐사선의 이름은?

① 누리호
② 스페이스X
③ 다누리
④ 블루오리진

38
다누리
2022년 8월 발사된 우리나라의 첫 달 탐사궤도선으로 태양과 지구 등 천체의 중력을 이용해 항행하는 궤적에 따라 이동하도록 설계됐다. 달로 곧장 가지 않고 태양 쪽의 먼 우주로 가서 최대 156만km까지 거리를 벌렸다가 다시 지구 쪽으로 돌아와 달에 접근했다. 다누리는 145일 만에 달 상공의 임무궤도에 안착했으며, 약 2시간 주기로 달을 공전한다. 다누리의 고해상도카메라는 달 표면 관측영상을 찍어 달 착륙 후보지를 고르고, 광시야편광카메라 등은 달에 매장된 자원을 탐색하게 된다.

누리호(KSLV-II)
우리나라 최초의 저궤도 실용위성 발사용 로켓이다. 2022년 6월 21일 2차 발사에 성공해 지구 궤도에 안착했다. 이로써 우리나라는 세계 7번째로 1t 이상인 실용적 규모의 인공위성을 자체기술로 쏘아 올린 나라가 됐다.

스페이스X
테슬라의 CEO 일론 머스크가 설립한 미국의 우주기업

블루오리진
아마존의 CEO 제프 베이조스가 설립한 민간 우주기업

출제기관
2025 한국폴리텍대학[상]
2023 보훈교육연구원[상] 서울시복지재단[상]
2022 국립호남권생물자원관[상]

정답 37 ③ | 38 ③

우리말·한자

39 ☑ 오답체크 1회차 2회차

다음 중 가을철에 농사를 짓느라 매우 바쁨을 의미하는 속담은?

① 가을에는 부지깽이도 덤벙인다.
② 가을 추수는 입추 이슬을 맞아야 한다.
③ 밤송이 맺을 때 모 심어도 반밥 더 먹는다.
④ 가을멸구는 볏섬에서도 먹는다.

40 ☑ 오답체크 1회차 2회차

다음 중 음운현상의 성격이 나머지와 다른 것 하나는?

① 국민[궁민]
② 천리[철리]
③ 굳이[구지]
④ 국화[구콰]

핵심 풀이

39
'가을에는 부지깽이도 덤벙인다'는 속담은 가을 추수철에 온 식구가 농사일에 달려들어도 일손이 모자라, 부엌에서 불을 휘젓는 부지깽이도 일을 한 손 거든다는 표현이다. 가을철 농사일이 매우 바쁘다는 의미를 담고 있다.

출제기관
2024 광주광역시도시공사[상]

40
①, ②, ④는 자음동화에 따른 변화이고 ④의 경우 자음동화의 일종인 자음축약 ③은 구개음화이다.

자음동화
두 형태소의 결합 시 자음과 자음이 만나 영향을 받으면서 같은 성질의 음소로 바뀌는 현상

구개음화
'ㄷ, ㅌ' 받침 뒤에 종속적 관계를 가진 '-이(-)'나 '-히-'가 올 적에는 'ㅈ, ㅊ'으로 소리 나더라도 'ㄷ, ㅌ'으로 적는다.

출제기관
2023 부산광역시공공기관통합채용[상]
2018 수원문화재단[하]

정답 39 ① | 40 ③

문제 유형 살펴보기

단답형

01 고조선은 상·대부·장군 등의 관직을 두었으며 (　　) 등 중국의 화폐를 이용하여 교역했다.

02 우리나라의 2026년 시급 기준 최저임금은 (　　)원이다.

03 시장의 유형 중 기업들이 독점적 입장의 강화를 꾀하면서도 서로 경쟁하는 시장은?

04 (　　)은/는 19세기 초 영국 노동자들이 생산기계를 파괴하는 등 자본가에 맞서 계급투쟁을 벌인 운동이다.

05 라니냐는 평년보다 해수면 온도가 (　　)℃ 이상 낮은 상태가 5개월 이상 지속되는 현상이다.

> **정답** 1. 명도전 2. 10,320 3. 독점적 경쟁시장 4. 러다이트 운동 5. 0.5

약술형 다음 용어에 대해 약술하시오.

01 별무반

02 빅스텝

03 핵확산금지조약

04 테라포밍

> **정답**
>
> **1. 별무반**
> 고려 숙종 때 무신이었던 윤관이 왕에게 건의해 조직한 임시군사조직으로, 예종 때 여진을 물리치고 동북 9성을 설치했다.
>
> **2. 빅스텝**
> 중앙은행이 물가조정을 위해 기준금리를 0.50%포인트 인상하는 것을 뜻한다.
>
> **3. 핵확산금지조약**
> 핵무기가 무분별하게 제작·사용되는 것을 막기 위해 1966년 유엔총회에서 채택된 조약이다.
>
> **4. 테라포밍**
> 다른 행성의 환경을 인간을 비롯한 생명이 서식할 수 있게끔 지구와 유사하게 바꾸는 것을 뜻한다.

NCS

01 A 대리는 전략회의를 앞두고 국내 금융그룹의 SWOT 분석을 했다. 다음 분석 결과에 대응하는 전략과 그 내용으로 올바른 것은?

국내 금융그룹 SWOT 분석	
S(강점)	W(약점)
• 탄탄한 국내 시장 지배력 • 뛰어난 위기관리 역량 • 우수한 자산건전성 지표 • 수준 높은 금융 서비스	• 은행과 이자수익에 편중된 수익구조 • 취약한 해외 비즈니스와 글로벌 경쟁력 • 낙하산식 경영진 교체와 관치금융 우려 • 외화 자금 조달 리스크
O(기회)	T(위협)
• 해외 금융시장 진출 확대 • 기술 발달에 따른 핀테크의 등장 • IT 인프라를 활용한 새로운 수익 창출 • 계열사 간 협업을 통한 금융 서비스	• 새로운 금융 서비스의 등장 • 은행의 영향력 약화 가속화 • 글로벌 금융사와의 경쟁 심화 • 비용 합리화에 따른 고객 신뢰 저하

① SO전략 : 해외 비즈니스 TF팀 신설로 상반기 해외 금융시장 진출 대비
② ST전략 : 금융 서비스를 다방면으로 확대해 글로벌 경쟁사와의 경쟁에서 우위 차지
③ WO전략 : 국내의 탄탄한 시장점유율을 기반으로 핀테크 사업 진출
④ WT전략 : 국내금융사의 우수한 자산건전성 지표를 홍보하여 고객 신뢰 회복

02 다음 글을 읽고 인조를 비판할 수 있는 내용으로 적절하지 않은 것은?

> 전쟁의 여운이 어느 정도 사라진 1634년 인조는 "금나라 사람이 강하긴 하지만 싸울 때마다 반드시 이기지는 못할 것이며, 아군이 약하지만 싸울 때마다 반드시 패하지도 않을 것이다. 옛말에 '의지가 있는 용사는 목이 떨어질 각오를 한다'고 하였고, 또 '군사가 교만하면 패한다'고 하였다"라고 말했다. 조선은 또 다시 전시 체제에 돌입했다. 신흥강국 후금에 대한 현실적인 힘을 무시하고 의리와 명분을 고집한 집권층의 닫힌 의식은 스스로 병란을 자초한 꼴이 되었다. 정묘호란 때 그렇게 당했으면서도 맞불 작전으로 후금에 맞서는 최악의 길을 택한 것이다.

① 오랑캐의 나라인 후금을 명나라와 동등하게 대우한다는 것은 있을 수 없습니다.
② 감정 따로 현실 따로인 법, 힘과 능력이 문제입니다. 현실을 직시해야 합니다.
③ 그들의 요구를 물리친다면 승산 없는 전쟁으로 결과는 불 보듯 뻔합니다.
④ 명분만 내세워 준비 없이 수행하는 전쟁은 더 큰 피해를 입게 될 것입니다.

정답

1. ② 명기된 약점, 강점, 기회, 위협을 잘 파악하여 전략명에 맞는 계획을 세운 것은 ②뿐이다.
   • SWOT : 어떤 기업의 내부 환경을 분석하여 강점과 약점을 발견하고, 외부 환경을 분석하여 기회와 위협을 찾아내 마케팅 전략을 수립하는 것을 말한다. SO는 기회에 강점을 활용하는 전략, ST는 위협에 강점으로 대응하는 전략, WO는 기회에 앞서 약점을 보완하는 전략, WT는 위협에 앞서 약점을 보완하는 전략이다.
2. ① 당시 청국이 강대국임을 인정하지 못했던 인조의 판단을 비판하는 내용이다. ①은 맞지 않다.
   • 인조 : 광해군의 폐위 이후 옹립된 왕이다. 북인을 숙청하고 중립외교 노선을 택했으나, 후금(청)에 의해 정묘호란 · 병자호란에서 패하고 삼전도에서 군신의 예를 맺었다.

3회차 분야별 핵심 키워드 40문제

한국사

01 구석기시대의 특징으로 옳지 않은 것은?

① 동굴이나 강가의 막집에서 살았다.
② 주먹도끼와 슴베찌르개 등의 석기 도구와 활 등의 사냥 도구를 사용하였다.
③ 고인돌을 만들어 부족장의 장례를 치렀다.
④ 식량을 찾아 이동생활을 하였다.

핵심 풀이

01

구석기시대
구석기인들은 강가의 동굴이나 막집에서 살았으며, 식량을 찾아 이동생활을 했다. 사용 도구로는 돌을 깨뜨려 만든 주먹도끼, 슴베찌르개, 긁개 등이 있다. 한반도에서 구석기시대가 시작된 시기는 약 70만년 전으로 추정된다. 연천 전곡리에 구석기 유적이 분포되어 있다.

청동기시대
신석기시대에서 더욱 발전하여 벼농사를 시작하였고 계급, 족장 등이 생겼다. 비파형동검, 부채도끼, 석관, 반달돌칼, 민무늬토기, 미송리식토기, 고인돌 등이 유물로 남아 있다.

출제기관
2024 한국산업인력공단[하]
2023 수원시공공기관통합채용[하]
2022 한국산업인력공단[하]
2021 의정부시시설관리공단[상]
2020 부산항만공사[하]
2019 지역난방공사[상] 한국산업인력공단[상] 지역난방공사[상] 경기도공공기관열린채용[상] 보훈복지의료공단[상] 한국남동발전[상]
2018 한국폴리텍대학[상]

02 한반도 북부에 3세기까지 존재했던 옥저의 풍습으로 틀린 것은?

① 여러 부족사회로 나뉘었던 군장 국가였다.
② 장례 문화로 가족 공동무덤과 무덤에서 뼈를 추슬러 안치하는 골장제가 있었다.
③ 신부가 신랑 집에서 어릴 때부터 살다가 혼인을 하는 민며느리 제도를 실시하였다.
④ 단궁, 과하마, 반어피 등의 특산물을 생산하였다.

02

옥저
한반도 북부에 있었던 부족국가로 위만 조선과 한사군의 공격을 받아 축소되어 고구려에 편입되었다. 민며느리제, 골장제, 가족 공동무덤 등의 풍속이 있었다.

동예
단궁·과하마·반어피 등의 특산물을 생산하였으며, 책화·족외혼 등의 풍습과 10월에 무천이라는 행사가 있었다. 옥저와 동예는 비슷한 시기에 건국되었다 멸망한 것으로 추정된다.

출제기관
2022 부천도시공사[하]
2019 한국서부발전[상]
2018 수원문화재단[하] 보훈복지의료공단[상] 안전보건공단[상]

정답 01 ③ | 02 ④

03 ☑오답체크 1회차 2회차

다음 중 백제의 사비 천도 후 신라와의 전투에서 전사한 백제의 왕은?

① 성왕
② 고이왕
③ 의자왕
④ 근초고왕

04 ☑오답체크 1회차 2회차

다음 중 제도의 성격이 나머지와 가장 다른 것 하나는 무엇인가?

① 상피제도
② 사심관제도
③ 기인제도
④ 상수리제도

핵심 풀이

03

백제 성왕
백제 성왕은 국가의 중흥을 목적으로 538년 도읍을 웅진에서 사비로 재천도했다. 성왕은 사비 천도로 왕권강화와 지배질서 확립을 시도했고, 동시에 체제정비를 추진했다. 천도 후 성왕은 신라와 손잡고 고구려를 공격했으나, 신라의 배신으로 한강유역을 빼앗기고 말았다. 그리고 성왕은 553년 신라와의 관산성전투에서 전사했다.

출제기관
2024 부산광역시공무직통합채용[하] 광주광역시도시공사[상]
2019 한국산업인력공단[하]
2018 수원문화재단[하]

04

상피제도
고려 선종 대에 실시된(1092) 제도로 지방 파견 관리가 자신의 가족과 친척이 사는 지방에 부임할 수 없도록 하는 것이다.

사심관제도
고려 태조 대에 실시된 지방 호족의 견제 제도이다. 지당 유력자를 사심관으로 삼아 개경에서 지방을 관리하도록 했다. 충렬왕 대에 폐지되었다.

기인제도
고려 태조가 실시한 왕권 강화책으로 지방 호족의 자제 중 한 명을 개경에 보내어 볼모로 삼는 것이다.

상수리제도
기인제도의 모태라고 할 수 있는 신라의 지방 호족 견제책이다. 자제 중 한 명을 수도로 올려보냈다.

출제기관
2022 한국보훈복지의료공단[상]
2021 부천시공공기관통합채용[하]
2018 한국보훈복지의료공단[상]
2017 부천시공공기관통합채용[하]
2016 한국동서발전[하]

정답 03 ① | 04 ①

05

다음 중 최초로 고조선의 건국 연대를 기원전 2333년으로 밝히고 있는 역사서는 무엇인가?

① 〈동국통감〉
② 〈해동역사〉
③ 〈제왕운기〉
④ 〈삼국유사〉

06

1898년 남궁억과 나수연이 국민 계몽을 목적으로 발간한 신문의 명칭은?

① 황성신문
② 매일신문
③ 한성순보
④ 독립신문

핵심 풀이

05

〈동국통감〉
조선 성종 대에 서거정 등이 편찬한 역사서이다. 고조선부터 고려 말까지의 역사를 편년체로 정리하였다. 중국 요나라 임금의 즉위년에 비교하여 고조선의 건국을 기원전 2333년으로 밝히고 있다.

〈해동역사〉
조선 말기 실학자 한치윤이 편찬한 역사서이다. 고조선부터 고려까지 기전체로 정리하였다.

〈제왕운기〉
고려시대 학자 이승휴가 쓴 역사책이다. 한국과 중국의 역사를 운문으로 기술했다. 단군조선과 발해사에 대해 언급되어 있다.

〈삼국유사〉
고려의 승려인 일연이 1281년 발간한 역사서이다. 고조선사에 대한 언급이 있다.

출제기관
2020 한국산업단지공단[하]
2019 경기도공공기관열린채용[상]
2018 한국서부발전[상] 보훈복지의료공단[상]
2017 한국중부발전[하]

06

황성신문
1898년 창간된 국한문 혼용 일간지. 남궁억과 나수연이 이미 발간 중이었던 '대한황성신문'의 판권을 인수해 창간했다. 외세침입에 대해 국민을 계몽하고 일제를 비판하기 위한 목적으로 창간했는데, 당시 신문의 주필이었던 장지연의 사설 '시일야 방성대곡'이 실리기도 했다.

한성순보
개항 이후 개화정책의 일환으로 출판기관인 박문국이 설치됐고, 이곳에서 최초의 근대적 신문이자 순한문신문인 한성순보를 발간했다(1883).

독립신문
갑신정변 이후 미국에서 돌아온 서재필은 1896년 정부의 지원을 받아 우리나라 최초의 민간 신문인 독립신문을 창간했다. 최초의 한글신문이며 외국인을 위한 영문판도 제작됐다. 또 최초로 한글 띄어쓰기가 사용되기도 했다.

출제기관
2022 부천도시공사[하]
2019 독립기념관[상]

정답 05 ① | 06 ①

07

조선시대 역사 실록의 편찬을 맡았던 기관은 어디인가?

① 예조
② 사간원
③ 홍문관
④ 예문춘추관

08

다음 중 고종황제의 퇴위 반대운동을 벌인 민중계몽단체는?

① 근우회
② 보안회
③ 신민회
④ 대한자강회

07

예문춘추관
왕명의 제찬(왕명을 글로 표현하는 일)과 실록의 편찬을 담당하는 기관으로, 고려 초기부터 조선 말까지 있었다. 시기에 따라 예문관과 춘추관으로 분리되어 있을 때도 있었다.

삼사
조선시대 사헌부·사간원·홍문관을 삼사라 하였다. 사헌부는 행정의 감찰을 맡았으며, 사간원은 왕권에 대한 견제와 신하들에 대한 탄핵을 맡았다. 홍문관은 경서의 관리와 왕의 자문을 맡았다.

출제기관
2020 부산노훈병원[하]
2018 서울교통공사[하] 한국산업인력공단[상] 대구시설관리공단[상]
2017 한국서부발전[상]

08

대한자강회
1906년 4월 설립된 대한자강회는 민중계몽단체로 국민의 교육을 강화하고 그로 하여금 국력을 키워 독립의 기초를 닦기 위한 사명을 띠고 있었다. 윤효정, 장지연, 나수연 등이 설립했으며 교육기관을 세울 것을 주장하고 고종황제의 퇴위 반대운동을 펼치기도 했다.

근우회
1927년 신간회의 자매단체로 조직된 단체로 강연회 개최 등 여성계몽활동과 여성 지위향상 운동을 전개하며 여성의 권익을 응호했다.

보안회
대한제국 때 일본이 한일의정서를 체결하고 황무지 개간권을 요구하자, 송수만이 심상진 등과 함께 1904년 보안회를 조직해 황무지 개간권 반대 운동을 전개해 저지에 성공했다.

신민회
안창호와 양기탁 등이 1907년 결성한 비밀결사단체로 민족의 실력양성을 위해 평양대성학교와 정주오산학교를 세워 민족교육을 실시했다. 그러나 조선총독부가 총독 암살미수 사건을 조작해 많은 민족운동가들을 체포한 105인 사건으로 인해 단체가 와해됐다.

출제기관
2023 한국산업인력공단[하] 부산광역시공무직통합채용[상]

정답 07 ④ | 08 ④

09

다음 중 3·1운동 이후 벌어진 사건으로 옳지 <u>않은</u> 것은 무엇인가?

① 대한민국 임시정부 수립
② 순종의 장례식
③ 조선총독부 설치
④ 태평양전쟁 발발

10

다음 사건을 발생한 순서대로 옳게 나열한 것은?

> ㄱ. 모스크바 3국 외상회의에서 신탁통치 결정
> ㄴ. 남북한 모두에 총선거를 실시하자는 UN총회 결의
> ㄷ. 5·10 총선거 실시
> ㄹ. 대한민국 정부 수립 및 제헌헌법 공포

① ㄱ → ㄴ → ㄷ → ㄹ
② ㄱ → ㄷ → ㄴ → ㄹ
③ ㄴ → ㄱ → ㄷ → ㄹ
④ ㄴ → ㄱ → ㄹ → ㄷ

핵심 풀이

09

3·1운동(1919)
고종의 안신일(장례식)에 맞춰 1919년 전국에서 일어난 독립 만세 시위이다.

6·10만세운동(1926)
천도교와 조선공산당이 지휘하여 서울을 중심으로 일으킨 만세운동이다. 순종의 장례식을 기점으로 시작되었다.

문화통치시기(1920~1934)
3·1운동 이후 조선인의 인권유린에 대한 국제적 압박을 받은 일본은 총독을 교체하고 태형령을 없애며 보통경찰제도를 실시하는 등 겉으로는 문화통치 정책을 실시했다.

태평양전쟁(1941~1945)
1941년 일본이 진주만 폭격을 하면서 시작되어 1945년 일본이 항복을 하기까지 이어진 일본과 중국·미국·영국·호주 등의 전쟁이다.

출제기관
2021 수원시공공기관통합채용[상]
2020 주택도시보증공사[하] 한국동서발전[하] 한국산업단지공단[하]
2019 서울시설공단[상] 장애인고용공단[상]
      경기도공공기관열린채용[상] 지역난방공사[상]
2017 한국관광공사[하] 한국산업인력공단[상]
2016 한국동서발전[하]

10

대한민국 정부 수립과정
모스크바 3국 외상회의(1945. 12, 미·영·소) → 1차 미소공동위원회 결렬(1946. 3) → 좌우 합작위원회(1946) → 이승만의 정읍 발언(1946. 6, 단독정부 수립 주장) → 미국, 한국 문제를 유엔에 상정(한반도 전체에서 총선거 실시 결의) → 유엔, 소련의 반대로 실시 가능한 지역만 총선 실시 지시(남한만의 단독정부 수립 가능) → 남북협상(1948) → 제주 4·3 사건(1948, 단독정부 수립 반대) → 5·10 총선거 실시(1948. 5. 10) → 대한민국 정부 수립(1948. 8. 15)

출제기관
2025 한국폴리텍대학[상]

정답 09 ③ | 10 ①

경제·경영

11 특정 품목의 수입이 급증할 때, 수입국이 관세를 인상하거나 수입량을 제한하여 국내 기업의 손실을 예방하는 조치를 무엇이라 하는가?

① 반덤핑관세
② 무역클레임
③ 세이프가드
④ 관세환급제

12 성장 가능성은 있으나 아직 성숙하지 못한 산업을 뜻하는 말은?

① 기간산업
② 유치산업
③ 사양산업
④ 후방산업

핵심 풀이

11

세이프가드
특정 품목의 수입 증가에 따라 국내 기업의 손실이 우려될 경우 실시하는, GATT와 WTO에서 허가하는 긴급수입제한 조치이다. 수입국은 관세를 인상하거나 수입량을 제한할 수 있다.

반덤핑관세
국내로 물건을 수입시키는 외국의 수출 회사가 시장 장악을 위하여 물품을 비정상적으로 싸게 판다고 판단이 들 경우 부과하는 수입관세이다.

출제기관
2020 의정부시시설관리공단[하]
2019 충북대학교병원[하] 근로복지공단[상]
2018 한국주택금융공사[하] 서울복지재단[상]
　　　 방송통신심의위원회[상]
2017 경기콘텐츠진흥원[상]

12

유치산업(Infant Industry)
발달 초기에 놓인 산업으로 성장 가능성은 있지단 아직 경쟁력을 갖추지 못한 산업을 뜻한다. 유치산업에 대해서는 국제경쟁력을 갖출 수 있도록 국가에서 관세나 보조금 정책 등으로 보호육성해야 한다는 '유치산업보호론'이 있다.

기간산업(Key Industry)
기초산업(Basic Industry)이라고도 하며, 한 나라 경제의 토대가 되는 산업을 말한다.

사양산업
기술·경제발전에 대응하지 못해 침체에 빠지고 쇠퇴하는 기존산업을 말한다.

전방산업·후방산업
산업의 가치사슬상에서 서로 앞뒤에 위치하는 산업을 말한다. 간단히 말해 원자재 공급에 가까우면 후방산업, 제조·가공·마케팅 등에 가까우면 전방산업이라고 할 수 있다.

출제기관
2024 대전광역시공공기관통합채용[상]

정답 11 ③ | 12 ②

13

경기상황이 디플레이션일 때 나타나는 현상으로 옳은 것은?

① 통화량 감소, 물가 하락, 경기 침체
② 통화량 증가, 식자재가격 상승, 경기 침체
③ 통화량 감소, 물가 하락, 경기 부양
④ 통화량 증가, 물가 상승, 경기 침체

13

디플레이션
통화량 감소와 물가 하락 등으로 인하여 경제활동이 침체되는 현상을 말한다.

스태그플레이션
경기침체 속에서 물가 상승이 동시에 발생하는 현상

에그플레이션
곡물 가격이 상승하면서 일반 물가도 오르는 현상

출제기관
2025 원주시시설관리공단[상]
2024 광주광역시공무직통합채용[하]
2023 부산광역시공공기관통합채용[상]
2020 수원시공공기관통합채용[상] 한국자산관리공사[상]
2019 방송통신심의위원회[상]
2018 경기도일자리재단[하] 부산항만공사[하] 보훈복지의료공단[상]

14

다음 중 '네 마녀의 날'에 대한 설명으로 틀린 것은?

① 이 날에는 주가의 움직임이 안정을 띠게 된다.
② 쿼드러플 위칭 데이라고도 불린다.
③ 우리나라는 2008년에 처음 맞았다.
④ 네 가지 파생상품의 만기일이 겹치는 날이다.

14

네 마녀의 날
'쿼드러플 위칭 데이(Quadruple Witching Day)'라고도 하며 우리나라의 경우 매년 3, 6, 9, 12월 둘째 주 목요일은 주가지수 선물·옵션과 주식 선물·옵션 만기일이 겹쳐 '네 마녀의 날'로 불린다. 해당 일에는 막판에 주가가 요동칠 때가 많아서 '마녀(파생상품)가 심술을 부린다'는 의미로 이 용어가 만들어졌다. 네 마녀의 날에는 파생상품과 관련된 숨어 있었던 현물주식 매매가 정리매물로 시장에 쏟아져 나오며 예상하기 어려운 주가의 움직임을 보인다. 우리나라는 2008년 개별주식선물이 도입돼 그해 6월 12일에 첫 번째 네 마녀의 날을 맞았다.

출제기관
2023 대전도시공사[상]

정답 13 ① | 14 ①

15

물가상승이 통제를 벗어난 상태로, 수백배의 인플레이션율을 기록하는 상황을 말하는 경제 용어는?

① 보틀넥 인플레이션
② 하이퍼 인플레이션
③ 디맨드풀 인플레이션
④ 디스 인플레이션

핵심 풀이

15

인플레이션
물가가 오르고 유동성이 넘치는 현상으로 경기가 부양되는 특징이 있다. 특정 재화의 가격의 어느 해에 비해 얼마나 비싸졌는지를 나타내는 용어로도 사용된다.

하이퍼 인플레이션
일반적인 인플레이션을 넘어서 물가가 수천배 수만배까지 뛰어올라 사회 파괴가 일어난 상태를 말한다.

보틀넥 인플레이션
생산능력의 증가속도가 수요의 증가속도를 따르지 못함으로써 발생하는 물가상승 현상이다.

디맨드풀 인플레이션
초과수요로 인하여 일어나는 인플레이션이다.

디스 인플레이션
인플레이션을 극복하기 위해 통화증발을 억제하고 재정·금융긴축을 주축으로 하는 경제조정정책을 말한다.

출제기관
2025 종로구시설관리공단[상]
2021 영화진흥위원회[상]
2020 신용보증기금[하] 주택도시보증공사[하] 한국자산관리공사[하]
2018 경기도일자리재단[상]

16

하나의 부정적 행동이 연쇄적으로 다른 부분에 영향을 끼치며 전반적 상황을 악화시키는 현상은?

① 피셔 효과
② 둠루프
③ 트리플딥
④ 그레샴의 법칙

16

둠루프(Doom loop)
'파멸의 고리'라는 뜻으로 하나의 부정적 행동이나 사고가 연쇄적으로 다른 부분으로까지 악영향을 끼치며 전반적인 상황을 악화시키는 현상을 말한다. 경제상황에서는 하나의 기업이 무너지면 그 충격으로 산업 전체가 몰락하는 현상을 뜻하기도 한다. 2008년 전 세계를 금융위기로 몰아넣었던 '서브프라임 모기지사태'를 대표적 사례로 꼽을 수 있다.

피셔 효과(Fisher effect)
미국의 경제학자 어빙 피셔(Irving Fisher)의 이름에서 따온 것으로 시중의 명목금리는 실질금리와 예상 인플레이션율의 합계와 같다는 것을 말한다. 즉 명목상의 금리와 실질금리의 차이이다.

트리플딥(Triple-dip)
경기가 일시적으로 회복되었다가 다시 침체되는 현상이 반복적으로 일어나는 현상이다.

그레샴의 법칙(Gresham's law)
소재의 가치가 서로 다른 화폐가 동일한 명목가치를 가진 화폐로 통용되면, 소재의 가치가 높은 화폐는 유통시장에서 사라지고 소재의 가치가 낮은 화폐만 유통되는 법칙이다.

출제기관
2024 부산광역시공공기관통합채용[상]

정답 15 ② | 16 ②

17

펀드매니저가 운용전략을 적극적으로 펴 시장수익률을 초과하는 수익을 노리는 펀드는?

① 인덱스펀드
② 액티브펀드
③ 사모펀드
④ 공모펀드

국제 · 정치

18

다음 보기에 나온 사람들의 임기를 모두 더한 것은?

> 국회의원, 대통령, 감사원장, 대법원장, 국회의장

① 18년
② 19년
③ 21년
④ 22년

핵심 풀이

17

액티브펀드(Active Fund)
펀드매니저가 시장 전망에 따라 과감하게 종목을 선정하고 공격적이고 적극적인 운용전략을 수립해, 시장수익률을 상회하는 수익을 노리는 펀드다. 공격적으로 투자하는 만큼 수익률은 높을 수 있으나 위험성이 크고, 장기보다는 단기 투자의 수익률이 높은 편이다.

인덱스펀드(Index Fund)
주가지표 변동과 동일한 투자 성과를 내기 위해 구성된 투자방식이다. 증권시장의 장기적 성장추세를 전제로 한다.

사모펀드(Private Equity Fund)
소수의 투자자로부터 모은 자금을 주식이나 채권 등에 운용하는 펀드다.

공모펀드(Public Offering Fund)
증권사나 자산운용사가 불특정 다수의 투자자에게 공개적으로 모집해 운용하는 펀드다.

출제기관
2025 화성시공공기관통합채용[하]
2023 한국폴리텍대학[상]

18

주요 공직자 임기
- 국회의원 : 4년
- 대통령 : 5년
- 감사원장 : 4년
- 대법원장 : 6년
- 국회의장 : 2년
- 대법관, 대법원장, 헌재소장, 헌법재판관 : 6년

출제기관
2024 수원시공공기관통합채용[상] 한국폴리텍대학[상]
2023 광주보훈병원[상] 한국폴리텍대학[상]
2020 건강보험심사평가원[하] 서울시설공단[하]
2019 한국폴리텍대학[상]
2017 대전도시공사[상]

정답 17 ② | 18 ③

19

다음 중 국정조사에 대한 설명으로 틀린 것은?

① 비공개로 진행하는 것이 원칙이다.
② 재적의원 4분의 1 이상의 요구가 있는 때에 조사를 시행한다.
③ 특정한 국정사안을 대상으로 한다.
④ 부정기적이며, 수시로 조사할 수 있다.

20

국회의원의 헌법상 의무가 아닌 것은?

① 품위유지의 의무
② 국익 우선의 의무
③ 청렴의 의무
④ 겸직금지의 의무

핵심 풀이

19

국정조사
국회는 국정에 대하여 문제가 있다고 판단할 경우 이를 조사할 수 있다. 매년 정기적으로 실시하는 국정감사와 방식은 동일하다. 재적의원 4분의 1 이상의 요구가 있을 때에 실시한다. 공개를 원칙으로 하고, 비공개를 요할 경우에는 전원위원회의 의결을 얻도록 하고 있다.

출제기관
2022 평택도시공사[하]
2018 서울복지재단[상]
2017 서울시설공단[상] 한국수력원자력[상]

20

국회의원의 헌법상 의무
국회의원의 헌법상 의무에는 재물에 욕심을 내거나 부정을 해서는 안 된다는 청렴의 의무, 개인의 이익보다 나라의 이익을 먼저 생각하는 국익 우선의 의무, 국회의원의 신분을 함부로 남용하면 안 된다는 지위 남용금지의 의무, 법에서 금지하는 직업을 가져서는 안 되는 겸직금지의 의무 등이 있다. 국회의 본회의와 위원회 출석의무, 의사에 관한 법령·규칙 준수의무, 품위유지의 임무는 국회법상 국회의원의 의무에 해당한다.

출제기관
2023 부산광역시공무직통합채용[상]

정답 19 ① | 20 ①

21

다음 중 우리나라의 4대 보험에 해당하지 않는 것은?

① 건강보험
② 고용보험
③ 국민연금
④ 실업보험

22

국제형사재판소에 대한 설명으로 옳지 않은 것은?

① 제2차 세계대전 직후 1945년에 발족했다.
② 집단학살, 전쟁범죄 등을 저지른 개인을 처벌한다.
③ 본부는 네덜란드 헤이그에 있다.
④ 세계 최초의 상설 전쟁범죄 재판소다.

21

우리나라 4대 보험

건강보험, 국민연금, 고용보험, 산재보험이 있다. 건강보험은 국민의 질병, 상해, 분만 등에 대한 보험금을 지급하여 개인의 부담을 덜어주는 사회보장제도로 1977년부터 시행되어 모든 국민이 의무적으로 가입해야 한다. 국민연금은 국민의 생활안정과 복지 증진을 위해 국가가 직접 운영하는 공적 연금제도로 기본적으로 10년간 납부하는 것이 조건이다. 산재보험은 업무상 재해를 입은 근로자가 신속하고 공정한 보상을 받도록 국가가 시행하는 제도이며, 고용보험은 근로자가 직장을 잃었을 경우 생활에 필요한 급여를 일정기간 지급하고 재취업을 위한 장려금을 지원한다. 고용·산재보험은 근로자 1인 이상 사업장이라면 의무적으로 가입해야 한다.

출제기관
2021 천안시시설관리공단[하]
2020 서대문구도시관리공단[하]

22

국제형사재판소(ICC ; International Criminal Court)

국제사회가 집단학살, 전쟁범죄 등을 저지른 개인을 신속하게 처벌하기 위한 재판소다. 세계 최초로 발족한 상설 재판소로 반인도적 범죄를 저지른 개인을 개별국가가 기소하기를 주저할 때에 국제형사재판소의 독립검사가 나서서 기소할 수 있도록 했다. 본부는 네덜란드 헤이그에 있으며 2002년 7월에 정식 출범했다.

출제기관
2022 한국폴리텍대학[하] 수원도시재단[상]

정답 21 ④ | 22 ①

법률·사회

23. 다음 중 법률 용어에 대한 설명이 잘못된 것은?

① 불문법 : 판례법, 관습법, 조리법 등이 있다.
② 산업재산권 : 특허권, 저작권, 디자인권, 상표권 등이 있다.
③ 선거의 4원칙 : 공정선거, 비밀선거, 평등선거, 직접선거가 있다.
④ 신원권 : 죽은 가족을 대신해서 억울함을 밝혀주는 제도이다.

24. 우리나라의 심급제도에 대한 설명으로 틀린 것은?

① 우리나라는 3심제를 원칙으로 하고 있다.
② 제1심 판결에 불복해 상급법원에 신청하는 것은 항소다.
③ 재판의 공정성과 개인의 권리를 보장하기 위함이다.
④ 모든 재판은 대법원의 판결로 종결된다.

핵심 풀이

23

선거의 4원칙
보통선거, 비밀선거, 평등선거, 직접선거이다. 보통선거란 투표권에 성년, 범죄 외의 제한을 두지 않는 것이다.

불문법
법은 법전화된 성문법과 법전은 없으나 판결에 영향을 미치는 사회 통념·관습인 불문법으로 구성되어 있다. 판례법, 관습법, 조리법 등이 이에 해당한다.

산업재산권
산업에 있어서의 지적재산권으로 특허, 실용신안, 저작물, 디자인 상표 등을 보호한다. 관련 법령은 실용신안법, 특허법, 디자인보호법, 상표법 등이 있다.

신원권
가족 구성원의 명예가 훼손되었거나 억울한 일을 당했을 때 나머지 가족원이 손해배상을 청구할 수 있는 권리이다.

출제기관
2024 밀양시설관리공단[상] 대구의료원[상]
2022 전라남도공공기관통합채용[하]
2020 서울시복지재단[상]
2018 수원문화재단[하] 한국중부발전[상] 한국수력원자력[상]
2016 한국농어촌공사[하]

24

심급제도
재판의 공정성과 정확성을 확보하여 국민의 기본권을 보장하기 위한 제도로 우리나라는 3심제를 원칙으로 한다. 3심급 중 제1심과 제2심은 사실심, 제3심은 법률심이다. 1심 재판(지방법원)의 재판에 불복하여 2심(고등법원)에 상소하는 것은 '항소'라고 하고, 2심 재판의 항소 재판에 불복해 3심(대법원)에 상소하는 것은 '상고'라고 한다. 그러나 판결에 불복해 항소나 상고하여도 상급법원이 이를 기각하면 상급법원의 심판을 받지 못하게 될 수도 있다. 또 재판의 종류에 따라서는 2심제나 단심제를 채택하는 경우도 있다.

출제기관
2023 영화진흥위원회[상]

정답 23 ③ | 24 ④

25

고령화-고령-초고령사회를 구분하는 65세 이상 노인의 비율은?(UN 기준)

① 7% − 10% − 14%
② 7% − 14% − 20%
③ 7% − 10% − 16%
④ 7% − 14% − 21%

핵심 풀이

25

초고령사회

대한민국은 현재 초고령사회에 접어들었다. UN의 기준에 따르면 65세 이상 노인이 전체 인구의 7% 이상을 차지하면 고령화사회(Aging Society), 14% 이상을 차지하면 고령사회(Aged Society), 20% 이상을 차지하면 초고령사회(Super-aged Socity)로 구분한다.

출제기관
2025 광명도시공사[하]
2024 부산광역시공공기관통합채용[상]
2023 부산광역시공무직통합채용[상]
2020 한국폴리텍대학[상]
2019 한국산업인력공단[상]
2017 포항시설관리공단[하] 경기도시공사[하]
경기도경제과학진흥원[하] 농촌진흥청[상]

26

우리나라 배심제에 대한 다음 설명 중 옳은 것은?

① 배심원단이 직접 유·무죄를 결정하지 않는다.
② 배심원단은 9명 이상이어야 한다.
③ 배심원단이 미참석 시 처벌할 수 있다.
④ 만 20세 이상의 국민 중 법조인을 우선하여 선발한다.

26

국민참여재판

2008년 1월 실시된 배심원 재판제도이다. 만 20세 이상의 국민을 무작위로 선정하여 형사재판 1심에 배심원으로 참여시킨다. 배심원단의 결정은 참고용으로만 활용한다. 배심원단은 5~9명으로 구성되며 법조인은 제외된다. 피고인이 거부할 경우 실시할 수 없다.

출제기관
2022 서울시복지재단[상]
2021 전남신용보증재단[상]
2020 의정부시시설관리공단[하] 전라남도공공기관통합채용[하]
한국도로교통공사[하]
2018 방송통신심의위원회[상]
2017 한국중부발전[하]

정답 25 ② | 26 ①

인문 · 세계사 · 문화 · 미디어

27 ☑오답체크 1회차 2회차

다음 중 매슬로우의 욕구단계 이론에 대한 설명으로 옳지 <u>않은</u> 것을 고르시오.

① 생리적 욕구는 1단계 욕구이다.
② 마지막 단계의 욕구는 자아존중의 욕구이다.
③ 생리적 욕구, 안전 욕구, 애정의 욕구, 존중의 욕구는 결핍의 욕구로 구분한다.
④ 매슬로우의 욕구단계 이론을 변형하여 ERG이론이 나왔다.

28 ☑오답체크 1회차 2회차

다음 중 십자군전쟁에 대한 설명으로 옳지 <u>않은</u> 것은?

① 중세시대 기독교와 이슬람교의 충돌이었다.
② 기독교 십자군이 성지 예루살렘으로 8차례의 대규모 원정을 떠났다.
③ 전쟁 끝에 십자군은 예루살렘을 탈환하는 데 실패했다.
④ 결과적으로 교황권과 영주의 세력이 더욱 강화되는 계기가 됐다.

핵심 풀이

27

매슬로우의 욕구단계 이론 NCS
매슬로우는 인간의 욕구를 1단계 생리적 욕구, 2단계 안전 욕구, 3단계 애정의 욕구, 4단계 존중의 욕구, 5단계 자아실현의 욕구로 구분했다. 이 중 1~4단계 욕구를 결핍의 욕구로, 5단계 욕구를 성장의 욕구로 구분한다.

ERG이론
5단계 욕구이론을 수정해서 개인의 욕구단계를 3단계로 단순화시킨 알더퍼(Clayton P. Alderfer)의 동기이론을 말한다. 알더퍼는 인간의 핵심 욕구를 존재욕구, 관계욕구, 성장욕구의 세 가지로 보았다.

출제기관
2023 중앙보훈병원[상] 한국수자원공사[상]
2022 전라남도공무직통합채용[하] 강서구시설관리공단[하]
2021 한국보훈복지의료공단[상]
2020 경기도공공기관통합채용[상] 부산시설공단[상] 의왕도시공사[상] 인천교통공사[상] 한국산업단지공단[상] 한국해양교통안전공단[상]
2019 주택금융공사[하]

28

십자군전쟁
중세 서유럽의 기독교 국가들이 이슬람교도로부터 성지 예루살렘을 회복하기 위해 1096~1270년까지 8차례에 걸쳐 대규모 십자군원정을 일으켰다. 원정이 거듭되며 본래의 순수한 목적에서 벗어나 교황권 강화, 영토 확장 등 세속적 욕구를 추구했고 결국 내부분쟁으로 인해 실패했다.

십자군원정의 목적
- 교황 : 교황권의 강화와 교회의 세력 확대
- 상인 : 지중해 무역의 장악
- 영주 : 새로운 영토와 영지의 확보
- 농노 : 자유신분의 획득

십자군원정의 결과
- 교황권과 영주(기사) 세력 약화, 국왕권의 강화
- 동방무역의 발전과 상공업 도시의 성장
- 장원의 해체
- 이슬람 문화의 유입, 유럽인들의 문화적 시야 확대

출제기관
2023 전라남도공무직통합채용[상]
2021 화성시공공기관통합채용[하]

정답 27 ② | 28 ④

문학·예체능·기타예술

29

다음 작품을 그린 화가에 대한 설명으로 옳은 것은?

① 일제강점기 때 군국주의에 찬동하는 등 친일활동을 벌였다.
② 소를 소재로 하는 작품을 많이 그렸다.
③ 청각장애를 극복한 것으로 유명하다.
④ 화강암의 질감을 연상케 하는 작품을 그렸다.

30

다음 중 작가와 소설작품의 연결이 옳지 않은 것은?

① 박경리-토지
② 이청준-서편제
③ 최인훈-광장
④ 김수영-장마

핵심 풀이

29
이중섭
이중섭은 우리나라 근대미술사를 대표하는 서양화가다. 1916년 유복한 가정에서 태어나 오산고등보통학교에 입학해 당시 미술교사였던 임용련을 통해 서양회화에 흥미를 갖게 됐다. 이후 일본으로 유학해 서양화를 공부했고 귀국 후 활발한 작품활동을 했으나, 해방과 6·25전쟁을 겪으며 다사다난한 삶을 살기도 했다. 생활고에 가족을 일본에 보낸 후, 홀로 노동과 작품활동을 병행하며 궁핍한 삶을 살다 병에 걸려 요절했다. 대담하고 거친 묘사로 내면을 폭발적으로 드러낸 화가로, 소를 소재로 한 작품도 많이 그렸다. 문제에 제시된 작품은 그의 대표작 〈흰 소〉(1954년경)다.

출제기관
2023 중앙보훈병원[상] 서울복지재단[상]

30
〈장마〉(1973)는 윤흥길의 단편소설이다.
김수영
김수영은 1960년대 전후로 활동한 참여문학의 대표적인 시인이다. 활동 초기에는 모더니즘을 바탕으로 현대문명과 도시생활에 대한 비판을 시에 담았으나, 4·19혁명을 기점으로 저항적 색채를 물씬 드러내는 작품을 썼다. 대표작으로는 〈달나라의 장난〉(1953), 〈눈〉(1957), 〈어느 날 고궁을 나오면서〉(1965), 〈풀〉(1968) 등이 있다.

출제기관
2024 밀양시시설관리공단 [상]

정답 29 ② | 30 ④

31

다음 남녀의 음역대 중 가장 높은 것을 묶은 보기는?

① 바리톤, 알토
② 테너, 메조소프라노
③ 바리톤, 메조 소프라노
④ 테너, 소프라노

31

남성의 음역
- 소프라니스트
- 알토(일반적으로 여성 음역대)
- 테너
- 바리톤
- 베이스

여성의 음역(어린 남성)
- 소프라노(보이 소프라노)
- 메조소프라노
- 알토

출제기관
2020 경기도공공기관통합채용[상]
2018 한국문화예술위원회[상]
2017 부천시공공기관통합채용[하]

32

다음 중 가곡의 왕이라고 불린 오스트리아의 음악가는?

① 프란츠 슈베르트
② 루드비히 반 베토벤
③ 펠릭스 멘델스존
④ 요제프 하이든

32

프란츠 슈베르트
오스트리아 출신의 음악가로 '가곡의 왕'이라고 불리며, 초기 낭만파 음악을 대표하는 인물이다. 1797년 빈에서 태어났으며, '볼프강 모차르트'의 라이벌로도 유명한 궁정음악가 '살리에리'에게 작곡을 배우기도 했다. 그는 가곡의 왕이라는 별명만큼 다양한 형식의 가곡을 남겼고, 가곡을 하나의 온전한 음악 영역으로서 정립시키는 역할을 했다. 대표 가곡집에는 〈아름다운 물방앗간의 처녀〉(1822), 〈겨울 나그네〉(1827) 등이 있다.

출제기관
2023 한국폴리텍대학[상]
2020 인천신용보증재단[하]

정답 31 ④ | 32 ①

33

미디어 업계에서 '투자 이상의 수익을 냈다'는 의미로 사용되는 용어는?

① 모멘텀
② 리쿱
③ 리드 스코어링
④ 아웃바운드

33
리쿱(Recoup)
본래 '쓴 돈을 되찾다'라는 의미로서, 최근 콘텐츠·미디어 업계에서는 제작하고 론칭한 드라마·영화 등의 콘텐츠가 투자 금액 이상의 성과를 낸 것을 의미하는 용어로 쓰인다. 우리나라가 제작한 드라마, 영화, K-POP 등 콘텐츠가 세계시장에서 인기를 얻으면서 리쿱과 수익률을 의미하는 '리쿱 비율'이 자주 쓰이는 용어가 됐다.

출제기관
2025 한국폴리텍대학[상]

34

영국작가 코난 도일의 소설에서 처음 등장한 용어로 사건의 결정적인 단서를 뜻하는 말은?

① 스모킹 건
② 마타도어
③ 포렌식
④ 주홍글씨

34
스모킹 건(Smoking Gun)
사건을 해결하는 데 있어서 결정적인 단서를 뜻하는 용어다. 아서 코난 도일의 소설 〈글로리아 스콧〉에서 처음 사용한 말로, '연기 나는 총'이란 뜻이다. 사건·범죄·현상 등을 해결하는 데 사용되는 결정적이고 확실한 증거를 말하는데, 가설을 증명해주는 과학적 근거도 스모킹 건이라고 한다.

출제기관
2023 부천시공공기관통합채용[상]

정답 33 ② | 34 ①

과학·IT

35 불법 해킹에 대항하는 선의의 해커를 뜻하는 용어는?

① 크래커
② 하얀 헬멧
③ 어나니머스
④ 화이트 해커

36 다음 중 도심형 항공 교통체계를 의미하는 용어의 약자는?

① UTM
② eVTOL
③ PAV
④ UAM

핵심 풀이

35

화이트 해커(White Hacker)
불법으로 인터넷 서버나 네트워크에 침입해 파괴하고 정보를 탈취하는 해커(크래커)에 대비되는 개념이다. 해킹 능력을 활용해 네트워크에 들어가 보안상 취약한 점을 발견해 제보하거나, 불법 해킹 시도를 저지하기도 한다.

하얀 헬멧(The White Helmets)
정부군과 반정부군 간 대립으로 내전이 발생한 시리아에서 활동하고 있는 시리아시민방위대(SCD)를 가리키는 별칭이다.

어나니머스(Anonymous)
'익명'이라는 의미를 가진 해커들의 온라인 커뮤니티로, 극제적으로 활동하는 인터넷 해킹그룹이다.

출제기관
2023 보훈교육연구원[상]

36

UAM NCS
'Urban Air Mobility'의 약자로서 도심형 항공 교통체계를 의미한다. 도시의 항공에서 사람과 화물이 오가는 교통운행 서비스를 운영하는 것으로 드론 등 소형 수직 이착륙기가 발전하면서 가시화되고 있다.

UTM
'Unmanned aerial system Traffic Management'의 약자로 드론의 교통관리체계를 의미한다.

PAV
'Personal Air Vehicle'의 약자로 개인용 비행체를 의미한다.

출제기관
2023 전라남도공무직통합채용[하] 대전도시공사[상]

정답 35 ④ | 36 ④

37

다음 중 증강현실에 대한 설명으로 옳지 않은 것은?

① 현실세계에 3차원 가상물체를 겹쳐 보여준다.
② 스마트폰의 활성화와 함께 주목받기 시작했다.
③ 실제 환경의 영향을 받지 않는다.
④ 위치기반 서비스, 모바일 게임 등으로 활용 범위가 확장되고 있다.

38

핵융합을 통해 스스로 빛과 에너지를 내는 천체는?

① 항성
② 위성
③ 혜성
④ 성운

핵심 풀이

37

증강현실(AR)
Augmented Reality의 약자로 현실의 이미지나 배경에 3차원 가상 이미지를 겹쳐서 하나의 영상으로 보여주는 기술을 뜻한다.

가상현실(VR)
인공적으로 만들어내었지만 현실과 비슷한 공간을 체험할 수 있는 IT 기술이다. 실제 현실과는 격리된다.

출제기관
2024 대전도시공사[하] 한국농수산식품유통공사[하]
2022 부산대학교병원[하]
2021 천안시시설관리공단[상]
2019 서울교통공사[하]
2018 부산교통공사[상] 방송통신심의위원회[상]
2017 중소기업기술정보진흥원[상] 경기콘텐츠진흥원[상]
      한국농수산식품유통공사[상]
2016 한국농수산식품유통공사[하]

38

항성(Fixed Star)
우리 태양과 같은 항성은 내부의 무수한 수소와 헬륨 원자들의 핵융합을 통해 스스로 고온의 빛을 내고 막대한 에너지를 방출한다. 거대질량이 만든 중력으로 고온의 가스구체 형태를 유지한다. 우리은하 안에는 태양과 같은 항성이 약 1,000억개 존재할 것으로 추측된다.

위성(Natural Satellite)
행성 따위의 천체 둘레를 공전하는 천체

혜성(Comet)
태양을 중심으로 타원 궤도를 도는 작은 천체다. 얼음(물, 메탄, 암모니아 등)과 먼지, 암석 조각 등으로 구성돼 있다. 태양에 가까워지면 얼음이 녹아 긴 꼬리(가스·먼지 꼬리)가 나타나며, 태양풍 때문에 꼬리는 항상 태양의 반대 방향으로 뻗는다. 지구상에서 주기적으로 관찰되기도 한다.

성운(Nebula)
우주 공간에 퍼져 있는 가스와 먼지구름을 말한다. 암흑성운은 뒤에서 오는 밝은 별빛 또는 성운의 빛을 앞의 가스와 먼지가 가려 어둡게 보이는 성운이다. 발광성운은 가스와 먼지가 주변의 뜨거운 별에 의해 가열되어 스스로 빛을 내는 것을 말한다. 아울러 주변의 별이 내는 빛을 반사시켜 모습을 드러내는 것은 반사성운이라 한다.

출제기관
2025 부평구문화재단[하]
2024 한국폴리텍대학[상]

정답 37 ③ | 38 ①

우리말·한자

39

다음 음운현상에 대한 설명을 참고할 때, 보기의 단어의 발음이 적절하지 <u>않은</u> 것은?

> 유음화란 자음 'ㄴ'이 유음 'ㄹ'의 앞이나 뒤에서 유음의 영향을 받아 'ㄹ'로 발음되는 현상이다.

① 칼날[칼랄]
② 공권력[공뀔력]
③ 닳는지[달른지]
④ 찰나[찰라]

핵심 풀이

39
주로 'ㄴ'으로 끝나는 2음절 한자어의 뒤에 붙는 한자어 접성 'ㄹ'은 [ㄴ]으로 발음한다. 따라서 '공권[공꿘]' 뒤에 한자어 '력'이 결합된 ② '공권–력'은 [공꿘녁]으로 발음한다.

출제기관
2023 부산광역시공공기관통합채용[상]

40

다음 고사의 내용과 의미가 상통하는 한자성어로 가장 적합한 것은?

> 중국 북산에 살던 우공(愚公)이라는 노인이 높은 산에 가로막혀 주민들이 왕래하는 불편을 해소하고자 두 산을 옮기기로 했다. 그의 친구가 만류하자 우공은 "나와 자식은 대를 이어나가도 산은 불어나지 않을 것"이라며 대를 이어 묵묵히 산을 옮기겠다고 했다.

① 마부작침
② 호연지기
③ 물심양면
④ 격화소양

40
문제의 고사는 〈열자(列子)〉 '탕문편(湯問篇)'에 등장하며 '어리석은 영감이 산을 옮긴다'는 뜻의 한자성어 '우공이산(愚公移山)'의 바탕이 되는 이야기다. 쉬지 않고 꾸준히 한 가지 일을 하면 대업을 이룰 수 있다는 뜻으로 보기에서 이와 가장 상통하는 한자성어는 ① '마부작침(磨斧作針)'이다. '도끼의 날을 갈아 바늘을 만든다'는 의미다.

출제기관
2023 수원시공공기관통합채용[상]

정답 39 ② | 40 ①

문제 유형 살펴보기

단답형

01 단궁·과하마·반어피 등의 특산물을 생산했으며, 책화, 족외혼 등의 풍습이 있던 한반도 고대 국가는?

02 (   )은/는 물가 상승과 경기침체가 동시에 일어나 서민 경제가 힘들어지는 것을 말한다.

03 특정 품목의 수입 증가에 따라 국내 기업의 손실이 우려될 경우, WTO에서 허가해 실시하는 긴급수입제한조치는?

04 우리나라의 4대 보험에는 건강보험, 고용보험, 산재보험, (   )이 있다.

05 가곡의 왕이라고 불리는 오스트리아 출신의 고전 음악가는?

> **정답** 1. 동예 2. 스태그플레이션 3. 세이프가드 4. 국민연금 5. 프란츠 슈베르트

약술형   다음 용어에 대해 약술하시오.

01 증강현실

02 십자군전쟁

03 초고령사회

04 선거의 4원칙

> **정답**
> **1. 증강현실**
> 현실의 이미지나 배경에 3차원 가상 이미지를 겹쳐서 하나의 영상으로 보여주는 기술을 뜻한다. 현실에 기반을 둔다는 점에서 가상현실과 구분된다.
>
> **2. 십자군전쟁**
> 중세 서유럽 기독교 국가들이 이슬람 세력으로부터 성지인 예루살렘을 되찾기 위해 8차에 걸쳐 원정을 떠났던 전쟁이다.
>
> **3. 초고령사회**
> 65세 이상의 노인인구가 전체 인구의 20% 이상을 차지하는 사회를 말한다.
>
> **4. 선거의 4원칙**
> 보통선거, 비밀선거, 평등선거, 직접선거

NCS

01 다음 글을 이해한 내용으로 가장 적절한 것은?

도심항공교통, UAM은 Urban Air Mobility의 약자로 전기 수직 이착륙기(eVTOL)를 활용해 지상에서 450m 정도 상공인 저고도 공중에서 사람이나 물건 등을 운송하는 항공교통수단 시스템을 지칭하는 용어로, 기체 개발부터 운항, 인프라 구축, 플랫폼 서비스, 유지 보수에 이르기까지 이와 관련된 모든 사업을 통틀어 일컫는 말이다.

도심항공교통은 전 세계적인 인구증가와 대도시 인구과밀화로 인해 도심의 지상교통수단이 교통체증 한계에 맞닥 뜨리면서 이를 해결하고자 등장한 대안책이다. 특히 이 교통수단은 활주로가 필요한 비행기와 달리 로켓처럼 동체를 세운 상태로 이착륙이 가능한 수직이착륙 기술, 또 배터리와 모터로 운행되는 친환경적인 방식과 저소음 기술로 인해 탄소중립시대에 새로운 교통수단으로 주목받고 있다.

이 때문에 많은 국가와 기업에서 도심항공교통 상용화 추진에 박차를 가하고 있으며 우리나라 역시 예외는 아니다. 현대자동차 등 국내기업들은 상용화를 목표로 기체 개발 중에 있으며, 또 핵심 인프라 중 하나인 플라잉카 공항 에어원 건설 중에 있다. 공기업 역시 미래모빌리티 토탈솔루션 구축 등의 UAM 생태계 조성 및 활성화를 추진 중에 있다.

실제로 강릉시는 강릉역 미래형 복합환승센터'에 기차, 버스, 철도, 자율주행차뿐만 아니라 도심항공교통 UAM까지 한곳에서 승하차가 가능하도록 개발사업 기본 계획을 수립해 사업 추진에 나섰으며, 경기 고양시 역시 항공교통 상용화를 위한 UAM 이착륙장을 내년 완공을 목표로 진행 중에 있다.

이와 같은 각 단체와 시의 노력으로 도심항공교통이 상용화된다면 많은 기대효과를 가져올 수 있을 것이라 전망되는데, 특히 친환경적인 기술로 탄소배출 절감에 큰 역할을 할 것으로 판단된다. 이뿐만 아니라 도시권역 간 이동시간을 단축해 출퇴근 교통체증을 해소할 수 있고, 또 획기적인 운송서비스의 제공으로 사회적비용을 감소시킬 수 있을 것으로 보인다.

① 도심항공교통은 450m 이상의 높은 고도에서 사람이나 물품 등의 이동이 가능하게 하는 모든 항공교통수단 시스템을 지칭한다.
② 도심항공교통수단은 지상교통수단의 이용이 불가능해짐에 따라 대체 방안으로 등장한 기술이다.
③ 도심항공교통은 별도의 활주로와 공항 시설이 구축되어야 한다.
④ 국내 공기업과 사기업, 그리고 정부와 각 시는 도심항공교통의 상용화를 위해 각 역할을 분담하여 추진 중에 있다.
⑤ 도심항공교통이 상용화된다면, 도심지상교통이 이전보다 원활하게 운행이 가능해질 것으로 예측된다.

정답

1. ⑤ 다섯 번째 문단의 '도시권역 간 이동시간을 단축해 출퇴근 교통체증을 해소할 수 있고'라는 내용을 통해 도심항공교통의 상용화를 통해 도심지상교통이 이전보다 원활해질 것임을 예측할 수 있다.
   • 도심항공교통(UAM ; Urban Air Mobility) : 기체, 운항, 서비스 등을 총칭하는 개념으로 전동 수직이착륙기(eVTOL)를 활용하여 지상에서 450m 정도의 저고도 공중에서 이동하는 도심교통시스템을 말한다.

4회차 분야별 핵심 키워드 40문제

공기업 기출 분석

한국사

01 ☑오답체크 1회차 2회차

고려시대에 실시된 전시과에 대한 설명으로 옳은 것은?

① 관직과 직역의 대가로 토지를 나눠주는 제도였다.
② 고려 말 공양왕 때 신진사대부의 건의로 실시됐다.
③ 관등에는 상관없이 균등하게 토지를 나눴다.
④ 처음 시행 이후 지급기준이 3차례 개정·정비됐다.

☑정답체크
1회	2회
① ③	① ③
② ④	② ④

02 ☑오답체크 1회차 2회차

다음 삼국통일 과정에 대한 설명 중 올바르지 않은 것은?

① 백제 의자왕이 즉위해 신라에 대한 공세를 강화했다.
② 고구려에서 연개소문이 정변을 일으켜 정권을 장악했다.
③ 백제에게 대야성을 함락 당하자 신라 김춘추는 고구려와 동맹을 맺어 반격했다.
④ 황산벌 전투에서 패배한 백제는 결국 멸망했다.

☑정답체크
1회	2회
① ③	① ③
② ④	② ④

핵심 풀이

01
전시과
고려 경종 때 처음 시행된 시정 전시과는 관직 복무와 직역의 대가로 토지를 나눠 주는 제도였다. 관리부터 군인, 한인까지 인품과 총 18등급으로 나눈 관등에 따라 곡물을 수취할 수 있는 전지와 땔감을 얻을 수 있는 시지를 주었고, 수급자들은 지급된 토지에 대해 수조권만 가졌다. 이후 목종 때의 개정 전시과 제도는 인품에 관계없이 관등을 기준으로 지급하였고, 문종 때의 경정 전시과는 현직 관리에게만 지급하는 등 지급기준이 점차 정비됐다.

출제기관
2024 광주광역시공공기관통합채용[하]
2023 한국산업인력공단[하] 보훈교육연구원[상]
2022 부산광역시공공기관통합채용[상]
2020 코레일네트웍스[하]

02
나당연합군의 결성
599년 즉위한 백제 의자왕은 신라에 대한 공세를 강화하며, 642년에는 윤충에게 1만의 병력을 주어 신라의 대야성을 비롯한 40여 개 성을 함락시켰다. 그 사이 당시 고구려에서는 연개소문이 정변을 통해 영류왕을 몰아내고 보장왕을 왕위에 세운 뒤 스스로 대막리지가 되어 정권을 장악했다. 신라 김춘추는 대야성을 함락 당하자 고구려에 동맹을 요청해 백제와 맞서려 하였으나 실패했다. 그는 당으로 건너가 당 태종으로부터 군사적 지원을 약속받는 데 성공하여 나당동맹을 성사시키고 648년 나당연합군을 결성했다. 이후 황산벌(충남 논산)에서 김유신이 이끄는 나당연합군의 공격에 계백의 결사대가 패배하면서 백제가 멸망하게 되었다. 아울러 연개소문이 사망하고 지배층의 분열이 발생한 고구려 또한 나당연합군의 공격에 668년 평양성을 함락 당하면서 멸망했다.

출제기관
2025 부산광역시공무직통합채용[하]

정답 01 ① | 02 ③

03

신라의 화랑이 지키던 계율 세속오계(世俗五戒)를 지은 대사(大師)는?

① 원광
② 원효
③ 의상
④ 자장

04

다음 고려의 왕과 업적이 올바르게 연결된 것은?

① 광종-전국을 5도와 양계, 경기로 나눠 지방 행정제도를 확립했다.
② 성종-당의 제도를 모방해 2성 6부의 중앙관제를 완성했다.
③ 숙종-쌍성총관부를 공격해 철령 이북의 땅을 수복했다.
④ 예종-삼한통보, 해동통보 등의 동전과 활구를 발행했다.

핵심 풀이

03

원광
신라 진평왕 대의 승려이다. 〈여래장경사기〉, 〈다방등여래장경소〉의 저술을 남겼으며, 세속오계를 지어 화랑에 정신적 지침을 전수했다.

원효
불교 승려·사상가로 당나라에서 화엄종을 들여와 아미타불을 숭배하는 아미타 신앙을 퍼뜨리고 평화를 바라는 화쟁 사상을 주장하였으며, 〈대승기신론소〉와 〈십문화쟁론〉을 지어 자신의 사상을 저술하였다. 태종무열왕의 딸 요석공주와의 사이에서 설총을 낳았다.

의상
당나라에서 유학하여 신라로 들어와 원효와 함께 화엄종을 전파했다. 다만 현세에서 구원을 얻는 관음 신앙을 아미타 신앙과 함께 중요시하였다.

자장
신라 선덕여왕 대의 승려로, 황룡사 9층 목탑 건축을 주도하였다. 진덕여왕 대에는 당나라의 '영휘' 연호를 사용할 것을 요청했다.

출제기관
2024 다전도시공사[하]
2020 한국남부발전[하]
2019 한국남동발전[상]
2018 서울시설공단[하] 한국지역난방공사[상] 한국중부발전[상]
2017 한국동서발전[하] 한국수력원자력[상]

04

고려 성종의 업적
고려 성종은 최승로의 시무 28조를 받아들여 12목을 설치하고 지방관을 파견해 지방세력을 견제했다. 또한 유교국가의 기틀을 마련했으며 당의 제도를 모방해 2성 6부의 중앙관제를 완성했다. 또 성종 때에는 개경(개성)과 서경(평양)에 물가를 조절하는 기구인 상평창이 설치되기도 했다.

출제기관
2025 수원시공공기관통합채용[상]
2023 부산광역시공무직통합채용[상]

정답 03 ① | 04 ②

05

다음 보기의 활동들 중 그 주체가 다른 하나는 무엇인가?

① 만민공동회를 설립하여 백성의 정치 참여를 장려하였다.
② 고종에 결의문 '헌의 6조'를 올려 국가 개혁을 시도하였다.
③ 반외세 정신을 강조하기 위해 독립문을 설립하였다.
④ 보부상을 중심으로 결집되어 상인 관리를 맡기도 하였다.

06

다음 보기에서 설명하는 지역과 관련된 설명으로 틀린 것은?

- 제너럴 셔먼호 사건으로 인해 미국은 보상과 통상을 요구하며 침략했다.
- 어재연 장군이 이끄는 조선군이 항전했다.

① 조선 후기 정제두는 양명학자들을 모아 이곳을 중심으로 양명학파를 만들었다.
② 몽골군이 쳐들어오자 고려 무신정권은 이곳으로 피신하여 항전하였다.
③ 백제는 이곳에 혈구진을 세워 요새화하였다.
④ 조선은 임진왜란으로 인해 소실된 조선왕조실록을 묘향산, 태백산과 함께 이곳에 보관하였다.

핵심 풀이

05

독립협회
대한제국 시기의 정치 단체로 대한제국의 근대적 개혁 및 민중의 정치 참여를 주장하였다(1896). 독립문을 세우고 독립신문을 발간하며 만민공동회를 개최했다. 서재필, 이상재, 이승만, 남궁억 등이 활동하였다. 1898년 황국협회와 함께 고종의 명으로 해산되었다.

혜상공국
외국 상인들이 들어오자 조선은 혜상공국을 세워 상업세를 걷고 상인들을 감독하였다. 전통 보부상들로 구성되어 있으며 후에 상리국으로 이름을 바꾸었다. 이후 친왕권적 행보를 보여, 동학농민운동 토벌에 참여하기도 했다. 대한제국이 설립되면서 해체되고 그 세력은 황국협회로 이어진다.

황국협회
대한제국 건국이 선포된 당시 독립협회의 세력이 커지자 당시 근왕적 관료들이 만든 정치 단체로, 겉으로는 보부상들의 이권집단임을 내세웠으나 왕정에 반하는 만민공동회를 습격하고 독립협회를 무고하는 등의 행보를 보였다.

출제기관
2022 전라남도공공기관통합채용[하]
2021 한국산업인력공단[하] 한국보훈복지의료공단[하]
2018 수원문화재단[하]
2017 한국동서발전[하]

06
강화도에 대한 역사적 내용들이다.

혈구진
신라 하대 문성왕 대에 강화도에 세워진 군사 요새이다.

양명학
중국 명나라 철학자 양명 왕수인이 창시한 학파로 유교의 실천적 가르침인 심즉리(心卽理)·치양지(致良知)·지행합일(知行合一)을 강조했다. 조선 초에는 탄압을 받았으나 조선 말 이를 위시한 정제두가 강화도를 중심으로 강화학파를 이루기도 했다.

조선왕조실록
조선 태조 대부터 철종 대까지 기록된 왕조의 실록이다. 광해군과 연산군의 실록은 일기로 표현하여 총 25대 왕의 기록이 담겨 있다. 국보 151호이자 유네스코 세계기록유산으로 등재되어 있다. 조선 전기에는 한양 외 충주·성주·전주에 보관하였으나 임진왜란 이후에는 마니산(강화도)·오대산·태백산·묘향산 등에 보관되었다.

출제기관
2020 한국폴리텍대학[상]
2019 한국중부발전[상]
2017 광주보훈병원[하] 한국서부발전[상]

정답 05 ④ | 06 ③

07

일제강점기에 일제의 통치방식이 무단통치에서 문화통치로 바뀌게 된 계기가 된 사건은?

① 3·1운동
② 2·8독립선언
③ 국채보상운동
④ 대한민국 임시정부 설립

08

다음 상소문이 쓰인 시기에 이뤄진 개혁에 대한 설명으로 맞는 것은?

> 신의 어리석은 생각으로는, 우리나라는 단군과 기자 이래로 편발의 풍속이 점차 고계(高髻)의 풍속으로 변하였으며 머리칼을 아끼는 것을 큰일처럼 여겼습니다. 이제 단약 하루아침에 깎아버린다면, 4천 년 동안 굳어진 풍습은 변화시키기 어렵고 억만 백성의 흉흉해하는 심정을 헤아릴 수 없을 것이니, 어찌 격동시켜 변란의 계기가 되지 않을 줄을 알겠습니까?

① 지계아문을 설립했다.
② 대한국 국제를 반포했다.
③ 건양이라는 연호를 제정했다.
④ 개혁추진기구로 교정청을 설치했다.

핵심 풀이

07

3·1운동

일본 도쿄 유학생들이 결성한 조선청년독립단은 독립단 대표 11인을 중심으로 도쿄에서 2·8독립 선언서를 발표했다. 이는 미국 대통령 윌슨이 주창한 민족자결주의의 영향을 받은 것으로, 이후 국내에서도 3·1운동이 발생해 민족대표 33인이 독립선언서를 발표하여 국내외에 독립을 선언했다. 3·1운동은 일제가 무단통치를 완화하고 식민지 통치를 문화통치 방식으로 변화시키는 계기가 됐다.

출제기관
2024 광주광역시공무직통합채용[하]
2023 강원랜드[상]
2022 수원도시재단[상]
2021 수원시공공기관통합채용[상]

08

을미개혁

을미사변(1895) 이후 김홍집내각은 을미개혁(제3차 갑오개혁)을 실시해 건양 연호와 태양력을 제정하고 종두법을 실시했다. 그런데 이때 시행된 단발령이 을미사변으로 격해진 반일감정의 기폭제가 되어 의병운동으로 이어졌다. 이런 가운데 고종의 아관파천이 이뤄지자 김홍집 등 개혁인사들의 개혁 시도는 중단되었고, 결국 성난 민중들에게 살해되기에 이른다. 고종은 이후 1897년 대한제국을 선포하고 1899년에 대한국 국제를 제정하여 대한제국 황제가 군대 통수권, 입법권, 행정권 등의 권한을 장악한 전제군주임을 선도했다.

출제기관
2025 광주광역시공공기관통합채용[하]
2023 한국폴리텍대학[상]
2021 부산교통공사[상]

정답 07 ① | 08 ③

09

다음 중 3성 6부제에 대한 특징으로 옳지 않은 것은?

① 발해는 무왕 대에 이를 받아들여 사용하였다.
② 고려에서는 중서성과 문하성을 하나로 합친 2성 6부제를 실시하였다.
③ 상서성 아래로 행정을 담당하는 6부가 편제되어 있다.
④ 발해에서는 3성의 하나인 상서성을 정당성으로 불렀다.

핵심 풀이

09

3성 6부제
당나라의 정치 체제로 중서성 · 문하성 · 상서성의 3성과 상서성 아래 이부 · 호부 · 예부 · 병부 · 형부 · 공부로 이뤄진 6부로 이뤄져 있다. 발해와 고려에서 각각 변형하여 활용하였다. 중서성과 문하성을 통해 의결하였으며 행정을 담당하는 상서성 밑에 6부를 두었다.

발해 정치 체제
문왕 대에 당나라의 3성 6부제를 들여왔다. 상서성을 정당성으로 바꿔 불렀다.

고려 정치 체제
성종 대에 당나라의 3성 6부제를 들여왔으나 중서성과 문하성을 합쳐 중서문하성이라 불렀다. 중서문하성과 상서성의 2성을 둔 2성 6부제를 실시했다.

출제기관
2021 한국산업인력공단[하] 의정부시시설관리공단[상]
2018 수원문화재단[하] 보훈복지의료공단[상] 한국서부발전[상]
2017 한국남동발전[하] 한국서부발전[상] 한국서부발전[상]
2016 한국동서발전[하]

10

과전법에 대한 설명으로 옳지 않은 것은?

① 조선 세조 대까지 시행되다가 폐지되었다.
② 현직 관리에게만 수조지를 지급하는 제도이다.
③ 관리들에게 경기 지역의 땅만 지급되었다.
④ 신진사대부의 영향력 강화를 위해 실시되었다.

10

과전법
고려 공양왕 대부터 조선 초까지 시행된 토지제도이다. 전 · 현직 관리에게 토지를 지급하여 당사자가 사망하면 휼양전과 수신전 등으로 친족 · 유족이 사망할 때까지 수조권이 이어지게 하였다. 권문세족의 토지 몰수와 함께 신진사대부의 경제력 강화를 위해 실시되었다. 관리들이 지방에서 세력을 키울 것을 우려하여 경기 지역의 땅만 분배하였으며, 세조 대에 직전법으로 대체되었다.

직전법
과전법으로 지급된 토지가 수신전 · 휼양전 등의 명목으로 세습되는 등 악용되자 조선 세조 대에 실시한 현직 관리에게만 수조지를 지급하는 제도이다.

출제기관
2023 보훈교육연구원[상] 한국수력원자력[상]
2019 한국서부발전[상]
2018 한국산업인력공단[상] 한국지역난방공사[상]
2017 한국서부발전[상]
2016 한국수력원자력[하]

정답 09 ① | 10 ②

경제 · 경영

11. 미국, 캐나다, 멕시코 3개 국가가 관세와 무역장벽을 폐지하고 자유무역권을 형성한 협정을 무엇이라 하는가?

① USMCA
② 케네디 라운드
③ 제네바 관세 협정
④ 우루과이 라운드

12. 다음에서 설명하는 것은 무엇인가?

- 소득이 어느 정도 균등하게 분배되는지 평가하는 데 이용된다.
- 로렌츠곡선에서 구해지는 면적 비율로 계산한다.

① 빅맥지수
② 베타계수
③ 지니계수
④ 엥겔계수

핵심 풀이

11

USMCA(북미자유무역협정)
미국·캐나다·멕시코가 기존의 북미무역협정(NAFTA)을 대체하기 위해 합의한 협정으로 2018년 10월 1일에 3국이 합의했다. 교역규모가 1조 2,000억달러에 이르며 2020년 7월 1일에 발효됐다. 핵심 자동차부품의 역내 원산지비율 규정을 강화하고 자동차 노동자 임금을 인상하는 것 등이 주요 내용이다.

관세 협상 라운드 [NCS]
1944 브레튼 우즈 체제의 설립 이후 관세무역 일반협정인 GATT 체제를 수립하여 참가국의 관세 협의가 WTO 수립까지 지속적으로 이뤄졌다.

- 제네바 라운드 : GATT 협정을 맺고 무조건 최혜국대우 공여원칙을 명시하였다.
- 케네디 라운드 : 반덤핑 관세를 허가하고 무역 품목의 개별 품목 명시가 아닌 국경 간의 명시를 할 것을 정했다.
- 우루과이 라운드 : GATT 조약을 위시하는 WTO기구를 출범시키며, 자본 개방과 저작권 보호를 명시하였다.

출제기관
2021 한국폴리텍대학[상]
2020 공공보건의료재단[하]
2019 한국폴리텍대학[상]

12

지니계수 [NCS]
소득분포의 불균형 정도를 나타내는 지표로 상류층에서 많은 소득을 가져갈수록 지니지수는 0에서 1로 높아진다.

빅맥지수
1986년 영국 '이코노미스트지'에서 처음 사용한 각 나라의 구매력을 평가하는 지표이다. 국가별 빅맥의 가격을 비교하여 물가를 비교한다.

베타계수
주식이 실제 시장의 변화에 얼마나 민감하게 반응하는지를 나타내는 지표이다. 1에서 낮아질수록 주식이 반응하지 않는 것이고, 높아질수록 민감하게 반응하는 것이다.

엥겔계수
엥겔계수는 가계지출총액에서 식료품비가 차지하는 비율을 나타내 국가의 삶의 질 수준을 나타낸다. 엥겔계수가 0.5 이상이면 후진국, 0.3~0.5면 개발도상국, 0.3 이하일 경우 선진국으로 분류한다.

출제기관
2025 부평구문화재단[상]
2024 광주광역시공공기관통합채용[하]
2020 한국가스기술공사[하]
2019 한국소비자원[상] 근로복지공단[상] 한국자산관리공사[상]
2018 부천시공공기관통합채용[하] 농촌진흥청[하]

정답 11 ① | 12 ③

13

절약·저축이 개인에게는 바람직하나, 장기적으로는 국가 전체의 불황을 일으키는 현상은?

① 역부의 효과
② 매칭그랜트
③ 소프트 랜딩
④ 절약의 역설

핵심풀이

13

절약의 역설(Paradox of thrift)
개인의 입장에서는 저축과 절약이 부를 증가시키는데 도움이 되나, 장기적으로 봤을 때는 소비·지출을 줄여 기업의 수익을 감소시키고 더 나아가 사회의 전체 소득까지 떨어뜨리는 현상이다. 특히 경기 불황일 때 저축한 돈을 투자하지 않거나, 마땅한 투자처가 없을 때 여실히 일어난다.

부의 효과와 역부의 효과
부의 효과는 실소득 대신 부동산·주식 등의 자산가치가 오르면 소비도 늘어나는 현상이다. 역부의 효과는 이와 반대로 자산가치가 떨어지면 소비도 줄어드는 현상이다.

매칭그랜트(Matching Grant) NCS
기업이 사회적 역할과 책임을 다한다는 신념에 따라 실천하는 나눔 경영의 일종으로, 기업 임직원이 모금한 후원금 금액에 비례해서 회사에서도 후원금을 낸다.

소프트 랜딩(Soft Landing)
경기성장률이 떨어져도 경기 자체가 둔화로 이어지지는 않는 현상이다.

출제기관
2022 부산광역시공공기관통합채용[상]
광주광역시공공기관통합채용[상]

14

다음 중 한국은행의 기능이 아닌 것은?

① 화폐를 시중에 발행하고 다시 환수한다.
② 통화량 조절을 위해 정책금리인 기준금리를 결정한다.
③ 외화보유액을 적정한 수준으로 유지한다.
④ 금융기관에 대한 감사와 감독업무를 수행한다.

14

한국은행의 주요 기능
- 화폐를 발행하고 환수한다.
- 지급준비율, 기준금리 결정 등 통화신용정책을 수립하고 진행한다.
- 은행 등 금융기관을 상대로 예금을 받고 대출을 해준다.
- 국가를 상대로 국고금을 수납하고 지급한다.
- 외환건전성 제고를 통해 금융안정에 기여하며, 외화자산을 보유·운용한다.
- 국내외 경제에 관한 조사연구 및 통계 업무를 수행한다.

금융감독원
금융위원회 산하의 독립기구로 금융기관에 대한 감사와 감시, 감독업무를 수행해 금융기관의 건전성을 확보하려는 목적을 갖는다.

출제기관
2024 부산광역시공무직통합채용[하] 대구의료원[상]
2023 한국폴리텍대학[상]

정답 13 ④ | 14 ④

15

명목가치는 동일하나 소재가치가 다른 화폐가 시장에서 통용될 때 소재가치가 높은 화폐는 시장에서 사라지고 낮은 화폐만이 유통되는 현상은?

① 트리핀의 딜레마
② 테킬라효과
③ 그레샴의 법칙
④ 스미스의 역설

16

GDP와 GNP에 대한 설명으로 옳은 것은?

① GDP : 감가상각액을 제하면 국민순생산이 된다.
② GDP : 교역조건 변동을 감안한다.
③ GNP : 원자재와 중간재를 계산에 포함한다.
④ GNP : 외국인 노동자들의 본국 송금액이 많은 경제 체계에서 중요해진다.

핵심 풀이

15

그레샴의 법칙
소재의 가치가 서로 다른 화폐가 동일한 명목가치를 가진 화폐로 통용되면, 소재의 가치가 높은 화폐는 유통시장에서 사라지고 소재의 가치가 낮은 화폐만 유통되는 법칙이다(악화가 양화를 구축한다).

트리핀의 딜레마
기축통화로 설정한 국가는 언제나 어느 정도의 무역 적자를 봐야 한다는 것이다. 흑자를 보게 되면 통화량이 부족해 세계경제가 둔화된다.

테킬라효과
한 국가의 금융·통화위기가 주변의 다른 국가로 급속히 확산되는 현상이다. 술에 취한 듯 번진다는 데서 비롯됐다.

스미스의 역설
가격과 효용의 괴리 현상을 설명하면서 상품의 가치는 총효용에 의해 결정되는 것이 아니라 한계효용에 대해 결정된다고 주장한 것이다.

출제기관
2021 전남신용보증재단[상]
2020 대구도시공사[하]
2018 서울시설공단[하] 한국폴리텍대학[상] 방송통신심의위원회[상]

16

GDP
한 국가의 국경 안에서 만들어진 최종 생산물의 가치를 합한 것이다. 원자재와 중간재는 고려하지 않는다. 외국에서 벌어서 외국에서 소진하는 소비자의 글로벌화가 진행되면서 유용해졌다.

GNP
한 국가의 국민이 만들어낸 총생산으로 외국에 있는 국민이 만든 것 또한 포함한다. 중간생산물의 가치는 제한 수치이며, 감가상각액을 빼면 국민순생산(NNP)이 된다. 교역조건 변동에 따른 손익을 감안한 수치는 GNI라 한다.

출제기관
2024 한국소비자원[하]
2023 부산항보안공사[상] 부천시공공기관통합채용[상]
2021 천안시시설관리공단[상]
2020 IBK기업은행[상] 광주광역시공공기관통합채용[상]
전라남도공공기관통합채용[하] 한국산업단지공단[상]
한국자산관리공사[하]
2018 한국주택금융공사[하] 보훈복지의료공단[상]
2017 한국중부발전[하]

정답 15 ③ | 16 ④

17

실제 법정화폐와 가치가 연동되는 가상화폐를 뜻하는 말은?

① 밈코인
② 스테이블코인
③ 비트코인
④ 바이낸스코인

국제·정치

18

다음 중 G7 회원국이 <u>아닌</u> 나라는?

① 일본
② 캐나다
③ 이탈리아
④ 중국

핵심 풀이

17

스테이블코인(Stable Coin)
실제 법정화폐의 가치와 연동되어 발행되는 가상화폐다. 2014년 미국 달러와 연결된 가상화폐 '테더(Tether)'가 탄생하면서 각 국가의 통화를 바탕으로 하는 수많은 스테이블코인이 등장했다. 사실상 스테이블코인은 원화를 비롯해 어느 국가의 통화와도 연결돼 발행될 수 있다.

밈코인(Meme Coin)
인터넷 밈(meme, 유행 이미지·농담·콘텐츠)을 기반으로 만들어진 가상화폐

바이낸스코인(BNB, Binance Coin)
세계 최대 가상화폐 거래소 중 하나인 바이낸스에서 만든 자체 암호화폐

출제기관
2025 인천글로벌캠퍼스[상] 원주시시설관리공단[상]

18

G7
서방 선진국 7개국 모임인 G7은 1975년 프랑스가 G6 정상회의를 창설하고 그 다음해 캐나다가 추가되면서 매년 개최되고 있다. 미국·영국·프랑스·독일·이탈리아·일본·캐나다로 구성되어 있다. 이에 러시아를 포함함 G8이라 부르기도 한다.

G20
미국, 일본, 영국, 프랑스, 독일, 이탈리아, 캐나다, 유럽연합(EU) 의장국, 러시아, 브라질, 인도, 중국, 남아프리카공화국, 멕시코, 사우디아라비아, 대한민국, 호주, 튀르키예, 아르헨티나, 인도네시아

출제기관
2023 양주도시공사[하] 서울시복지재단[상] 광주보훈병원[상]
2022 서울시복지재단[상] 한국폴리텍대학[상]
2021 영화진흥위원회[상]
2020 영화진흥위원회[하] 의정부시시설관리공단[하] 한국폴리텍대학[상]
2019 한국산업인력공단[상]
2018 서울시설공단[하]

정답 17 ② | 18 ④

19

동일한 죄목에 대해 이중처벌할 수 없는 원칙은?

① 법률불소급의 원칙
② 미란다의 원칙
③ 일사부재리의 원칙
④ 불고불리의 원칙

20

2025년 10월 기준 세계에서 가장 높은 건축물은?

① 부르즈 할리파
② 제다 타워
③ 상하이 타워
④ 알베이트 타워

핵심 풀이

19

일사부재리의 원칙
어떤 사건에 대해 일단 판결이 확정되면 그 사건을 소송으로 다시 심리·재판하지 않는다는 원칙이다. 형사소송법상 어떤 사건에 대하여 유죄 또는 무죄의 실체적 판결 또는 면소의 판결이 확정되었을 때 판결의 기판력의 효과이다. 같은 사건에 대하여 또 다시 공소의 제기를 하지 않는 것을 말한다. 일사부재리의 원칙은 로마시민법에서 인정되었고, 민사사건에는 적용되지 않는다.

법률불소급의 원칙
법률은 시행 이후에 성립하는 사실에 대해서만 효력을 발휘한다는 원칙이다.

미란다의 원칙
피의자를 구속·체포하기 전에 변호인 선임권, 진술 거부권 등의 권리가 있음을 알려야 하는 원칙이다.

불고불리의 원칙
법원은 공소가 제기된 사건에 대해서만 심판할 수 있다는 원칙이다.

출제기관
2022 한국돋리텍대학[상]
2021 한국돋리텍대학[상]
2020 서대문구도시관리공단[하] 의정부시시설관리공단[하]

20

2025년 10월 기준 세계에서 가장 높은 빌딩은 두바이의 '부르즈 할리파(Burj Khalifa)'이다. 2010년에 완공되었으며 건물 높이만 328m, 전체높이는 829.8m에 달한다. 총 154층이며 오피스, 호텔 등 복합적 용도로 사용되고 있다. 사우디아라비아에서 건축 중인 '제다 타워(Jeddah Tower)'는 높이 약 1,008m로 지어질 계획이며, 2013년 착공 후 2018년부터 건설이 오랫동안 중단되었다가 2024년 10월에 재개했다. 2028년 완공될 예정이다.

출제기관
2025 광명도시공사[하]

정답 19 ③ | 20 ①

21

다음 중 기밀정보 동맹체인 파이브 아이즈의 회원국이 아닌 나라는?

① 뉴질랜드
② 일본
③ 캐나다
④ 영국

21
파이브 아이즈(Five Eyes)
미국, 영국, 캐나다, 호주, 뉴질랜드 등 영어권 5개국이 참여하고 있는 기밀정보 동맹체다. 2013년 6월 미국 국가안보국(NSA) 요원이던 에드워드 스노든에 의해 그 실상이 알려졌다. 당시 스노든이 폭로한 NSA의 도·감청 기밀문서를 통해 미국 NSA가 영국·캐나다·호주·뉴질랜드 정보기관과 협력해 벌인 다양한 첩보활동의 실태가 드러났다. 파이브 아이즈는 1946년 미국과 영국이 공산권과의 냉전에 대응하기 위해 비밀 정보교류 협정을 맺은 것이 시초로 1960년에 개발된 에셜론(Echelon)이라는 프로그램을 통해 전 세계 통신망을 취합한 정보를 공유하는 것으로 알려져 있다.

출제기관
2024 전국택시공제조합[상]
2022 한국연구재단[상] 고양시공공기관통합채용[상]
2021 의정부시시설관리공단[하]

22

국가와 국가 혹은 국가와 세계의 경기가 같은 흐름을 띠지 않는 현상을 뜻하는 말은?

① 리커플링
② 커플링
③ 테이퍼링
④ 디커플링

22
디커플링(De-coupling)
일명 탈동조화 현상으로 한 국가의 경제가 주변의 다른 국가나 세계경제와 같은 흐름을 보이지 않고 독자적인 경제로 움직이는 현상을 말한다. 세계경제는 미국이나 유럽 등 선진국에서 발생한 수요 또는 공급 충격에 큰 영향을 받는 동조화(Coupling) 현상, 점차 다른 나라의 경제상황과 성장에 미치는 영향이 약화되는 디커플링 현상, 동조화 재발생 현상인 리커플링(Recoupling) 현상이 반복된다.

출제기관
2025 광주광역시공공기관통합채용[하]
2024 밀양시시설관리공단[하]
2023 보훈교육연구원[상]
2020 수원시청소년문화재단[상]

정답 21 ② | 22 ④

법률·사회

23. 논란에 휩싸인 유명인을 사적으로 단죄하려는 현상을 뜻하는 신조어는?

① 미닝아웃
② 미러링
③ 디지틴
④ N차 피해

24. 다음 중 법의 체계가 올바르게 나열된 것은?

① 헌법-법률-명령-조례-규칙
② 헌법-명령-법률-규칙-조례
③ 법률-헌법-명령-조례-규칙
④ 헌법-법률-조례-명령-규칙

핵심 풀이

23

디지틴(디지털 단두대, Digital Guillotine)
사회적으로 논란을 일으킨 연예인, 인플루언서 등 유명인들이나 기업을 단순히 '보이콧'하는 것을 넘어 단죄하려는 경향을 의미하는 신조어다. SNS 등 인터넷 서비스의 발달로 사회적 물의를 일으킨 유명인들은 인터넷상에서 쉽게 집단적 거부와 비난의 대상이 된다. 그런데 이 과정에서 제대로 된 사회적 논의와 사실 확인 없이 사과를 강요받고 처벌 압박을 받게 돼 문제가 될 수 있다.

미닝아웃(Meaning Out)
자신의 가치관·신념·사회적 메시지를 드러내는 소비 행위

미러링(Mirroring)
상대방(주로 기득권 집단)이 사용하던 차별적·억압적 언어와 태도를 그대로 거울처럼 되비춰주는 방식

출제기관
2025 한국폴리텍대학[상]

24

법의 체계
법의 올바른 체계는 헌법-법률-명령-지방자치법규(조례·규칙)다. 헌법은 모든 법령의 근본이 되며 다른 법률이나 명령으로는 변경할 수 없는 국가의 최상위 규범이다. 법률은 헌법이 정하는 절차에 따라 국회에서 제정하며 일반적으로 국민의 권리와 의무사항을 규정한다. 명령은 법률을 시행하기 위해서 필요한 사항에 관하여 대통령이 발하는 명령인 대통령령과 국무총리 또는 행정 각부의 장관이 법률이나 대통령의 위임에 의거하여 발하는 명령인 총리령으로 나눈다. 조례는 지방자치단체가 지방의회의 의결에 의하여 법령의 범위 내에서 자기의 사무에 관하여 규정한 것이고, 규칙은 지방자치단체의 장이 법령 또는 조례에서 위임한 범위 내에서 그 권한에 속하는 사무에 관하여 규정한 것이다.

출제기관
2023 부산광역시공무직통합채용[상]

정답 23 ③ | 24 ①

25

지지하는 브랜드의 상품을 의도적으로 구입하고 구입을 권장하는 행위는?

① 노멀크러시
② 윤리적 소비
③ 보이콧
④ 바이콧

26

트렌드에 대한 '고립 공포감'을 뜻하는 증후군은?

① 포모증후군
② 오셀로증후군
③ 클라인레빈증후군
④ 라마증후군

핵심 풀이

25
바이콧(Buycott)
보이콧(Boycott)에 대비되는 개념으로 스스로 지지하는 브랜드의 상품을 의도적으로 구입하고, 주변에도 구입을 권장하는 행위를 말한다. 환경보호에 나서거나 사회에 선한 영향력을 끼치는 기업의 상품을 적극적으로 구입해, 이러한 기업을 지지하고 더 좋은 영향력을 끼칠 수 있도록 독려하는 것이다.

출제기관
2024 부산광역시공공기관통합채용[상]

26
포모증후군
'고립 공포감'을 뜻하는 포모(FOMO ; Fear Of Missing Out) 증후군은 세상의 흐름과 트렌드를 놓치거나 뒤처지는 것에 불안을 느끼는 증후군이다. 다른 사람들이 무엇을 하는지 지속해서 확인하고 싶어 하고, 자신이 다른 이들에 비해 놓치고 있는 것은 없는지 불안해한다. 세상과 연결되기를 강박적으로 원해 SNS에 중독적으로 매달리고 병적으로 인터넷에 집착하기도 한다.

출제기관
2023 부산광역시공무직통합채용[상]
2022 부천도시공사[상]
2021 광주광역시공공기관통합채용[상]

정답 25 ④ | 26 ①

인문·세계사·문화·미디어

27

다음 중 노벨상에서 수상하지 <u>않는</u> 부문은?

① 수학상
② 생리의학상
③ 화학상
④ 물리학상

28

다음 중 역사상 가장 일찍 등장한 사상 또는 예술사조는?

① 낭만주의
② 공리주의
③ 사실주의
④ 계몽주의

핵심 풀이

27

노벨상(Nobel Prize)
다이너마이트를 발명한 스웨덴 발명가 알프레드 노벨의 유산을 기금으로 하여 해마다 물리학·화학·생리의학·경제학·문학·평화의 6개 부문에서 인류문명의 발달에 공헌한 사람이나 단체를 선정하여 수여하는 상이다. 1901년 제정되어 매년 12월 10일 스웨덴의 스톡홀름에서 시상식이 열리고, 평화상 시상식만 노르웨이의 오슬로에서 열린다.

출제기관
2024 대구의료원[상]
2023 인천보훈병원[하]
2019 경기도공공기관열린채용[하]

28

계몽주의
17세기 말 영국에서 시작하여 18세기 프랑스에서 활발히 전개된 사상으로, 구시대의 사상과 특권에 반대해 인간적·합리적 자유와 자율을 제창했다.

낭만주의
18세기에서 19세기 중반, 자유로운 내면세계를 표출한 예술양식으로 개성을 중시했다.

공리주의
18세기 말부터 19세기 전반에 걸쳐 영국에서 유행한 철학사상으로, 가치판단의 기준을 사회적 공리성, 인간의 이익과 행복의 증진에 두는 사상이다.

사실주의
19세기 중엽, 프랑스 회화에서 유행한 예술사조로 객관적 대상을 정확하게 묘사했다.

출제기관
2023 한국폴리텍대학[상]
2022 의정부시시설관리공단[하]
2016 한국농어촌공사[하]

정답 27 ① | 28 ④

문학·예체능·기타예술

29 올림픽에 대한 설명으로 옳지 <u>않은</u> 것은?

① 2026년 동계올림픽은 이탈리아에서 열린다.
② 2028년 하계올림픽은 미국 LA에서 열린다.
③ 사격은 근대 5종 경기 중 하나이다.
④ 올림픽 관리위원회 IOC는 그리스에 본부를 둔다.

30 다음 우리 국악의 빠르기 중 가장 느린 장단은?

① 휘모리
② 진양조
③ 중모리
④ 자진모리

핵심풀이

29
IOC
스위스 로잔에 본부를 둔 국제 올림픽 기구이다.

근대 5종 경기
쿠베르탱이 근대 올림픽을 실시하면서 만든 종목이다. 근대 5종 경기로는 사격, 펜싱, 수영, 승마, 크로스컨트리가 있다.

출제기관
2024 부산광역시공무직통합채용[하]
2023 부산항보안공사[하] 용인시공무직통합채용[상]
2021 농업기술실용화재단[상]
2020 한국서부발전[하] 한국중부발전[하]
2018 전남신용보증재단[상]
2017 포항시설관리공단[하] 평택도시공사[하]
     인천서구문화재단[하]
2016 한국농수산식품유통공사[상]

30
국악의 빠르기
진양조 → 중모리 → 중중모리 → 자진모리 → 휘모리순이다. 진양조는 가장 느린 장단으로 1장단은 4분의 24박자이다. 중모리는 중간 속도로 몰아가는 장단으로, 4분의 12박자이며, 중중모리는 8분의 12박자 정도로 춤추는 대목, 통곡하는 대목 등에 쓰인다. 자진모리는 매우 빠른 12박으로, 극적이고 긴박한 대목에 쓰인다. 마지막으로 휘모리는 매우 빠른 8박으로, 급하고 분주하거나 절정을 묘사한 대목에 쓰인다.

출제기관
2023 수원시공공기관통합채용[상]
2022 전라남도공공기관통합채용[하]
2021 광주광역시공공기관통합채용[하]

정답 29 ④ | 30 ②

31

'국악의 바이올린'으로 불리는 다음 사진의 우리 전통 악기는 무엇인가?

① 해금
② 아쟁
③ 양금
④ 비파

32

독특한 콧수염으로 유명한 초현실주의 화가로 아래에 제시된 작품을 그린 인물은?

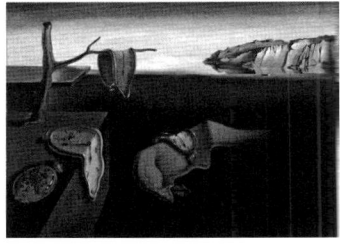

① 후안 미로
② 앙드레 브르통
③ 살바도르 달리
④ 르네 마그리트

31

해금(奚琴)

현악기 중 하나로 우리나라에는 고려 예종 때 중국에서 유입됐다고 전해진다. 민간에서는 '깽깽이'나 '깡깡이'라고도 칭한다. 활로 현을 마찰시켜 소리를 내는 찰현악기로 흔히 '국악의 바이올린'이라 불린다. 원통모양의 울림통에 대나무로 된 기둥을 꽂아 자루로 삼고, 굵은 줄과 가는 줄을 하나씩 기둥 상단의 줄감개에 감아 제작한다. 줄은 명주실로 되어 있다.

출제기관
2025 광명도시공사[하]
2024 대전도시공사[하]

32

살바도르 달리(Salvador Dalí)

1904년 스페인에서 태어난 초현실주의 화가 살바도르 달리는 독특한 모양의 콧수염으로 유명하며, 상징주의와 무의식을 탐구했다. 20세기 미술사에 큰 족적을 남긴 달리는 다양한 예술분야에서 활동했고, 1929년에는 초현실주의 영화 〈안달루시아의 개〉 제작에 참여하기도 했다. 문제에 제시된 시계가 녹아내리는 이미지의 작품 〈기억의 지속〉(1931)은 그의 대표작 중 하나다.

출제기관
2023 서울시복지재단[상] 화성시환경공단[상]

정답 31 ① | 32 ③

33 다음 중 사물놀이에 해당하지 <u>않는</u> 악기는?

① 꽹과리
② 장구
③ 징
④ 소고

33
사물놀이
꽹과리, 징, 장구, 북을 연주하는 음악 또는 놀이

출제기관
2024 한국폴리텍대학[상]
2022 부산대학교병원[하]
2018 부천시공공기관통합채용[하]
2015 수도권매립지관리공사[상] 한국전기안전공사[상]

34 판소리에서 창자가 대목을 넘어가며 사설을 엮어 가는 것을 뜻하는 용어는?

① 창
② 중고제
③ 발림
④ 아니리

34
아니리
'아니리'는 '창'과 '발림'과 함께 판소리의 3대 요소로서 창자가 한 대목에서 다음 대목으로 넘어가기 전에 장단 없이 자유로운 리듬으로 말하듯이 사설을 엮어가는 것을 말한다. 판소리의 문학적인 요소라고 할 수 있다. 창은 창자가 부르는 노래, 발림은 사설의 내용에 따라 몸짓을 하는 것이다.

출제기관
2023 부산광역시공공기관통합채용[상]
2022 부평구문화재단[하]

정답 33 ④ | 34 ④

과학·IT

35 역사상 최초로 인류를 우주로 보낸 소련의 우주선은?

① 프로스페로
② 보스토크 1호
③ 스푸트니크 1호
④ 로히니 D1

36 로봇이 인간의 외모와 유사성이 높을수록 호감도가 높아지다 일정수준이 되면 오히려 불쾌감을 느끼게 되는 현상은?

① 게슈탈트 붕괴
② 타나토스
③ 불쾌한 골짜기
④ 언캐니

핵심 풀이

35

보스토크 1호
미국과 우주진출 경쟁을 벌이던 소비에트 연합(소련)은 1968년 4월 12일 우주선 '보스토크 1호'를 쏘아 올려 최초로 유인 우주탐사에 성공했다. 당시 탑승했던 우주비행사 '유리 가가린'은 대기권 밖의 우주까지 진출해 비행을 하고 지구로 귀환했다.

스푸트니크 1호
소련이 1957년 쏘아올린 인류 역사상 최초의 인공위성

로히니 D1
인도가 자체 개발한 발사체로 1980년 발사해 궤도에 올린 인도 최초의 인공위성이다. 이로써 인도는 세계에서 일곱 번째로 위성을 자력으로 발사한 국가가 됐다.

출제기관
2025 부평구문화재단[상]

36

불쾌한 골짜기(Uncanny valley)
1970년대 일본의 로봇공학자인 모리 마사히로가 소개한 이론으로, 로봇이나 인형처럼 인간이 아닌 존재가 인간의 외형과 닮아갈 때 어느 정도까지는 호감을 느끼지만, 일정수준에 도달하면 오히려 불쾌감을 느낀다는 것이다. '인간과 거의 흡사한 모습'과 '인간과 거의 똑같은 모습' 사이에서 불완전함과 이로 인한 거부감을 느끼게 된다.

출제기관
2024 부산광역시공공기관통합채용[상]

정답 35 ② | 36 ③

37

이용자가 플랫폼을 바꾸거나 동시에 여러 개의 플랫폼을 사용하는 현상을 뜻하는 용어는?

① 리버스호밍
② 멀티호밍
③ 플랫폼호밍
④ 태스크호밍

38

다음 중 IT 용어에 대한 설명이 옳지 <u>않은</u> 것은?

① 클라우드 컴퓨팅 : 여러 곳에서 데이터에 접근
② 제로레이팅 : 요금 걱정 없이 쓰게 유도된 애플리케이션
③ U커머스 : TV를 통한 전자상거래
④ 스푸핑 : 이메일 도청 등 사이버 범죄 행위

핵심 풀이

37
멀티호밍(Multi-homing)
콘텐츠·IT플랫폼 이용자가 기존에 사용하던 플랫폼에서 다른 플랫폼으로 옮겨 가거나 여러 개의 플랫폼을 동시에 사용하는 현상을 말한다. 정보기술(IT) 분야에서는 다중 IP주소를 사용해 둘 이상의 네트워크 또는 링크에 다중접속을 실현하는 것을 의미한다. 이용자의 입장에서는 목적과 니즈에 따라 여러 플랫폼을 이용할 수 있으므로 선택의 폭이 넓어지고 합리적인 선택을 할 수 있다.

출제기관
2025 한국폴리텍대학[상]

38
U커머스
무제한(Unlimited)이고 포괄적(Umbrella)이며, 장소에 구애받지 않는(Ubiquitous) 전자상거래를 말한다. E커머스(전자상거래), M커머스(모바일 전자상거래), T커머스(웹TV 전자상거래), A커머스(자동차에서의 전자상거래)를 포괄한 개념이다.

클라우드 컴퓨팅
데이터를 인터넷과 연결된 중앙컴퓨터에 저장해서 인터넷에 접속하기만 하면 언제 어디서든 데이터를 이용할 수 있는 것을 뜻한다.

제로레이팅
통신사가 특정 콘텐츠에 대해 제공 업체와 제휴하여 데이터 사용 요금을 대신 지불하거나 제공 업체에서 부담하도록 하여 서비스 이용자는 무료로 이용할 수 있게 하는 것을 말한다.

스푸핑
IP 주소를 속여서 접근하는 해킹 기법의 일종이다.

출제기관
2023 공무원연금공단[상]
2021 화성시공공기관통합채용[하]
2020 신용보증기금[하]
2019 포항시설관리공단[상] 국립생태원[상]

정답 37 ② | 38 ③

우리말 · 한자

39. 나이를 나타내는 한자어의 연결이 올바르지 않은 것은?

① 환갑(還甲) : 61세
② 약관(弱冠) : 20세
③ 고희(古稀) : 70세
④ 지학(志學) : 50세

40. 다음 문장에서 밑줄 친 외래어의 표기가 옳은 것은?

① 오늘 저녁식사는 뷔페로 제공됩니다.
② 잠시라도 좋으니 앙케이트에 참여해주세요.
③ 상점에는 다양한 악세사리가 진열돼 있었다.
④ 그는 처음 참가한 콩쿨에서 우승을 거뒀다.

핵심 풀이

39

주요 연령 한자어
15세 지학(志學), 20세 약관(弱冠), 30세 이립(而立), 40세 불혹(不惑), 50세 지천명(知天命), 60세 이순(耳順), 61세 화갑(華甲)·환갑(還甲)·회갑(回甲), 70세 고희(古稀), 80세 팔순(八旬), 99세 백수(白壽)

출제기관
2025 수원시공공기관통합채용[상]
2021 부산대학교치과병원[하] 부천문화재단[상]
2020 공공보건의료재단[하]
2019 창명도시공사[상]
2018 한국폴리텍대학[상] 서울시설공단[상]
2016 한국농어촌공사[하]

40

- 앙케이트 → 앙케트(enquête)
- 악세사리 → 액세서리(accessory)
- 콩쿨 → 콩쿠르(concours)

틀리기 쉬운 외래어 표기
- 라이센스 → 라이선스(license)
- 카톨릭 → 가톨릭(catholic)
- 런닝셔츠 → 러닝셔츠(running shirt)
- 렌트카 → 렌터카(rent-a-car)
- 리더쉽 → 리더십(leadership)
- 링겔 → 링거(ringer)
- 메세지 → 메시지(message)
- 미스테리 → 미스터리(mystery)
- 바베큐 → 바비큐(barbecue)
- 스케쥴 → 스케줄(schedule)
- 스탠다드 → 스탠더드(standard)
- 워크샵 → 워크숍(workshop)
- 컨닝 → 커닝(cunning)
- 타겟 → 타깃(target)

출제기관
2024 수원시공공기관통합채용[상] 밀양시설관리공단[상]
2023 수원시공공기관통합채용[상]

정답 39 ④ | 40 ①

문제 유형 살펴보기

단답형

01 구한말 세워진 단체로 서재필·이승만 등이 참여했으며, 독립문 건립과 독립신문을 발간했고 만민공동회를 개최한 단체는?

02 법률은 시행 이후에 성립하는 사실에 대해서만 효력을 발휘한다는 원칙은?

03 (　　)은/는 계층 간 소득의 불균형을 나타내는 지표가 된다.

04 '창'과 '발림'과 함께 판소리의 3대 요소로 꼽히는 것은?

05 61세를 나타내는 한자어는 환갑(環甲)이다. 고희(古稀)는 몇 세를 나타내는가?

> **정답** 1. 독립협회 2. 법률불소급의 원칙 3. 지니계수 4. 아니리 5. 70세

약술형 다음 용어에 대해 약술하시오.

01 클라우드 컴퓨팅

02 황국협회

03 파이브 아이즈

04 스테이블코인

> **정답**
>
> **1. 클라우드 컴퓨팅**
> 데이터를 인터넷과 연결된 중앙컴퓨터에 저장해서 인터넷에 접속하기만 하면 언제 어디서든 데이터를 이용할 수 있는 것을 뜻한다.
>
> **2. 황국협회**
> 대한제국 건국이 선포된 당시 독립협회의 세력이 커지자 당시 근왕적 관료들이 만든 정치단체다.
>
> **3. 파이브 아이즈**
> 미국, 영국, 캐나다, 호주, 뉴질랜드 등 영어권 5개국이 참여하고 있는 기밀정보 동맹체다. 2013년 6월 미국 국가안보국 요원이던 에드워드 스노든에 의해 그 실상이 알려졌다.
>
> **4. 스테이블코인**
> 실제 법정화폐의 가치와 연동되어 발행되는 가상화폐다.

NCS

01 소득분배가 불평등한 국가일수록 해당 국가의 로렌츠곡선 상의 변화는 어떻게 일어나는가?

① 대각선에 더욱 가까워진다.
② 대각선에서 더욱 멀어진다.
③ 직선에 가까워진다.
④ 변화하지 않는다.

02 사회공헌활동에 대한 다음의 설명을 읽고, 기업 활동의 사례 중 사회공헌활동으로 참고할 사항이 <u>아닌</u> 것을 고르면?

> 사회공헌활동은 기업의 사회적 책임을 일컫는 말로, 미국 조지아대학교의 아치 캐럴 교수는 기업의 사회적 책임을 이윤 창출, 법률 준수, 윤리적 책임, 자선적 책임 등의 4가지로 구분하고 있다. 이중 이윤 창출의 경우 기업은 사회의 기본 경제단위로서 재화와 서비스를 생산할 책임을 지고 있다는 것을 의미하며, 법률 준수는 기업이 법을 지키며 경제활동을 하는 것을, 윤리적 책임은 법으로는 규정하지 못하지만 기업이 사회의 기대치에 맞는 윤리적 행동과 활동을 할 것을, 마지막으로 자선적 책임은 사회적 기부행위 등 사회의 공익을 위한 자선활동을 할 책임을 말한다.

① A사는 최저임금법이 개정될 때마다 최저임금을 개선하며 최저임금법을 꾸준히 지켜오고 있다.
② B사는 사원들이 독거노인, 소년소녀가장, 다문화가정 등에 기부금을 보조하게 하고 매칭그랜트로 참여하고 있다.
③ C사는 꾸준한 연구ㆍ개발로 소비자들에게 질 좋은 서비스를 제공하기 위해 최선을 다하고 있다.
④ D사는 환경보호를 위한 에코경영을 경영목표로 정했다.
⑤ E사는 타사와의 경쟁에서 승리하기 위해 외국 기업의 사례를 벤치마킹하고 있다.

정답

1. ② 로렌츠곡선은 재산 순으로 인구를 더해가며 소득 합계의 변화 추이를 나타내는 것이다. 대각선에 가까울수록 소득이 평등한 사회를 의미한다.
   - 지니계수 : 계층 간 소득분포의 불균형정도를 나타내는 지표로 상류층에서 많은 소득을 가져갈수록 지수는 0에서 1로 높아진다. 지니계수는 인구별 소득을 나열했을 때 나오는 로렌츠곡선으로 구하는데, 로렌츠곡선이 대각선이라면 소득분배가 완전히 평등한 상황이라고 할 수 있다. 소득이 불평등할수록 해당국가의 로렌츠곡선은 대각선에서 멀어진다.
2. ⑤ 외국 기업의 사례를 벤치마킹하는 것은 본문의 기업의 사회공헌활동과 연관이 없다.
   - 매칭그랜트 : 기업이 사회적 역할과 책임을 다한다는 신념에 따라 실천하는 나눔 경영의 일종으로, 기업 임직원들이 모금한 후원금 금액에 비례해서 회사에서도 후원금을 낸다.

5회차 분야별 핵심 키워드 40문제

한국사

01

다음 유물의 사진들 중 그 시기가 나머지와 다른 것은?

①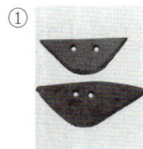
②
③
④

핵심풀이

01
①은 청동기시대 유물 반달돌칼, ②은 신석기시대 유물 가락바퀴, ③은 신석기시대 유물 빗살무늬 토기, ④는 신석기시대 유물 간석기 도구이다.

신석기시대
농경문화가 시작되었으며 동굴에서 벗어나 움막을 짓고 사는 특징을 보인다. 도구로는 간석기와 빗살무늬 토기를 사용했다.

청동기시대
신석기시대에서 더욱 발전하여 벼농사를 시작하여 계급, 족장 등이 생겼다. 비파형 동검, 부채도끼, 석관, 반달돌칼, 민무늬 토기, 미송리식 토기, 고인돌 등이 유물로 남아 있다.

출제기관
2024 대구의료원[상]
2023 중소기업유통센터[상]
2022 광주광역시공공기관통합채용[하] 한국산업단지공단[상]
2020 한국산업기술시험원[상] 한국산업인력공단[하]
2019 경기도공공기관열린채용[상] 보훈복지의료공단[상]

02

부여와 옥저에 대한 설명으로 옳지 않은 것은?

① 부여에는 영고라는 제천 행사와 순장, 1책 12법, 우제점법, 형사취수제 등이 있었다.
② 부여는 왕권이 미약하여 수해나 한해로 흉년이 들면 왕에게 책임을 묻기도 하였다.
③ 옥저는 어물과 소금 등 해산물이 풍부하였고, 토지가 비옥하여 농경이 발달하였다.
④ 옥저에는 혼인을 정한 뒤 신부 집의 뒤꼍에 작은 집을 지어 사위를 머무르게 하던 서옥제가 있었다.

02

옥저
한반도 북부에 있었던 부족국가로 위만 조선과 한사군의 공격을 받아 축소되어 고구려에 편입되었다. 민며느리제, 골장제, 가족 공동무덤 등의 풍속이 있다.

부여
부여는 고구려와 백제의 근원이 된 한반도 고대국가이다. 중앙집권화에 이르지 못한 국가연합체로 왕권이 미약하였다. 영고라는 제천 행사와 순장, 1책 12법, 우제점법, 형사취수제 등의 풍습이 있었다.

고구려
형이 죽을 경우 동생이 형수와 결혼하여 사는 형사취수제라는 풍습과, 결혼 전 남자가 처가 옆에 작은 집을 마련하여 인근에 기거하다가 결혼하는 서옥제가 있었다. 또한 동맹이라 부르는 제사를 지냈다.

출제기관
2024 광주광역시공무직통합채용[하] 광주광역시공공기관통합채용[하]
2023 보훈교육연구원[상]
2022 한국산업인력공단[하] 중소기업유통센터[상]

정답 01 ① | 02 ④

03

☑ 오답체크 1회차 2회차

고려시대 문신이었던 이승휴가 지었던 역사서는?

① 제왕운기(帝王韻紀)
② 백운소설(白雲小說)
③ 계원필경(桂苑筆耕)
④ 동사강목(東史綱目)

핵심 풀이

03

제왕운기(帝王韻紀)
고려시대 문신이었던 이승휴가 지은 역사서로 상·하권으로 되어 있으며, 칠언고시의 형태로 저술되었다. 상권에는 중국의 신화부터 하나라, 은나라, 주나라, 한나라를 거쳐 원나라의 흥성기까지의 역사를 기록했다. 하권은 우리나라의 역사로 고조선부터 삼국, 후삼국을 걸쳐 고려의 통일까지를 담고 있다.

백운소설(白雲小說)
고려시대 문신인 이규보가 지은 시화집이다.

계원필경(桂苑筆耕)
통일신라 때의 문인 최치원의 시문집이며 현존하는 가장 오래된 개인 문집이다.

동사강목(東史綱目)
조선 후기 안정복이 쓴 역사서로 단군 조선부터 고려 공양왕까지의 역사를 강목체 형식으로 정리했다.

출제기관
2024 광명도시공사[상]
2022 대전광역시공공기관통합채용[하]
2020 한국산업단지공단[하]

04

☑ 오답체크 1회차 2회차

고려를 건국한 태조 왕건과 관련한 설명으로 옳지 않은 것은?

① 춘궁기에 백성에게 곡식을 나누어 주고 추수한 후에 갚게 하는 흑창을 설치하였다.
② 호족과 정략결혼을 하거나 호족에게 성(姓)을 하사함으로써 호족을 포용하려 하였다.
③ 최승로의 시무 28조를 받아들여 유교 정치 이념을 바탕으로 통치 체제를 정비하였다.
④ 북진 정책의 걸림돌이자 발해를 멸망시킨 거란을 적대시하고, 청천강까지 영토를 확장하였다.

04

고려 태조(왕건)
고려를 건국한 시조로 불교를 장려하여 연등회·팔관회 등의 불교 행사를 장려했으며, 흑창을 설치하여 민생을 안정시켰다. 왕권강화책으로 정략결혼과 사성정책, 역분전 정책을 시행하였다.

고려 성종
고려의 6대 임금 성종(981~997)은 최승로의 시무 28조를 받아들이고 유교 정치 이념의 통치 체계를 정비했다. 성종은 2성 6부의 중앙 관제를 마련하고, 12목에 지방관을 파견해 중앙집권화의 기초를 마련하였으며, 국자감을 정비하고 지방에 경학박사를 파견해 유학 교육을 장려했다.

출제기관
2024 한국서부발전[상]
2023 대구보훈병원[상]
2021 한국남부발전[하]
2019 지역난방공사[상]
2018 한국중부발전[상] 안전보건공단[상]
2017 한국중부발전[하]

정답 03 ① | 04 ③

05 ☑오답체크 1회차 2회차

다음은 조선 건국 과정과 관련된 사건이다. 이를 발생한 순서대로 옳게 나열한 것은?

> ㄱ. 최영이 요동정벌을 명하니 이성계가 군사를 이끌고 가다가 위화도에서 회군하였다.
> ㄴ. 신하들에게 토지를 나누어 주되, 전·현직 관리에게 수조권을 지급하는 제도를 시행했다.
> ㄷ. 정도전이 도읍을 새로 정하고자 하여 한양으로 옮겼다.
> ㄹ. 신흥 무인세력이 권문세족을 몰아내고 새 왕조를 세웠다.

① ㄱ → ㄴ → ㄷ → ㄹ
② ㄱ → ㄷ → ㄴ → ㄹ
③ ㄱ → ㄹ → ㄷ → ㄴ
④ ㄱ → ㄴ → ㄹ → ㄷ

핵심 풀이

05

위화도 회군(1388)
고려 말, 우왕과 최영이 요동정벌을 추진했으나 이성계가 군사를 이끌고 위화도에서 회군하여 정권 주도권을 장악했다. 이는 조선 건국의 직접적 계기가 됐다.

조선 건국(1392)
신흥 무인세력과 신진사대부가 권문세족을 몰아내고 이성계를 중심으로 조선을 건국했다.

한양 천도(1394)
정도전이 새 왕조의 수도를 정비하기 위해 개경에서 한양으로 천도했다. 풍수지리와 정치적 안정을 이유로 삼았다.

과전법 제정(1391) 및 시행(1394)
고려 말 권문세족의 경제기반을 약화시키고 신진사대부를 지원하기 위해 마련된 제도로, 조선 건국 후 제헌작업과 함께 본격 시행했다. 관리들에게 토지의 수조권을 지급한 제도다.

출제기관
2025 한국폴리텍대학[상]

06 ☑오답체크 1회차 2회차

조선 세조에 대한 설명으로 옳지 <u>않은</u> 것은?

① 조카 단종으로부터 왕위를 찬탈하는 과정에서 김종서 등을 축출하였다.
② 직전법을 실시하고 수신전과 휼양전을 폐지하였다.
③ 의정부 서사제로 정치 체계를 회귀시켰다.
④ 집현전과 경연을 폐지하였다.

06

조선 세조
세종대왕의 둘째 아들로 형 안평대군(문종)이 왕위를 잇고 일찍 죽자 조카 단종의 왕위를 찬탈하였다. 과전법을 폐지하고 세습되던 이전 관료들의 수조지를 거둬들인 뒤 직전법을 실시하였다. 6조직계제로 개편하여 왕권을 강화하였으며, 집현전과 경연을 폐지했다.

출제기관
2023 수원시공공기관통합채용[상]
2021 화성시공공기관통합채용[하]
2019 한국서부발전[상]
2018 한국전력거래소[하] 한국산업인력공단[상]

정답 05 ③ | 06 ③

07

조선시대에 일어난 4대 사화의 발생 시기를 순서대로 배치한 것을 고르시오.

① 무오사화 – 갑자사화 – 기묘사화 – 을사사화
② 무오사화 – 기묘사화 – 을사사화 – 갑자사화
③ 갑자사화 – 을사사화 – 무오사화 – 기묘사화
④ 갑자사화 – 기묘사화 – 무오사화 – 을사사화

08

다음 사료의 배경이 되는 시기에 발생한 사건이 아닌 것은?

> - 새벽에 상이 인정전에 나오니 백관들과 인마 등이 대궐 뜰을 가득 메웠다. 이날 온종일 비가 쏟아졌다. (중략) 궁인들은 모두 통곡하면서 걸어서 따라갔으며 종친과 호종하는 문무관은 그 수가 1백 명도 되지 않았다.
> - 임금이 도성을 떠나 개성에서 평양에 이르렀다가, 적의 기세가 날로 성하여 마침내 의주로 가셨다. 백성들이 어가를 따라 울부짖어 길을 가득 메웠다.

① 신립이 충주 탄금대에서 배수의 진을 치고 전투를 벌였다.
② 임금의 호위와 도성방어를 담당하는 어영청을 설치했다.
③ 곽재우가 의병을 일으켜 정암진에서 싸웠다.
④ 김시민이 진주성에서 적을 맞아 싸우다 전사했다.

핵심 풀이

07

무오사화
연산군 대에 김일손이 스승인 김종직의 조의제문을 실록에 기록한 것을 유자광, 이극돈 등의 훈구 세력이 연산군에게 고해 발생하였다(1498).

갑자사화
연산군이 생모 폐비 윤씨의 죽음에 대신들이 연관된 것을 알게 되면서 벌어진 사화이다(1504).

기묘사화
중종 대에 조광조가 현량과 실시, 소격서 폐지, 위훈 삭지 등의 급진적 개혁을 실시하자, 이에 반발한 훈구파 세력들이 주초위왕 사건을 일으켜 사림이 피해를 입었다(1519).

을사사화
명종이 어린 나이로 즉위하자 명종의 어머니 문정왕후가 수렴청정을 하였다. 인종의 외척인 윤임을 중심으로 한 대윤 세력과 명종의 외척인 윤원형을 중심으로 한 소윤 세력의 대립으로 을사사화가 발생하여 윤임을 비롯한 대윤 세력과 사림이 큰 피해를 입었다(1545).

출제기관
2024 의정부도시공사[상] 수원시공공기관통합채용[상]
2023 부산광역시공무직통합채용[상]
2022 강서구시설관리공단[하]

08

임진왜란의 주요 전투
조선 선조 때 왜군의 침입으로 임진왜란이 발발하자 조정에서는 신립을 삼도순변사로 임명해 이를 막게 했다. 신립은 충주 탄금대에서 배수진을 치고 맞서 싸웠으나 패배했다. 이에 전국 각지에서 왜군을 막기 위해 농민들을 중심으로 의병이 일어났다. 충청 지방에서는 조헌이 의병을 모아 청주성을 되찾고 금산전투에서 활약했으며, 곽재우는 경상도 의령의 정암진에서 수천여 명의 의병을 이끌고 항전했다. 진주 목사 김시민은 왜군이 전라도로 가는 길목인 진주를 공격하자 조선군을 이끌고 진주대첩에서 왜군 2만명을 무찌르고 전사했다.

어영청
인조 때 후금과의 관계가 악화되자 어영청을 설치하여(1623) 도성을 방어하고 국왕을 호위하게 했고, 병자호란 이후 청에 볼모로 갔던 봉림대군이 효종으로 즉위하면서 어영청을 중심으로 북벌을 추진했다.

출제기관
2025 부산광역시공무직통합채용[하]

정답 07 ① | 08 ②

09

광복 이후의 역사와 관련한 다음 설명 중 옳지 않은 것은?

① 북한은 1945년 9월 건국준비위원회를 해체한 후 인민위원회를 조직했다.
② 1946년 7월 미군정의 지원 아래 우익의 김규식과 좌익의 여운형을 중심으로 좌우합작위원회가 개최됐다.
③ 북한은 1948년 2월 조선인민군을 창설하고, 8월 총선거로 구성된 최고인민회의에서 헌법을 채택했다.
④ 남한은 김구와 이승만이 참여한 가운데 1948년 5월 한반도 역사상 최초로 총선거를 치렀다.

10

6월 항쟁과 관련된 일련의 사건들을 순서대로 배열한 것은?

㉠ 호헌 조치
㉡ 직선제 수용 선언
㉢ 국민평화대행진

① ㉠ - ㉡ - ㉢
② ㉡ - ㉢ - ㉠
③ ㉠ - ㉢ - ㉡
④ ㉢ - ㉡ - ㉠

핵심 풀이

09

제1대 총선거
UN 총회에서 결의된 남북한 총선거가 소련의 거부와 북한의 독자정부 수립으로 불가능해지자, 1948년 2월 유엔 소총회에서 남한만의 선거를 결의한 후 제1대 총선거를 치렀다. 이 총선거에는 김구와 김규식 등의 남북 협상파와 좌익 세력이 불참했다.

건국준비위원회
일제의 패색이 짙어지자 여운형은 일본인의 안전 귀국을 담보로 일본으로부터 행정권과 치안권을 넘겨받았다. 건국준비위원회가 전국적으로 결성되어 일제가 물러난 뒤 소요 상태가 생기지 않도록 안정화하였다. 하지만 남북에 소련과 미국이 들어오면서 영향력을 상실했다.

좌우합작위원회
해방 이후 좌우 대립이 격화되면서 분단의 위기감을 느낀 중도파 세력들은 여운형, 김규식을 중심으로 좌우합작위원회를 수립하였다(1946). 좌우합작위원회는 좌우합작 7원칙을 합의하여 제정하였다.

출제기관
2019 한국원자력환경공단[상] 한국남동발전[상]
2018 한국지역난방공사[상]
2017 대구시설공단[하] 평택도시공사[하]

10

6월 항쟁
1987년 시민들의 지속적인 민주화 요구가 직선제 개헌으로 이어진 일련의 사건이다. 6월 10일 민정당 대통령 후보 지명 전당대회 날에 맞춰 전국적인 시위가 일어났다. 6월 9일 이한열 학생이 최루탄을 맞아 숨진 것이 알려지면서 시위의 규모는 더욱 커졌다.

4·13호헌 조치
직선제 개헌을 1988년 올림픽 이후로 미루자는 전두환 대통령의 발표이다.

6·29선언
6·26평화대행진 등 시위의 규모가 국민적 규모로 커지자 시민들의 요구대로 직선제 개헌을 받아들이겠다는 노태우 민정당(여당) 대표의 선언이다. 10월 27일 개헌으로 이어졌다.

출제기관
2022 강원랜드[상]
2021 부산교통공사[상]
2019 지역난방공사[상]
2017 평택도시공사[하] 경기문화재단[하]
2016 한국수력원자력[상]

정답 09 ④ | 10 ③

경제 · 경영

11. 신용등급이 낮은 기업이 발행하는 고위험 채권을 가리키는 말은?

① 정크본드
② 하이브리드 채권
③ 머니마켓펀드
④ 스팟펀드

12. 상품이 판매된 후 추가적인 수요에 의해 발생하는 시장은?

① 애프터마켓
② 스윙마켓
③ 이브닝마켓
④ 로우마켓

핵심 풀이

11

정크본드
'정크(Junk)'는 '쓰레기'라는 뜻으로, '정크본드(Junk Bond)'는 쓰레기 같은 채권을 의미한다. 고위험·고수익 채권으로, 회사채 발행이 불가능한 신용도가 매우 낮은 기업이 발행한 채권이며 열등채라고도 부른다.

하이브리드 채권
채권처럼 매년 확정이자를 받을 수 있고 주식처럼 만기가 없으면서도 매매가 가능한 신종 자본증권으로, 주식과 채권의 중간적 성격을 띤다.

머니마켓펀드(MMF)
펀드를 구성하여 단기성 국공채·우량채 등 안정성 높은 상품에 낮은 수익률을 기대하고 투자하는 것이다. 부도 위험을 줄이기 위해 특정 채권에 5% 이상 투자하는 것이 금지되어 있다.

스팟펀드
초단기 투자전략으로 만기 기간을 정하지 않고 목표수익률을 정하여 그만큼 가치가 오르면 바로 원금과 이익금을 회수하는 상품이다.

출제기관
2021 부천문화재단[하]
2016 부산경제진흥원[상]

12

애프터마켓(Aftermarket)
상품이나 서비스가 판매된 후 이를 유지보수하기 위한 추가적 수요에 의해 발생되는 시장을 말한다. 또는 액세서리 같이 고객의 성향에 따라 상품에 부수적으로 추가할 수 있는 상품들의 시장을 말하기도 한다. 제품 구입 후 고객이 누릴 수 있는 서비스가 기업의 경쟁력이 되면서, 애프터마켓도 큰 성장을 이뤘다. 애프터마켓과 대비되는 신제품 시장은 비포마켓(Beforemaket)이라고 한다.

출제기관
2024 부산광역시공공기관통합채용[상]

정답 11 ① | 12 ①

13

환율이 상승할 때 나타나는 현상이 <u>아닌</u> 것은?

① 물가 안정
② 수출 증가
③ 수입 감소
④ 주가 상승

14

다음 상황과 관련 있는 경제학자는 누구인가?

- 소변기에 그려진 파리
- 전기 사용시간이 표시되는 스위치

① 애덤 스미스
② 소스타인 베블렌
③ 리처드 탈러
④ 빅터 브룸

핵심 풀이

13

환율
국가 간 통화 교환 비율을 나타낸다. 보통 미국 달러를 기준으로 하며, 환율이 오르면 상대적으로 자국 돈의 가치가 하락한다는 것이다. 이때 수입이 줄고 수출이 늘며 외국 자본이 들어와서 주가는 상승하는 반면 인플레이션이 발생한다.

인플레이션
물가가 오르고 유동성이 넘치는 현상으로 경기가 부양되는 특징이 있다. 특정 재화의 가격의 어느 해에 비해 얼마나 비싸졌는지를 나타내는 용어로도 사용된다.

출제기관
2024 한국소비자원[하]
2022 경기대학교[상]
2020 신용보증기금[하] 주택도시보증공사[하] 한국자산관리공사[하]
2019 국민연금공단[상] 한국폴리텍대학[상]
2018 인천항만공사[하] 한국지질자원연구원[하] 지역난방공사[하]

14

리처드 탈러
우회적으로 사람의 행동을 유도하는 방법인 '넛지(Nudge)'의 창시자이자 행동경제학 이론으로 2017년 노벨경제학상을 수상한 미국의 경제학자이다. 넛지의 사례로는 '소변기 안쪽에 파리를 그려 넣었더니 밖으로 튄 소변이 줄어든 것', '전기 스위치에 사용 시간이 표시되게끔 했더니 전기 사용량이 줄은 것' 등이 있다.

애덤 스미스 [NCS]
〈국부론〉을 통해 전 경제학의 기초를 다지고, 자본주의 사회의 원리를 밝혔다. 야경국가론, 노동가치론, 보이지 않는 손 등을 주장하였다.

소스타인 베블렌 [NCS]
미국의 경제학자이자 사회학자인 소스타인 베블렌은 〈유한계급론(1899)〉에서 "상류층계급의 두드러진 소비는 사회적 지위를 과시하기 위하여 자각 없이 행해진다"고 지적했다.

빅터 브룸
조직에서 구성원은 자신의 행위에 기대되는 결과에 따라 행위를 할 것인지를 선택한다는 '기대이론'을 발표했다.

출제기관
2023 보훈교육연구원[상]
2020 광주광역시공공기관통합채용[상]
2019 서울교통공사[하] 한국자산관리공사[상]
2018 서울복지재단[상]

정답 13 ① | 14 ③

15

다음에서 설명하는 예를 적용할 수 있는 경제 용어는?

- 통화한 사람 중 20%와의 통화시간이 총 통화시간의 80%를 차지한다.
- 전체 주가상승률의 80%는 상승기간의 20%의 기간에서 발생한다.
- 20%의 운전자가 전체 교통위반의 80% 정도를 차지한다.

① 엥겔의 법칙
② 파레토의 법칙
③ 세이의 법칙
④ 롱테일의 법칙

16

기업이 제품의 가격은 유지하고 수량과 무게 등만 줄이는 전략은?

① 런치플레이션
② 애그플레이션
③ 슈링크플레이션
④ 스킴플레이션

핵심 풀이

15

파레토의 법칙 [NCS]
전체 결과의 80%가 전체 원인의 20%에서 일어나는 현상을 가리킨다.

엥겔의 법칙
소득이 낮을수록 전체의 생계비에 대한 식료품비가 차지하는 비중이 커진다는 법칙이다.

세이의 법칙
'공급은 스스로 수요를 창조한다'는 이론으로 총공급의 크기가 총수요의 크기를 결정하기 때문에 총공급과 총수요는 언제나 일치하고 그 결과 항상 완전고용이 달성된다는 이론이다. 이는 경제대공황으로 인해 틀렸음이 증명되었다.

롱테일의 법칙 [NCS]
전체 제품의 하위 80%에 해당하는 다수가 상위 20%보다 더 뛰어난 가치를 창출한다는 법칙이다.

출제기관
2023 전라남도공무직통합채용[상]
2021 화성도시공사[상]
2020 한국석유공사[상]
2018 부천시공공기관통합채용[하] 방송통신위원회[상]

16

슈링크플레이션
기업들이 자사 제품의 가격은 유지하고, 대신 수량과 무게·용량만 줄여 사실상 가격을 올리는 전략을 말한다. 영국의 경제학자 '피파 맘그렌'이 제시한 용어로 '줄어들다'라는 뜻의 '슈링크(Shrink)'와 '지속적으로 물가가 상승하는 현상'을 나타내는 '인플레이션(Inflation)'의 합성어다.

런치플레이션
물가가 상승해 직장인들의 점심값 지출이 늘어나는 상황을 뜻하는 용어

애그플레이션
농업을 뜻하는 '애그리컬처(Agriculture)'와 인플레이션을 합친 말로 농산물 가격이 오르면서 일반 물가도 상승하는 현상을 뜻하는 말

스킴플레이션
물가는 상승하나 기업의 상품과 서비스의 질은 외려 떨어지는 현상

출제기관
2024 광주광역시공공기관통합채용[하]
2023 서울시복지재단[상]

정답 15 ② | 16 ③

17

다음 중 마케팅믹스 4P에 포함되지 않는 것은?

① Price
② Place
③ Project
④ Promotion

국제·정치

18

대통령의 법률안 거부권에 대한 설명으로 맞는 것은?

① 법률안재의요구권이라고도 한다.
② 대통령이 국회가 의결한 법률안에 의의가 있을 때 7일 내에 국회에 돌려보낸다.
③ 거부된 법률안을 재의결해 재적의원 과반수 출석과 과반수 찬성하면 법률이 확정된다.
④ 법률안 외에도 예산안 또한 대통령이 거부권을 행사할 수 있다.

핵심 풀이

17

마케팅믹스 4P
마케팅이란 표적시장에서 마케팅 목표를 달성하기 위해 필요한 요소들의 조합을 말한다. 제품(Product), 가격(Price), 유통(Place), 촉진(Promotion)의 요소로 구성되는데, 이 요소들을 조합해서 마케팅 목표를 달성하는 것이 마케팅믹스의 핵심이다.

출제기관
2021 한국보훈복지의료공단[상]
2020 한국시설안전공단[상] 중소기업유통센터[상]
2019 안양창조산업진흥원[상]
2018 수원문화재단[하] 서울복지재단[상] 한국마사회[상] 한국중부발전[상]
2017 한국중부발전[하] 영상물등급위원회[상] 교통안전공단[상]

18

대통령의 법률안 거부권
법률안재의요구권이라고도 불리며, 대통령이 국회에서 의결한 법률안을 거부할 수 있는 권리를 말한다. 법률안에 대해 국회와 정부 간 대립이 있을 때 정부가 대응할 수 있는 강력한 수단이다. 대통령은 15일 내에 법률안에 이의서를 붙여 국회로 돌려보내야 한다. 국회로 돌아온 법률안은 재의결해 재적의원 과반수 출석과 3분의 2 이상이 찬성해야 확정된다. 그러나 대통령은 이 거부권을 법률안이 아닌 예산안에는 행사할 수 없다.

출제기관
2023 한국폴리텍대학[상]

정답 17 ③ | 18 ①

19

해외로 나가 있는 자국 기업들을 각종 세제 혜택과 규제 완화 등을 통해 자국으로 다시 불러들이는 정책을 가리키는 말은?

① 리쇼어링(Reshoring)
② 미란다(Miranda)
③ 엠바고(Embargo)
④ 포퓰리즘(Populism)

19
리쇼어링
해외에 나가 있는 자국기업들을 각종 세제 혜택과 규제 완화 등을 약속하거나 관세장막을 쳐서 자국으로 돌려들이는 정책을 말한다.

미란다
권력자가 자신에 대한 지지도를 올리기 위해 국민의 감정적인 측면을 자극하는 것을 가리킨다. 반대로 합리적이고 이성적인 측면을 자극하여 자신에 대한 지지를 이끌어내는 것을 크레덴다라 한다.

엠바고
정부가 기자에게 발표 자료를 주었으나 기사 발포 시일을 정해 바로 발표하지 못하게 하는 것을 가리킨다. 국제무역에서 일부 혹은 전면적인 통상 거부를 가리키기도 한다.

포퓰리즘
재정·환경을 고려하지 않고 인기에 따라 '퍼주기식' 정책을 펼치는 대중영합주의 정치를 말한다.

출제기관
2021 부산교통공사[상]
2020 중소기업기술정보진흥원[상]
2018 방송통신심의위원회[상] 서울시복지재단[상]

20

독일 최초의 여성 국방부 장관이자 제13대 유럽연합 집행위원장은?

① 마린 르펜
② 우르줄라 폰 데어 라이엔
③ 조르자 멜로니
④ 엘리자베트 보른

20
우르줄라 폰 데어 라이엔
독일의 의사 출신 정치인이다. 2003년 주의원으로 당선되며 정계에 입문했고, 이후 앙겔라 메르켈 내각에서 가족노인여성청소년부 장관과 노동부 장관, 그리고 2013~2019년에는 독일 최초 민간출신이자 여성 국방부 장관을 역임했다. 국방부에서 퇴임 후 중도우파 성향의 유럽국민당(EPP) 소속으로 2019년 12월 유럽연합(EU)의 제13대 집행위원장 자리에 올랐으며, 2024년 7월 연임에 성공했다.

출제기관
2024 부산광역시공무직통합채용[하]

정답 19 ① | 20 ②

21

다음 중 경제협력개발기구(OECD)에 대한 설명으로 옳지 않은 것은?

① 제2차 세계대전 직후 유럽의 경제부흥을 위해 설립된 OEEC가 시초다.
② 미국의 마셜플랜과 관련이 있다.
③ 우리나라는 1996년에 29번째 회원국으로 가입했다.
④ 유럽 지역을 우선으로 한 경제성장과 개발도상국 발전지원을 목표로 한다.

22

다음 중 세계무역기구에 대한 설명으로 틀린 것은?

① 우루과이라운드 이후 1995년에 출범했다.
② 본부는 스위스 제네바에 있다.
③ 국제연합의 산하기구다.
④ 관세 및 무역에 관한 일반협정을 대체한다.

핵심 풀이

21

경제협력개발기구(OECD)
제2차 세계대전 뒤 유럽 각국은 협력체제의 정비가 필요하여 1948년 4월 마셜플랜을 수용하기 위한 기구로서 유럽경제협력기구(OEEC)를 출범시켰다. 이후 1960년 12월 OEEC의 18개 회원국에 추가로 미국·캐나다를 포함해 20개국 각료와 당시 EEC(유럽경제공동체), ECSC(유럽석탄철강공동체), EURATOM(유럽원자력공동체)의 대표들이 모여 '경제협력개발기구조약(OECD조약)'에 서명하고, 1961년에 협정문이 발효됨으로써 탄생하게 됐다. 우리나라는 1996년 12월에 29번째 회원국으로 가입했다. 본부는 프랑스 파리에 있으며, 세계경제성장, 개발도상국 발전지원, 무역확대를 3대 목표로 둔다.

마셜플랜(Marshall Plan)
제2차 세계대전 후, 1947~1951년까지 미국이 서유럽 16개 나라에 행한 대외 원조계획이다. 정식명칭은 유럽부흥계획이지만, 당시 미국의 국무장관이었던 마셜이 최초로 공식 제안하여 그의 이름을 따 마셜플랜이라고 한다.

출제기관
2025 부산항보안공사[하]
2021 고양도시관리공사[상]

22

세계무역기구(WTO)
1994년 우루과이라운드 협상이 마무리되고 마라케시 선언을 공동으로 발표함으로써 1995년 1월 정식 출범하였다. WTO는 1947년 이래 국제무역질서를 규율해오던 '관세 및 무역에 관한 일반협정(GATT)' 체제를 대신하게 되었다. 세계무역분쟁조정, 관세인하 요구, 반덤핑규제 등 막강한 국제적인 법적권한과 구속력을 행사한다. 본부는 스위스 제네바에 있다.

출제기관
2023 공무원연금공단[상]
2022 강서구시설관리공단[하] 인천글로벌캠퍼스[상]
2020 충북대학교[하]

정답 21 ④ | 22 ③

법률·사회

23. 부유한 가정에서 태어나 별 노력 없이도 성공한 삶을 사는 자녀를 뜻하는 말은?

① 눕프
② 킨포크
③ 네포 베이비
④ 텐포켓

24. 우리 헌법에서 보장하고 있는 국민의 5대 기본권에 해당하지 않는 것은?

① 생존권
② 자유권
③ 사회권
④ 평등권

핵심 풀이

23

네포 베이비(Nepo baby)
족벌주의를 뜻하는 네포티즘(Nepotism)과 아기(Baby)를 합친 말로, 우리말로 하면 '금수저'를 뜻한다. 부유하고 유명한 부모에게서 태어나 별 노력 없이 풍족하고 성공적인 삶을 사는 자녀를 의미하는 말이다. 최근 미국에서는 청년층을 비롯한 대중들이 부모의 후광으로 화려한 삶을 사는 네포 베이비에 대한 반감을 느끼는 것으로 보도되기도 했다.

출제기관
2024 부산광역시공공기관통합채용[상]

24

기본권
인간다운 생활을 영위하기 위해 헌법이 보장하는 국민의 권리를 뜻한다. 우리나라 헌법 제10조에서는 인간의 존엄과 가치 및 행복추구권을 기본 이념으로 하며, 평등권, 자유권, 참정권, 사회권, 청구권을 기본권으로 규정하고 있다.

출제기관
2025 부평구문화재단[상]

정답 23 ③ | 24 ①

25

헌법재판소의 관할 업무가 아닌 것은?

① 헌법소원된 법률 심판
② 대통령에 대한 탄핵안 심판
③ 정당 해산에 대한 심판
④ 개헌안에 대한 심판

26

저작권과 관련된 다음 용어에 대한 설명으로 옳지 않은 것은?

① 저작인격권 : 사망 후에도 저작권법에 의해 보호되는 인격권
② 카피레프트 : 무단 사용과 불법복제에 반대하는 운동
③ 세계지적재산권기구 : 유엔 산하의 기구로 전 세계의 지식 재산권을 보호한다.
④ 베른협약 : 저작권의 보호 기간을 50년으로 규정했다.

핵심 풀이

25

헌법재판소
제6공화국 체제에서 국가의 중심을 잡고 입법·사법·행정 사이의 권한을 조율하기 위해 만들어진 별도의 법정이다. 대법원의 명령, 조례 등에 대한 심사, 위헌법률 심사, 헌법소원, 대통령 탄핵, 정당 해산, 권한쟁의 등에 대한 심사를 맡는다.

출제기관
2025 은평구도시공사[상]
2023 경상대학교병원[하]
2020 보훈복지의료공단[상] 의정부시시설관리공단[상]
2019 한국원자력환경공단[상] 근로복지공단[상] 국민연금공단[상] 노원문화재단[상]
2018 수원문화재단[하] 안전보건공단[상] 대구시설관리공단[상] 방송통신심의위원회[상] 한국마사회[상] 한국폴리텍대학[상]

26

카피레프트
저작권(Copyright)에 반대되는 개념으로 지식재산권이 계층 격차 확대를 불러올 것이라 주장하여 정보의 공유를 옹호하는 입장이다.

저작인격권
공표권, 성명 공지권, 동일성 유지권 등 저작자 사망 후에도 저작물을 자신의 것이라 주장할 권리이다. 저작권법에 의해 저작권자가 죽어도 보장되며, 타인에게 양도할 수 없다.

베른협약
예술 저작물의 보호를 위한 국제 협약이다. 가장 최근의 개정 규정은 1971년 파리의정서로 외국에서의 저작권 보호에 대해 다루고 있다. 세계지적재산권기구가 해당 업무를 담당한다.

출제기관
2022 한국수력원자력[하]
2020 농협중앙회[하] 한국서부발전[상] 한국수력원자력[하] 한국토지주택공사[하]
2018 수원문화재단[하] 한국방송공사[상]

정답 25 ④ | 26 ②

인문 · 세계사 · 문화 · 미디어

27 ☑ 오답체크 1회차 2회차

제2차 세계대전 당시 독일 나치 정권이 자행한 유대인 학살을 의미하는 말은?

① 반달리즘
② 아우슈비츠
③ 제노사이드
④ 홀로코스트

28 ☑ 오답체크 1회차 2회차

다음 중 자격루에 대한 설명으로 틀린 것은?

① 조선 세종 때 장영실이 발명한 물시계다.
② 사람이 시계 옆에 상주하며 시간을 파악해야 하는 불편함을 개선했다.
③ 조선의 국가표준시계였다.
④ 장영실이 제작한 자격루는 현재 경복궁에 남아 있다.

핵심 풀이

27

홀로코스트(Holocaust)
제2차 세계대전 당시 독일 나치정권이 저지른 유대인 대학살을 뜻하는 용어다. 홀로코스트는 일반적으로 일정 인종이나 동물을 대량으로 살상하는 행위를 뜻하기도 한다. 나치는 제2차 세계대전 종전까지 600여 만명에 달하는 유대인을 수용소에 가두고 학살하는 등 인류사에 기록될 만행을 저질렀다.

반달리즘(Vandalism)
다른 문화 · 예술 등에 대한 무지로 인해 문화유적 및 공공시설을 파괴하는 행위를 말한다.

제노사이드(Genocide)
우리말로 '집단살해'로 번역되며, 특정 인구집단을 파괴할 목적으로 행해지는 모든 폭력적 행위를 의미한다.

출제기관
2024 대구의료원[상]

28

자격루(自擊漏)
조선 세종 때 장영실이 발명한 물시계로 조선의 국가표준시계 역할을 했다. 이전의 물시계는 물의 부력을 이용해 떠오른 자의 눈금을 사람이 직접 읽어 시간을 파악했는데, 여기에 진일보해 자동으로 때마다 눈금을 읽어 시을 알려주는 시보장치가 탑재됐다. 현재 장영실이 제작한 자격루는 존재하지 않으며 1531년 중종 때 장영실의 자격루를 개량한 것이 덕수궁에 유일하게 남아 있다. 이 시계는 효종 이후부터 조선 말기까지 표준시계로 쓰였다.

출제기관
2024 광주광역시공무직통합채용[하]
2023 부산광역시공공기관통합채용[상]
2021 고양도시관리공사[상]

정답 27 ④ | 28 ④

문학·예체능·기타예술

29

촬영기법 중 카메라를 기울여 사선으로 촬영하는 기법은?

① 버즈아이 뷰
② 더치 앵글
③ 더스트 앵글
④ 아이 레벨 앵글

30

전통과 젊은 세대 특유의 감성이 만나 만들어진 새로운 트렌드를 뜻하는 신조어는?

① 힙트래디션
② 욜로
③ 플로깅
④ 스낵컬처

핵심 풀이

29

더치 앵글(Dutch angle)
카메라를 기울여서 사선으로 촬영하는 기법으로 불안감, 긴장감, 혼란스러운 심리를 표현할 때 많이 사용한다.

버즈아이 뷰(Bird's-eye view)
하늘에서 새가 내려다보는 시선처럼 높은 곳에서 아래를 내려다보는 촬영기법이다.

아이 레벨 앵글(Eye level angle)
가장 보편적인 앵글로 피사체를 눈높이에서 수평으로 바라보는 것이다.

출제기관
2025 수원시공공기관통합채용[상]

30

힙트래디션(Hiptradition)
고유한 개성을 지니면서도 최신 유행에 밝고 신선하다는 뜻의 'hip'과 전통을 뜻하는 'tradition'을 합친 신조어로 우리 전통문화를 재해석해 즐기는 것을 의미한다. 한국의 전통문화를 MZ세대 특유의 감성으로 해석해 새로운 트렌드를 만드는 것으로 최근 SNS를 중심으로 인기를 끌고 있다. 대표적으로 반가사유상 미니어처, 자개소반 모양의 무선충전기 등 전통문화재를 기반으로 디자인된 상품의 판매율이 급증하면서 그 인기를 입증하고 있다.

욜로(YOLO)
현재 자신의 행복을 가장 중시하고 소비하는 태도

플로깅(Plogging)
조깅하면서 길가의 쓰레기를 줍는 환경캠페인

스낵컬처(Snack Culture)
짧은 시간동안 간편하게 즐기는 문화콘텐츠

출제기관
2025 한국폴리텍대학[상]

정답 29 ② | 30 ①

31

다음 중 입체파 화가가 아닌 사람은?

① 알베르토 자코메티
② 빈센트 반 고흐
③ 디에고 리베라
④ 폴 세잔

32

2023년 개봉한 영화 〈서울의 봄〉의 배경이 되는 역사적 사건은?

① 5·16 군사정변
② 12·12 군사반란
③ 사사오입 개헌
④ 5·18 민주화운동

핵심 풀이

31

입체파(Cubism)
현대미술 사조인 입체파는 20세기 초 야수파의 뒤를 이어 프랑스에서 일어났고, 물체의 모양을 분석하고 구조를 연결하여 기하학적으로 재구성한 것으로 유명하다. 대표적 화가로는 파블로 피카소, 폴 세잔, 조르조 브라크, 디에고 리베라, 알베르토 자코메티 등이 있다.

출제기관
2023 부산광역시공공기관통합채용[하]
2022 전라남도공공기관통합채용[하]
2021 동대문구시설관리공단[하]

32

2023년 개봉한 영화 〈서울의 봄〉은 1979년 육군 사조직 '하나회'의 전두환과 노태우가 신군부를 구성해 일으킨 12·12 군사반란의 과정과 결과를 담고 있다. 신군부는 군사반란을 성공시킨 뒤 정권장악을 위해 5·17 내란을 일으켰다. 내각을 총사퇴시키고, 최규하 대통령을 하야하게 해 전두환정부를 수립했다.

출제기관
2024 의정부도시공사[상]

정답 31 ② | 32 ②

33 ☑오답체크 1회차 2회차

다음은 한용운의 시 〈님의 침묵〉의 일부이다. 이 시에 대한 설명으로 <u>틀린</u> 것을 고르시오.

> 님은 갔습니다. 아아, 사랑하는 나의 님은 갔습니다.
> 푸른 산빛을 깨치고 단풍나무 숲을 향하여 난 작은 길을 걸어서 차마 떨치고 갔습니다.
> (중략)
> 아아, 님은 갔지마는 나는 님을 보내지 아니하였습니다.
> 제 곡조를 못 이기는 사랑의 노래는 님의 침묵을 휩싸고 돕니다.

① 이 작품은 1926년에 간행된 한용운의 시집 표제작이다.
② 시에 나타나는 '님'의 의미는 다양하게 해석될 수 있다.
③ 작품은 '침묵의 미학'을 통해 오직 개인의 연애감정을 서정적으로 묘사한다.
④ 이별의 슬픔을 극복하고자 하는 의지를 역설적으로 표현한다.

34 ☑오답체크 1회차 2회차

다음 건축물을 설계한 인물에 대한 설명으로 <u>틀린</u> 것은?

① 스페인 카탈루냐 출신의 인물이다.
② 문제에 제시된 건축물이 완공된 해에 사망했다.
③ 특유의 모자이크로 장식된 구엘 공원을 건축했다.
④ 건축한 작품 중 일곱 작품이 세계문화유산에 등재됐다.

핵심 풀이

33
〈님의 침묵〉
일제강점기 시인인 만해 한용운이 1926년 발표한 작품으로 그가 낸 동명 시집의 표제시이다. 떠난 님에 대한 영원한 사랑을 상징적이고 역설적인 어조로 노래하는 작품이다. 작품 속 '님'은 불교의 진리 혹은 깨달음, 빼앗긴 조국, 헤어진 연인 등 다양하게 해석될 여지가 있다. 이 작품은 '나는 향기로운 님의 말소리에 귀멀고 꽃다운 님의 얼굴에 눈멀었습니다', '아아, 님은 갔지마는 나는 님을 보내지 아니하였습니다'라는 구절을 통해 님에 대한 애타는 마음과 님과의 이별을 극복하고자하는 의지를 역설적으로 드러내고 있다.

출제기관
2025 화성산업진흥원[상]
2020 서대문구도시관리공단[하]
2019 경주문화재단[하]

34
안토니 가우디 이 코르네트
스페인 카탈루냐 지방에서 1852년에 태어난 건축가다. 주로 바르셀로나에서 활동했으며 자연을 닮은 곡선과 특유의 모자이크 기법을 활용한 건축 작품을 만든 것으로 유명하다. 그가 바르셀로나에 1900년 계획·건축한 구엘 공원은 매년 수많은 관광객을 끌어들이고 있다. 문제에 제시된 건축물은 '성가족성당'으로 가우디는 완공을 보지 못하고 1926년 사망했으며, 2026년에 완공될 예정이다. 그의 작품 중 비센스 주택, 구엘 저택, 구엘 공장단지 내 지하경당, 구엘 공원, 카사 바트요, 밀라 주택, 성가족성당 탄생 입면 및 지하경당 등 일곱 작품이 유네스코 세계문화유산에 등재돼 있다.

출제기관
2023 서울시복지재단[상] 전라남도공무직통합채용[상]
2022 김대중컨벤션센터[상]

정답 33 ③ | 34 ②

과학·IT

35

남극의 킹조지섬에 건설한 우리나라 최초의 남극 과학기지는 무엇인가?

① 장보고과학기지
② 세종과학기지
③ 다산과학기지
④ 미르니과학기지

36

물의 끓는점을 다르게 이르는 말은?

① 인화점
② 임계점
③ 이슬점
④ 비등점

핵심풀이

35

세종과학기지
1988년 2월 우리나라는 남극 킹조지섬에 세종과학기지를 건설했다. 우리나라 최초의 남극 과학기지로, 극지환경과 기후변화 등을 연구하고 있다.

장보고과학기지
남극에 위치한 대한민국의 2번째 과학기지로 2014년 2월 완공되었으며 세종과학기지와 달리 남극권의 섬이 아닌 남극 대륙, 북빅토리아랜드 테라노바만 연안에 있다.

다산과학기지
2002년 북극 노르웨이령 스발바르 제도 스피츠베르겐 섬에 세운 대한민국의 과학기지로 북극의 기후와 생물종, 자원에 대한 연구를 하고 있다.

출제기관
2021 광주광역시공공기관통합채용[하]
2020 한국연구재단[상]
2018 서울복지재단[상] 한국폴리텍대학[상]
2017 평택도시공사[하]

36

비등점(Boiling Point)
'끓는점'이라고도 부르며, 액체 물질의 증기압이 외부의 압력과 '비등'해져 끓기 시작하는 온도를 뜻한다. 비등점은 물질마다 고유한 값을 갖고 있다. 아울러 비등점은 외부 압력과 관련이 있으므로, 기압이 낮은 산 정상 등에서는 낮아지게 된다.

출제기관
2024 대전광역시공공기관통합채용[상]

정답 35 ② | 36 ④

37

인터넷 주소창에 사용하는 'HTTP'의 의미는?

① 인터넷 네트워크망
② 인터넷 데이터 통신규약
③ 종합디지털서비스망
④ 전자상거래 프로토콜

37
HTTP
Hypertext Transfer Protocol의 약자이다. WWW상에서 클라이언트와 서버 사이에 정보를 주고받는 요청-응답 프로토콜로 인터넷 데이터 통신규약이다. 클라이언트인 웹브라우저가 HTTP를 통해서 서버로부터 웹페이지나 그림 정보를 요청하면, 서버는 이 요청에 응답하여 필요한 정보를 해당 사용자에게 전달하게 된다.

ISDN
Integrated Sevices Digital Network의 약자이다. 종합 디지털서비스망이라고도 하며, 각종 서비스를 일원화해 통신·방송서비스의 통합, 효율성 극대화, 저렴화를 추구하는 종합통신네트워크이다.

SHTTP
전자상거래용 암호화 프로토콜을 가리킨다.

출제기관
2020 부산환경공단[상] 한국전기안전공사[상]
2018 금융결제원[하] 한국도로공사[하] 방송통신심의위원회[상]
2017 서울교통공사[하]
2016 한국공항공사[상]

38

대형 인공지능 모델이 가진 지식을 작은 모델이 학습하여 경량화·최적화하는 기술은?

① 학습증류
② 지식증류
③ 강화학습
④ 연합학습

38
지식증류(Knowledge Distillation)
큰 인공지능 모델(Teacher Model)에서 학습된 지식을 작은 모델(Student Model)로 전수하는 과정을 말한다. 대형 인공지능 신경망은 높은 성능을 내지만 계산량이 많고 메모리 사용도 많기 때문에 실제 서비스 적용에 부담이 된다. 이를 해결하기 위해 큰 모델의 출력(예측 확률분포 등)을 작은 모델이 모방하도록 학습시키는 방식이다.

출제기관
2025 한국폴리텍대학[상]

정답 37 ② | 38 ②

우리말·한자

39

다음 중 띄어쓰기의 원칙에 맞게 사용된 문장은?

① 네 말을 듣고 보니 그럴듯하다.
② 변덕이 죽 끓 듯하다.
③ 구름에 달 가 듯 가는 나그네
④ 죽일듯이 달려들었다.

40

다음 문장에서 밑줄 친 단어 중 고유어가 아닌 것은?

① 가족 나들이를 위해 집을 나섰다.
② 마을 어귀에 다다르니 마중을 나온 동생이 보였다.
③ 나는 진심으로 그의 성공을 기원했다.
④ 우리의 간절한 바람은 그의 무사귀환이었다.

핵심 풀이

39

'듯하다 – 듯 하다'

'듯'은 어간 뒤에 올 경우 붙여 쓰고 관형형 뒤에 올 경우 띄어 쓴다. 어간의 뒤에 올 경우 뒤의 '하다'와 붙여 쓰는 것이 허용된다. '죽일 듯이'에서 '–일'은 '–할, –는'처럼 용언을 관형화하는 어미이므로 뒤의 '듯'은 띄어 쓴다. 보듯, 가듯처럼 용어 뒤에 '듯'이 올 경우 붙여 쓰고 뒤에 '하다'가 올 경우 '끓듯하다'처럼 붙여 쓰는 것이 허용된다. '그럴듯하다'가 '제법 훌륭하다'의 의미라면 한 단어로 쓰는 것이 맞으나 단순히 '그럴 것 같다'의 의미라면 띄어 쓰되 붙여 쓸 수 있다.

출제기관
2020 광주광역시공공기관통합채용[상] 부산교통공사[상]
한국철도공사[하]
2019 한국폴리텍대학[상]
2018 한국폴리텍대학[상]

40

'진심(眞心)'은 한자어이고, 나머지 '나들이, 마중, 바람'은 고유어이다.

주요 고유어(순우리말)
- 갈무리 : 물건을 잘 정리하여 간수하다.
- 꺼병이 : 꿩의 어린 새끼. 옷차림 등의 겉모습이 잘 어울리지 않고 거칠게 생긴 사람
- 뜨악하다 : 마음이 선뜻 내키지 않아 꺼림칙하고 싫다.
- 마뜩하다 : 제법 마음에 들 만하다.
- 바야흐로 : 이제 한창. 또는 지금 바로
- 시나브로 : 알지 못하는 사이에 조금씩
- 아니꼽다 : 하는 말이나 행동이 눈에 거슬려 불쾌하다.
- 윤슬 : 달빛이나 햇빛에 비쳐 반짝이는 잔물결
- 함초롬하다 : 젖거나 서려 있는 모습이 가지런하고 차분하다.
- 날짜를 세는 순우리말 : 하루(1일), 이틀(2일), 사흘(3일), 나흘(4일), 닷새(5일), 엿새(6일), 이레(7일), 여드레(8일), 아흐레(9일), 열흘(10일)

출제기관
2025 은평구도시공사[상]
2023 부산광역시공무직통합채용[하] 인천보훈병원[하]

정답 39 ① | 40 ③

문제 유형 살펴보기

단답형

01 고려 왕 (　　)은/는 최승로의 시무 28조를 받아들여 유교를 통치이념으로 세웠다.

02 기업들이 상품의 가격은 유지하고, 대신 수량과 용량만 줄여 사실상 가격을 올리는 전략은?

03 조선 연산군이 생모인 폐비 윤씨의 죽음에 대신들이 연관된 것을 알게 되면서 1504년 (　　)이/가 발생했다.

04 (　　)은/는 19세기 맺어진 예술 저작물의 보호를 위한 국제 협약으로 가장 최근의 개정 규정은 1971년 파리의정서이다.

05 '넛지'의 창시자이자 행동경제학 이론으로 2017년 노벨경제학상을 수상한 경제학자는?

> **정답** 1. 성종 2. 슈링크플레이션 3. 갑자사화 4. 베른협약 5. 리처드 탈러

약술형 다음 용어에 대해 약술하시오.

01 반달리즘

02 런치플레이션

03 리쇼어링

04 그레샴의 법칙

> **정답**
>
> **1. 반달리즘**
> 다른 문화·예술 등에 대한 무지로 인해 문화유적 및 공공시설을 파괴하는 행위이다.
>
> **2. 런치플레이션**
> 물가상승으로 직장인들의 점심값 지출이 늘어나는 상황을 뜻하는 용어이다.
>
> **3. 리쇼어링**
> 해외로 나간 자국 기업을 각종 혜택을 주고 규제를 완화해 다시 불러들이는 정책이다.
>
> **4. 그레샴의 법칙**
> 소재의 가치가 높은 화폐는 유통시장에서 사라지고 소재의 가치가 낮은 화폐만 유통된다는 법칙이다.

NCS

01 다음 밑줄 친 '법칙'에 부합하는 사례로 알맞은 것은?

> 돈이 되는 20%의 고객이나 상품만 있으면 80%의 수익이 보장된다는 파레토의 법칙이 그간 진리로 여겨졌다. 그런데 최근 롱테일(Long Tail)의 법칙이라는 새로운 개념이 자리를 잡고 있다. 하위 80%가 상위 20%보다 더 많은 수익을 낸다는 법칙이다. 한마디로 '티끌 모아 태산'이 가능하다는 것이다.

① A은행은 VIP 전용 창구를 확대하였다.
② B기업은 생산량을 늘려 단위당 생산비를 낮추었다.
③ C인터넷 서점은 소량만 팔리는 책이라도 진열한다.
④ D극장은 주말 요금을 평일 요금보다 20% 인상하였다.
⑤ E학원은 인기가 없는 과목은 더는 강의를 열지 않도록 했다.

02 다음 글의 내용과 일치하는 것은?

> 소비 자본주의의 화두는 이제 과소비가 아니라 과시 소비라 할 수 있다. 과시 소비의 중심에는 신분의 논리가 있다. 신분의 논리는 유용성의 논리, 나아가 시장의 논리로 설명되지 않는 것들을 설명해준다. 혈통으로 이어지던 폐쇄적 계층 사회는 소비 행위에 대해 계급에 근거한 제한을 부여했다. 먼 옛날 부족 사회에서 수장들만이 걸칠 수 있었던 장신구부터, 아무리 권문세가의 정승이라도 아흔아홉 칸을 넘을 수 없던 집이 좋은 예이다. 권력을 가진 자는 힘을 통해 자기의 취향을 주위 사람들과 분리시킴으로써 경외감을 강요하고, 그렇게 자기 취향을 과시함으로써 잠재적 경쟁자들을 통제한 것이다.
> 가시적 신분 제도가 사라진 현대 사회에서도 이러한 신분의 논리는 여전히 유효하다. 이제 개인은 소비를 통해 자신의 물질적 부를 표현함으로써 신분을 과시하려 한다.

① '보이지 않는 손'에 의한 소비 이론은 오늘날에 와서 치명적 모순이 있음이 발견되었다.
② 현대 사회에서 소비자의 행위는 더 이상 생존 욕구와는 상관이 없다.
③ 유용성의 논리로 과시 소비 현상을 설명할 수 있다.
④ 폐쇄적 계층 사회에서는 소비를 통제하여 과시적 소비가 발생하지 않았다.
⑤ 소스타인 베블렌의 주장과 일치한다.

정답

1. ③ 다품종을 소량 판매하는 전략이 구사되는 것은 ③뿐이다.
   - 롱테일의 법칙 : 전체 제품의 하위 80%에 해당하는 다수가 상위 20%보다 더 뛰어난 가치를 창출한다는 법칙
2. ⑤ 소비의 과시성과 그 중심의 신분의 논리를 짚은 것은 소스타인 베블렌의 주장과 일치한다.
   - 소스타인 베블렌 : 미국의 경제학자이자 사회학자인 소스타인 베블렌은 〈유한계급론〉(1899)에서 "상류층 계급의 두드러진 소비는 사회적 지위를 과시하기 위하여 자각 없이 행해진다"고 지적했다.

공기업 기출 분석

6회차 분야별 핵심 키워드 40문제

한국사

01 ✓오답체크 1회차 2회차

다음의 도구를 사용한 시대가 나머지와 다른 것은?

①
②
③
④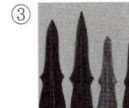

✓정답체크
1회	2회
① ③	① ③
② ④	② ④

핵심 풀이

01
①은 청동기시대 유물 민무늬 토기, ③은 청동기시대 유물 비파형 동검, ④는 청동기시대 유물 반달돌칼이다. ②는 초기 철기시대의 유물 세형 동검이다. 세형 동검은 한반도에서만 나타나는 특징을 보인다.

철기시대
기원전 5세기경 위만조선·삼한 시대에 발달하였다. 철제 농기구, 세형 동검, 잔무늬 거울 등의 유물이 있다. 중국으로부터 명도전과 붓이 들어왔다.

청동기시대
신석기시대에서 더욱 발전하여 벼농사를 시작하여 계급, 족장 등이 생겼다. 비파형 동검, 청동 곡옥·방울, 부채도끼, 석관, 반달돌칼, 민무늬 토기, 미송리식 토기, 고인돌 등이 유물로 남아 있다.

출제기관
2025 부산항보안공사[하]
2020 한국산업인력공단[하]
2019 경기도공공기관열린채용[상] 보훈복지의료공단[상] 한국남동발전[상]
2018 한국폴리텍대학[상]
2017 한국산업인력공단[상]

---

02 ✓오답체크 1회차 2회차

국가와 사용 연호의 연결이 올바르지 않은 것은?

① 고구려 – 영락
② 신라 – 건원
③ 발해 – 인안
④ 백제 – 개국

✓정답체크
1회	2회
① ③	① ③
② ④	② ④

02
주요 연호 정리
- 신라 : 법흥왕 – 건원, 진흥왕 – 개국
- 고구려 : 광개토대왕 – 영락
- 발해 : 무왕 – 인안, 문왕 – 대흥
- 고려 : 태조 – 천수, 광종 – 광덕·준풍
- 대한제국 : 고종 – 건양·광무

출제기관
2020 한국산업단지공단[하]
2019 한국중부발전[상] 한국수력원자력[상] 한국지역난방공사[상]
2018 한국폴리텍대학[상] 한국지역난방공사[상] 한국중부발전[상]

정답 01 ② | 02 ④

03

고대 한반도의 국가인 삼한에 대한 설명으로 옳지 않은 것은?

① 신지, 읍차 등의 제사장이 종교를 담당하였다.
② 수릿날, 계절제 등의 제천행사를 개최했다.
③ 일부 국가의 경우 철기 문명이 발달해 철을 화폐로 사용하기도 했다.
④ 크게 마한·진한·변한의 3개 국가로 이뤄졌으며 각 국가는 수많은 부족국가로 이뤄진 연맹체였다.

04

다음 중 고구려 장수왕의 업적이 아닌 것은?

① 평양으로 천도해 남진정책을 강화했다.
② 한강 유역까지 세력을 확장했다.
③ 율령을 반포해 중앙 집권적 체제를 세웠다.
④ 광개토대왕릉비와 충주고구려비를 건립했다.

핵심 풀이

03

삼한
신지, 읍차 등의 군장이 정치를 담당하고 소도의 천군이 제사를 담당하는 제정분리 사회였다. 소도는 신성시되어 범죄자가 소도로 도망올 경우 처벌할 수 없는 풍습이 있었다. 벼농사를 지어 5월에는 수릿날, 10월에는 계절제를 제천행사로 결했다. 변한 등의 경우 철을 생산하여 낙랑·일본 등에 수출하였으며 철을 화폐로 이용하기도 했다.

출제기관
2025 부산광역시공무직통합채용[하]
2024 부산광역시공공기관통합채용[상]
2022 중소기업유통센터[하] 한국산업인력공단[하] 한국산업단지공단[상]
2021 의정부시시설관리공단[상]
2020 한국산업단지공단[하]
2017 한국중부발전[하] 한국산업인력공단[상]

04

고구려의 율령은 17대 국왕인 소수림왕이 반포했다.

장수왕
고구려 20대 국왕인 장수왕은 남진정책을 펴서 평양으로 천도했으며, 한강 유역을 점령하여 세력을 확장했다. 선왕을 기리고, 왕권을 강화하기 위해 광개토대왕릉비와 충주고구려비를 건립했다. 또한, 중국의 연호 대신 연가, 연수, 건흥 등 독자적인 연호를 사용했다.

출제기관
2025 부산광역시공무직통합채용[하]
2021 광주도시철도공사[상] 오산문화재단[상]

정답 03 ① | 04 ③

05

다음 중 삼국사기와 삼국유사에 대한 설명으로 옳지 않은 것은?

① 삼국사기와 삼국유사 모두 고려시대에 편찬됐다.
② 삼국사기는 문벌귀족인 김부식이 저술했다.
③ 삼국사기는 유교적 합리주의, 삼국유사는 불교사를 바탕으로 자주의식을 드러낸다.
④ 삼국유사는 고려가 신라를 계승했다는 인식을 담고 있다.

06

다음 이규보의 글의 내용과 관련 있는 문화재에 대한 설명으로 옳은 것은?

> 신통한 힘을 빌려주어 완악한 오랑캐가 멀리 도망가서 다시는 우리 국토를 짓밟는 일이 없게 해주십시오. 전쟁이 그치고 전국이 평안하며, 나라의 국운이 만세토록 유지되게 해주소서.

① 자장의 건의로 만들어졌다.
② 경상남도 합천 해인사에 보관되어 있다.
③ 현존하는 최고(最古)의 금속 활자본이다.
④ 배중손 등이 제주도에서 원나라에 항전하던 시기에 만들어졌다.

핵심 풀이

05

삼국사기
고려 인종의 명을 받은 김부식 등이 편찬했는데 이는 현존하는 최고(最古)의 역사서로서 유교적 합리주의 사관에 기초하여 기전체(인물을 중심으로 서술하는 방식) 형식으로 서술됐으며 신라 계승 의식을 많이 반영하고 있다.

삼국유사
고려 원 간섭기에 승려 일연이 쓴 역사서로 불교사를 바탕으로 기록돼 왕력과 함께 기이(紀異)편을 두어 고대의 민간 설화나 전래기록을 수록하였다. 삼국사기와 달리 고구려 계승의식을 담고 있고, 특히 단군을 우리 민족의 시조로 여겨 단군 건국설화를 수록했다.

출제기관
2025 강서구시설관리공단[하]
2024 수원시공공기관통합채용[상]
2021 한국폴리텍대학[상]

06

이규보는 〈대장경각판군신기고문(大藏刻板君臣祈告文)〉을 지어 대장경판 제작의 이유를 밝혔다.

〈팔만대장경〉
해인사에 보관되어 있다. 몽골의 침입 당시 강화도로 천도한 고려 정부가 부처의 힘으로 몽골군을 물리치고자 1251년까지 16년에 걸쳐 제작하였다. 세계에서 가장 우수한 대장경으로 꼽히며 2007년에는 유네스코 세계기록유산으로 지정되었다.

황룡사 구층 목탑
신라 선덕여왕 대에 승려 자장 대사의 건의로 주변 9개 민족의 침략을 부처의 힘으로 막겠다는 의미가 담긴 황룡사 구층 목탑을 건립하였다.

〈직지심체요절〉
1377년에 청주 흥덕사에서 간행한 현존하는 세계 최고(最古)의 금속 활자본으로 공인받고 있으며, 현재 프랑스 국립 도서관에 소장되어 있다.

삼별초
최우의 친위대 야별초에서 무신들의 무장세력으로 발전한 군사단체이다. 원종의 항복 이전에는 도방의 친위군적 성격을 띠었으며 원종의 원나라 항복 이후에는 제주도로 옮겨가 항거하였다(1273).

출제기관
2022 인천보훈병원[하]
2019 보훈복지의료공단[상] 한국폴리텍대학[상]
2018 한국산업인력공단[상]
2017 한국관광공사[하]
2016 해양환경관리공단[상]

정답 05 ④ | 06 ②

07 ✓오답체크 1회차 2회차

다음 활동을 한 인물에 대한 설명으로 옳은 것은?

- 위화도회군으로 권력을 장악함
- 정도전 등과 함께 개혁을 추진함
- 조선을 건국함

① 황산에서 왜구를 격퇴했다.
② 〈조선경국전〉을 편찬했다.
③ 우산국을 정벌했다.
④ 전민변정도감을 설치했다.

08 ✓오답체크 1회차 2회차

다음 중 조선 말 위정척사파에 대한 설명으로 옳은 것은?

① 최익현은 주전론(主戰論)을 건의하였고 위정척사론을 담은 〈화서집(華西集)〉을 저술하였다.
② 병인양요 이후 형성되기 시작하였다.
③ 을사늑약 이후에는 일본과 협력하여 친일 행보를 보인다.
④ 흥선대원군의 내부 개혁적 성격으로 사이가 좋았다.

핵심 풀이

07

태조 이성계
고려 말 우왕 때 요동정벌이 추진됐으나, 지리산 인근 황산에서 왜구를 크게 물리친 황산대첩(1380) 등으로 입지를 다진 이성계는 4불가론을 제시하며 반대했다. 그러나 왕명에 따라 출병하게 됐는데, 결국 의주 부근의 위화도에서 군사를 돌려 개경으로 회군하면서 최영 등 반대파를 제거하고 권력을 장악했다. 이후 정도전, 남은 등 신진사대부들과 함께 유교사상을 바탕으로 개혁을 단행했으며 마침내 1392년 공양왕을 쫓아내고 조선을 건국했다.

출제기관
2023 부산광역시공공기관통합채용[상]
2016 허양환경관리공단[상]

08

위정척사파
구한말 성리학적 질서에 따른 사회를 지키기 위해 결성된 단체이다. 천주교 박해인 병인박해와 병인양요를 겪으면서 결성되었다. 이후 천주교·동학교·실학에 대한 박해를 주도했으며, 을사늑약 이후에는 항일의병운동을 전개했다.

이항로
조선 후기 문신으로 위정척사파의 일원이기도 했다. 호는 화서(華西)로 위정척사의 성리학적 사상을 담은 시문집인 화서집(華西集)을 저술한 것으로 유명하다.

흥선대원군
흥선대원군은 세도 정치로 인해 혼란에 빠진 국가 체제를 복구하고 왕권을 회복하고자 하였다. 국가의 재정을 확보하기 위해 양반에게도 군포를 부과하는 호포제를 시행하였으며, 사창제를 시행하여 환곡의 폐단을 해결하고자 하였다. 또한 임진왜란 때 불에 타서 방치된 경복궁을 중건하였고, 비변사를 폐지한 후 의정부와 삼군부를 부활시켜 왕권을 강화하였다. 대외적으로는 전국에 척화비를 세우고, 외세 열강과의 통상 수교 거부 정책을 확고히 하였다.

출제기관
2018 수원문화재단[하] 한국중부발전[상]
2017 경기문화재단[하] 한국서부발전[상] 서울시설공단[상]
2016 공무원연금공단[상] 서울도시철도공사[상]

정답 07 ① | 08 ②

09

다음 지역 중 일제강점기에 임시정부가 들어서지 <u>않은</u> 곳은 어디인가?

① 상해
② 한성
③ 연해주
④ 만주

10

다음 사건을 발생한 순서대로 옳게 나열한 것은?

> ㄱ. 5 · 18 민주화운동
> ㄴ. 6월 민주항쟁
> ㄷ. 12 · 12 군사반란
> ㄹ. 4 · 13 호헌조치

① ㄱ → ㄴ → ㄷ → ㄹ
② ㄷ → ㄱ → ㄹ → ㄴ
③ ㄷ → ㄹ → ㄱ → ㄴ
④ ㄹ → ㄷ → ㄱ → ㄴ

핵심 풀이

09

대한국민의회
한일병합(1910)으로 대한제국을 이탈한 주민들은 러시아 연해주로 많이 피신하여 1919년쯤엔 약 10만의 조선인 주민이 거주하고 있었다. 문창범 등은 1919년 연해주 지역에 대한국민의회라는 조선인 자치정부를 설립했다. 이들은 러시아 정부로부터 승인을 받기도 했다.

대한민국 임시정부
대한국민의회가 연해주에서 설립되자 상해와 한성에도 임시정부가 설립되었다. 이들은 전부 1919년에 설립되었으며 1919년 9월 11일 이들 모두를 합쳐 상해에 대한민국 임시정부를 세웠다. 우리나라 최초의 민주공화정체로서 1대 대통령은 이승만, 2대 대통령은 박은식이었다. 연통제 실시와 군자금 조달, 애국공채 발행, 독립신문 간행 등 독립운동의 중요한 역할을 담당하는 대표기관이었다.

출제기관
2022 한국폴리텍대학[상]
2020 서울시설공단[하]
2019 한국폴리텍대학[상] 보훈복지의료공단[상]
2018 방송통신심의위원회[상]
2016 해양환경관리공단[상]

10

전두환을 비롯한 신군부 세력의 1979년 (ㄷ) 12 · 12 군사반란에 저항해 '서울의 봄'이라는 대규모 민주화 운동이 일어나자 신군부는 비상계엄 조치를 전국적으로 확대했다. 비상계엄 해제와 신군부 퇴진, 김대중 석방 등을 요구하는 광주 시민들의 항거가 이어지자 신군부는 공수부대를 동원한 무력진압을 강행하였고, 학생과 시민들이 자발적으로 시민군을 조직해 대항하면서 1980년 (ㄱ) 5 · 18 민주화운동이 격화됐다. 이후 1987년 박종철 고문치사 사건과 (ㄹ) 4 · 13 호헌조치에 반발하여 대통령 직선제 개헌과 민주 헌법 제정을 요구하는 (ㄴ) 6월 민주항쟁이 전개됐다. 시위가 전국적으로 확산되면서 호헌 철폐와 독재 타도를 요구하는 6 · 10 국민대회가 개최됐다.

출제기관
2025 수원시공공기관통합채용[상]

정답 09 ④ | 10 ②

경제·경영

11

기업 가치를 높인 뒤 되팔아 수익을 챙기는 투자펀드를 무엇이라고 하는가?

① 사모펀드
② 엄브렐라펀드
③ 역모기지론
④ 바이아웃펀드

12

적대적 M&A 그룹이 자사 주식 매수를 준비한다는 소식을 들었을 때 취할 수 있는 경영권 방어 행위와 가장 거리가 먼 것은?

① 포이즌 필
② 백기사
③ 황금낙하산
④ 숏커버링

핵심 풀이

11

바이아웃펀드
일반적으로 LBO라고 불리며 차입이나 채권 발행을 통해 조달한 자금으로 기업을 인수한 후 가치를 높여 비싸게 되판다.

사모펀드
소수의 투자자로부터 모은 자금을 주식이나 채권 등에 운용하는 펀드

엄브렐라펀드
성격이 다른 여러 개의 하위 펀드들 사이에 전환이 자유로운 펀드

역모기지론
집을 소유했으나 소득이 부족한 노년층에게 집을 담보로 연금을 보장하는 제도이다.

출제기관
2021 동대문구시설관리공단[하]
2020 전라남도공공기관통합채용[하]
2018 영화진흥위원회[하]
2017 부천시공공기관통합채용[하]

12

숏커버링
주식이 없는 상태에서 주식을 판매(공매도)한 뒤 양도 기일이 다가와 주식을 매집하는 것이다. 일반적으로 숏커버링이 이뤄지기 전에 주가가 저점을 찍고 오르는 현상을 보인다.

포이즌 필 NCS
적대적 M&A 세력이 일정 이상 지분을 보유할 경우 다른 주주에게 헐값에 주식을 사들이게 해서 M&A 세력이 보유한 지분의 가치를 떨어뜨리는 것이다.

백기사
우호적인 제3자에게 매수 결정에 필요한 정보 등 편의를 제공해 주고 매수오퍼를 진행하는 것이다.

황금낙하산
인수 대상 기업의 CEO가 거액의 퇴직금, 저가(低價)에 의한 주식매입권(스톡옵션) 등의 권리를 사전에 고용계약에 기재하여 안정성을 확보하고 동시에 기업의 인수 비용을 높이는 방법이다.

출제기관
2020 소상공인시장진흥공단[상]
2019 방송통신심의위원회[상]
2018 서울시설공단[하]

정답 11 ④ | 12 ④

13

다음 중 우리나라의 주식시장에 해당하지 <u>않는</u> 것은?

① 코스넷
② 코스닥
③ 코스피
④ K-OTC

핵심 풀이

13

코스닥
상대적으로 규모와 수익은 작지만 성장 가능성이 높은 기업이 상장되어 있는 시장

코스피
주로 대기업이 상장되어 있는 주식시장

K-OTC
금융투자협회가 운영하는 한국장외주식시장으로 기관·전문 투자자 전용 비상장주식시장

출제기관
2025 종로구시설관리공단[상]

14

노동 유형군을 가리키는 다음의 용어 중 '노동시간'과 관련 있는 것은 무엇인가?

① 그레이칼라
② 뉴칼라
③ 퍼플칼라
④ 논칼라

14

퍼플칼라
근무시간과 장소가 자유로워 일과 가정을 함께 돌보면서 일할 수 있는 노동자를 말한다. 적은 시간 동안 일하면 보수가 적지만 정규직으로서의 직업 안정성과 경력을 보장받는다는 점에서 파트타임, 비정규직과는 다르다.

그레이칼라
종래의 블루칼라와 달리 컴퓨터나 기계에 의해 노동이 전산화되어 블루칼라나 화이트칼라적 성격의 직업에 종사하는 사람들을 말한다.

뉴칼라
블루칼라도 화이트칼라도 아닌 새로운 노동 계급으로 학력에 상관없이 IT 시대에 걸맞은 교육을 받은 인재를 가리킨다.

논칼라
무색세대라고도 불리며, 산업의 구조 변화로 인해 등장한 컴퓨터 작업 세대를 일컫는다.

출제기관
2022 한국수력원자력[상]
2018 영화진흥위원회[하] 한국폴리텍대학[상]
2017 광주보훈병원[하]

정답 13 ① | 14 ③

15

2023년 상반기 뉴욕증시를 이끈 7개의 빅테크 기업을 뜻하는 용어는?

① FANG
② 매그니피센트 7
③ FAAMG
④ BATMMAAN

16

경제학에서 자주 사용되는 용어 '도덕적 해이(Moral Hazard)'와 가장 관계가 적은 것은?

① 보험 가입자들의 비양심적인 보험금 타기 행위
② 은행 예금 가입자들의 동시 예금인출 행위
③ 파산 기업가들의 자기재산 우선 챙기기
④ 노동자들의 무책임한 파업

15

매그니피센트 7
2023년 미국 연방준비제도(Fed, 연준)의 금리인상 속도조절에 대한 기대감과 인공지능(AI) 열풍의 영향으로 주가가 급등한 알파벳, 애플, 메타(구 페이스북), 마이크로소프트, 아마존, 엔비디아, 테슬라 등 7개 기술기업을 일컫는 말이다. '매그니피센트(magnificent)'란 '참으로 아름다운', '훌륭한'이라는 뜻이고, 매그니피센트 7은 '훌륭한 7개 주식'이라는 뜻이다.

FANG
미국 IT업계를 선도하는 페이스북, 아마존, 넷플릭스, 구글 등 4가 기업을 말함

FAAMG
페이스북, 아마존, 애플, 마이크로소프트, 구글 등 5개 빅테크 기업을 말함

배트만(BATMMAAN)
2025년 미국 증시를 주도할 8대 기업을 뜻하며, 매그니피센트 7에 브로드컴이 추가된 것

출제기관
2025 화성산업진흥원[상]

16

도덕적 해이(Moral Hazard) NCS
도덕적 해이는 제도적 보장만 믿고 최선을 다하지 않고 일부러 게을리 하는 것을 말한다. 최근에는 모든 경제 주체에게 적용되는 용어로 사용되고 있다. 보험 시장에서 보험사가 정부의 지원을 기대하고 최악의 상황을 의도적으로 생각하지 않는 것이 기원이다.

출제기관
2022 서울교통공사[하]
2019 국민연금공단[상]
2018 한국수력원자력[상] 보훈복지의료공단[상]

정답 15 ② | 16 ②

17

다음 중 영국의 베버리지 보고서에서 정의한 5대 사회악에 해당하지 않는 것은?

① 불결
② 태만
③ 불신
④ 궁핍

핵심 풀이

17

베버리지 보고서
영국의 경제학자인 윌리엄 베버리지(William Henry Beveridge)가 사회보장에 관한 문제를 조사·연구한 보고이다. 이 보고서는 국민의 최저 생활 보장을 목적으로 5대 사회악의 퇴치를 주장하였으며 사회보장제도의 원칙을 제시했다. 베버리지는 궁핍(Want), 질병(Disease), 무지(Ignorance), 불결(Squalor), 태만(Idleness), 다섯 가지가 인간생활의 안정을 위협하는 사회악이라고 정의했다.

출제기관
2024 대구의료원[상]
2023 서울시복지재단[상] 중앙보훈병원[상]
2021 서울공공보건의료재단[상]
2018 용인도시공사[상]
2017 경기문화재단[하] 경기콘텐츠진흥원[상]

국제·정치

18

정부의 부당한 행정조치를 감시하고 조사하는 일종의 행정통제제도는?

① 데마고그 제도
② 미란다 제도
③ 옴부즈만 제도
④ 크레덴다 제도

18

옴부즈만 제도(Ombudsman System)
입법부와 법원이 가지고 있는 행정 통제의 고유 권한이 제 기능을 발휘하지 못함에 따라 이를 보완하고 보다 적극적으로 국민의 이익을 보호하려는 취지에서 1809년 스웨덴에서 처음 창설된 대국민 절대 보호 제도이다. 옴부즈만과 비슷한 제도로 우리나라에는 '국민권익위원회'가 있다.

출제기관
2023 보훈교육연구원[상]
2022 광명도시공사[하]
2018 한국문화예술위원회[상]

정답 17 ③ | 18 ③

19

다음 중 중대선거구제에 대한 설명으로 틀린 것은?

① 사표가 많이 발생하게 된다.
② 지역구마다 2~5명의 의원을 선출하는 방식이다.
③ 유권자의 민의가 충분히 반영되지 않는다.
④ 많은 군소정당의 후보가 선거에 뛰어들게 된다.

19

중대선거구제
지역구당 2~5명의 의원을 뽑는 방식이다. 중대선거구제에서는 지역구의 범위가 넓어지는데, 예를 들어 한 개 도에 10개의 지역구가 있다면 이를 북부와 남부라는 2개의 커다란 지역구로 통합한다. 지역구마다 2~5명의 의원이 선출되기 때문에 유권자 입장에서는 선택의 폭이 넓어지고, 당선자 선출에 기여하지 못하는 사표(死票)가 줄어든다. 유권자의 정치적 효능감도 커지게 된다. 그러나 유권자의 민의(民意)가 충분히 반영되지 않고, 군소정당의 후보들이 선거판에 난립할 수 있다는 단점도 있다. 지역구가 넓어 선거비용도 비교적 많이 들게 된다.

출제기관
2024 대전도시공사[하] 한국폴리텍대학[상]

20

재정·실현가능성은 생각하지 않는 대중영합주의 정치를 뜻하는 말은?

① 포퓰리즘
② 프리거니즘
③ 리버테리아니즘
④ 맨해트니즘

20

포퓰리즘(Populism)
대중의 의견을 존중하고, 대중의 이익을 대변하는 방향으로 정치 활동을 펼치는 것을 말한다. 또한 재정이나 환경 또는 실현가능성을 고려하지 않고 인기에 따라 '퍼주기식' 정책을 펼치는 대중영합주의 정치를 뜻하기도 한다.

프리거니즘(Freeganism)
환경보호를 위해 버려진 음식물에서 채소 따위의 식량을 얻어 소비하며 물질주의와 세계화에 반대하는 이념

리버테리아니즘(Libertarianism)
자유지상주의라 불리며 개인의 자유를 최우선의 가치로 삼는 이념

맨해트니즘(Manhattanism)
도시에 건축할 공간이 점점 줄어 초고층의 건물만 늘어나는 현상

출제기관
2024 한국폴리텍대학[상]
2022 전라남도공무직통합채용[하] 한국폴리텍대학[상]

정답 19 ① | 20 ①

21

다음 중 데프콘에 대한 설명으로 옳은 것은?

① 북한의 군사활동을 추적하는 대북 정보감시태세다.
② 전쟁 발발 가능성의 정도에 따라 1~5단계로 나눠져 있다.
③ 숫자가 큰 단계일수록 전쟁 가능성이 높다는 의미다.
④ 우리나라는 평상시 5단계 상태가 유지된다.

22

다음 중 외교사절로서 받아들이기 싫어하는 인물을 뜻하는 말은?

① 아그레망
② 페르소나 그라타
③ 페르소나 논 그라타
④ 모두스 비벤디

21
데프콘
데프콘(Defcon ; Defense Readiness Condition)은 북한의 군사활동을 감시하는 대북 정보감시태세인 워치콘(Watch Condition)의 분석에 따라 '정규전'에 대비해 전군에 내려지는 전투준비태세다. 1~5단계로 나눠져 있고 숫자가 낮을수록 전쟁 발발 가능성이 높다는 의미이다. 데프콘의 발령권한은 한미연합사령관에게 있으며 우리나라는 평상시 4단계 상태가 유지된다.

출제기관
2023 부산광역시공무직통합채용[상]

22
페르소나 논 그라타(Persona non grata)
'호감 가지 않는 인물'이라는 의미로 국가가 외교사절로서 기피하려 하는 타국의 인물을 뜻하는 말이다. 국제 외교관례상 외교사절을 파견할 때 사전에 상대국에 동의를 얻는 것을 '아그레망'이라고 하는데, 이에 동의를 얻지 못한 것을 페르소나 논 그라타라고 한다.

출제기관
2024 대구의료원[상]
2018 한국소비자원[상]

정답 21 ② | 22 ③

법률·사회

23 다음 중 중위연령에 대한 설명으로 옳지 않은 것은?

① 인구를 연령순으로 나열했을 때, 정확히 가운데에 위치하는 사람의 나이를 말한다.
② 평균연령과 항상 동일한 값을 가진다.
③ 한 나라 인구의 고령화 정도를 가늠하는 지표로 활용된다.
④ 중위연령이 높다는 것은 고령층 인구 비중이 상대적으로 많음을 시사한다.

24 중증질환이나 장애를 앓는 가족을 돌보는 아동·청소년 등을 일컫는 말은?

① 찰러리맨
② 패러싱글족
③ 갭이어
④ 영케어러

핵심 풀이

23

중위연령(Median Age)
총 인구를 연령순으로 나열했을 때 정확히 중간에 있는 사람의 나이를 뜻한다. 사회의 평균적인 연령을 보여주며, 수치가 높을수록 고령화가 진행되고 있음을 의미한다. 중위연령은 평균연령(전체 연령의 산술평균)과는 다른 개념이며 극단값(매우 젊거나 매우 나이가 많은 인구)의 영향을 덜 받는다. 따라서 항상 같지 않다.

출제기관
2025 한국폴리텍대학[상]

24

영케어러(Young carer)
질병, 정신건강, 알코올·약물중독 등의 중증질환 또는 장애를 가진 가족구성원을 돌보며 생계를 책임지는 13~34세의 아동·청소년·청년을 일컫는다. '가족돌봄청년'이라고도 한다. 이들은 학업과 가족돌봄을 병행하고 있어 미래를 계획하기 힘들 뿐만 아니라 신체적 고통은 물론 심리·정서적 고통, 경제적 어려움 등의 삼중고를 겪는 경우가 많다.

찰러리맨(Child+Salary man)
취업을 하고도 부모에게 심리적·물리적으로 기대어 살아가는 젊은 층

패러싱글(Parasite Single)족
결혼하고 독립할 나이가 되었는데도 경제적 이유로 부모에게 얹혀사는 사람들

갭이어(Gap Year)
학업을 잠시 중단하거나 병행하면서 여행, 적성탐구, 인턴, 창업 등을 체험하며 진로를 설정하는 기간

출제기관
2025 한국폴리텍대학[상]

정답 23 ② | 24 ④

25

법률상 어린이 보호구역의 교통법규 위반 단속시간으로 맞는 것은?

① 오전 9시~오후 8시
② 오전 9시~오후 9시
③ 오전 8시~오후 9시
④ 오전 8시~오후 8시

25

어린이 보호구역에서는 통행이나 주·정차가 금지되거나 운행속도를 시속 30킬로미터 이내로 제한하는 등 자동차에 대한 통행제한 조치가 취해질 수 있다. 도로교통법상 어린이 보호구역에서 오전 8시부터 오후 8시까지 제한속도를 지키지 않거나 주·정차위반을 한 경우 과태료나 범칙금이 부과되고, 이로 인해 교통사고가 발생해 어린이를 사상에 이르게 한 경우에는 중과실치상죄로 처벌을 받게 된다.

출제기관
2025 부산광역시공무직통합채용[하]

26

우리나라의 기소유예 제도에 대한 설명으로 맞는 것은?

① 재판을 받지 않아도 범죄혐의는 명백하므로 유죄가 된다.
② 제1심 법원이 검사의 요청에 따라 결정한다.
③ 피의자의 반성사실, 피해자와의 합의여부 등을 고려해 결정한다.
④ 일단 결정되면 일정기간 동안에는 검사가 공소를 다시 제기할 수 없다.

26
기소유예

기소란 검사가 어떤 형사사건에 대해 법원에 심판해 달라 요청하는 것을 말한다. 기소유예란 범죄혐의는 명백히 인정되나 피의자의 전과기록, 피해사실과 정도, 피해자와의 합의·반성여부 등을 고려하여 검사가 기소하지 않는 것을 말한다. 피의자에게 전과기록을 남기지 않고, 삶을 재고할 기회를 주려는 목적이다. 기소유예가 될 경우 전과기록은 남지 않으나, 검사는 언제든 공소를 제기해 피의자를 재판에 넘길 수 있다.

출제기관
2023 영화진흥위원회[상]

정답 25 ④ | 26 ③

인문 · 세계사 · 문화 · 미디어

27

이슬람력의 9월에 해당하며, 이슬람교도들이 의무적으로 금식을 하는 신성한 기간은?

① 이드 알 아드하
② 이맘
③ 메카
④ 라마단

28

우리나라의 보물 1호로 지정된 문화재는?

① 원각사지 10층 석탑
② 흥인지문
③ 보신각종
④ 경주 포석정지

핵심 풀이

27

라마단(Ramadan)
이슬람력에서 9월에 해당하며, 아랍어로는 '더운 달'을 의미한다. 이슬람교에서는 이 절기를 대천사 가브리엘이 선지자 무함마드에게 '코란'을 가르친 달로 생각해 신성하게 여긴다. 이 기간데 신자들은 일출부터 일몰까지 해가 떠 있는 동안 금식하고 하루 다섯 번의 기도를 드린다.

이드 알 아드하
이슬람력으로 12월 10일에 열리는 이슬람교의 정규 축제 중 하나로 제물을 바치는 희생제이다.

이맘
아랍어로 '이그는 자'를 뜻하며 이슬람의 지도자를 의미한다.

메카
사우디아라비아 메카주의 주도로 이슬람 제1의 성지이다.

출제기관
2024 의정부도시공사[상]

28

보물
건조물, 전적, 서적, 고문서, 회화, 조각, 공예품, 고고자료, 무구 등의 문화재 중 중요한 것을 국가유산청장이 문화재위원회의 심의를 거쳐 지정한다.

국보
보물 중 제작 연대가 오래되고 기술이 뛰어나며, 형태와 용도가 특이한 것들을 추가로 심사해 지정한다.

- 보물 1호 : 흥인지문
- 보물 2호 : 서울 보신각종
- 국보 1호 : 숭례문
- 국보 2호 : 원각사지 10층 석탑
- 사적 1호 : 경주 포석정지

출제기관
2025 광명도시공사[하]
2023 대전광역시공무직통합채용[상]
2022 대전광역시공공기관통합채용[하]
2016 한국농수산식품유통공사[상] 한국수력원자력[상]

정답 27 ④ | 28 ②

문학 · 예체능 · 기타예술

29 ☑ 오답체크 1회차 2회차

다음 중 피아노를 세계 최초로 발명한 이탈리아의 발명가는?

① 프랑수아 쿠프랭
② 안토니오 스트라디바리
③ 아돌프 삭스
④ 바르톨로메오 크리스토포리

30 ☑ 오답체크 1회차 2회차

다음 중 한국과 관련 있는 그림은 무엇인가?

①
②
③
④

핵심 풀이

29

바르톨로메오 크리스토포리
1655년 이탈리아 파도바에서 출생한 발명가이자 악기 제작자다. 그는 1709년 클라비코드를 개조해 해머로 현을 쳐서 소리를 내는 방식을 고안했고, 1720년 처음으로 피아노를 제작해 내놓았다. 그가 제작한 피아노는 총 3대가 현재까지 남아 있다.

프랑수아 쿠프랭
프랑스의 음악가이자 오르간 연주자

안토니오 스트라디바리
이탈리아 출신의 현악기 장인

아돌프 삭스
벨기에의 음악가이자 색소폰 발명가

출제기관
2025 화성시공공기관통합채용[하]

30

① 파블로 피카소 – 〈한국에서의 학살〉
20세기 초 입체파의 대표 화가이다. 군인들이 나체의 여성과 어린아이를 총과 칼로 공격하는 모습을 담은 〈한국에서의 학살〉은 동시대 한국전쟁을 모티브로 한다.

② 빈센트 반 고흐 – 〈자화상〉
네덜란드의 19세기 화가이다. 〈별이 빛나는 밤〉, 〈자화상〉 등 뛰어난 예술작품을 남겼다.

③ 마리 로랑생 – 〈코코 샤넬〉
20세기 여성 화가로 부드럽고 몽환적인 화풍을 구사했다. 코코 샤넬의 초상을 남긴 것으로 유명하다.

④ 구스타프 클림트 – 〈입맞춤〉
19세기 오스트리아의 화가로 〈입맞춤〉 등 많은 아르누보 걸작을 남겼다. 아르누보는 인물은 평면적이고 단순화하여 묘사하고 배경은 다양한 색과 무늬, 식물 등으로 다채롭게 채우는 기법이다.

출제기관
2023 서울시복지재단[상]
2018 영화진흥위원회[하] 대구시설관리공단[상]
2017 평택도시공사[하] 경북관광공사[하]
2016 한국농수산식품유통공사[하]

정답 29 ④ | 30 ①

31

다음 중 르네상스 3대 화가가 아닌 사람은?

① 레오나르도 다 빈치
② 미켈란젤로
③ 도나텔로
④ 라파엘로

32

다음 중 가장 늦은 시기에 활동한 음악가는?

① 볼프강 아마데우스 모차르트
② 안토니오 비발디
③ 프란츠 요제프 하이든
④ 프레데리크 쇼팽

핵심 풀이

31

도나텔로
르네상스 시대 조각가로 〈청동 다비드상〉, 〈가타멜라타 장군 기마상〉 등을 남겼다. 르네상스의 거장 중 한 명이지만, 회화작품을 남기지는 않았기 때문에 '르네상스 3대 화가'와는 관련이 없다.

레오나르도 다 빈치
르네상스 시대 화가로 〈최후의 만찬〉, 〈모나리자〉 등을 남겼다.

미켈란젤로
르네상스 시대 화가로 〈다비드상〉과 〈천지창조〉 등을 남겼다.

라파엘 산치오
르네상스 시대 화가로 〈아테네 학당〉, 〈성모마리아와 아기예수〉 등을 남겼다.

출제기관
2019 방송통신심의위원회[상]
2019 대구시설관리공단[상]
2017 농촌진흥청[상]

32

프레데리크 쇼팽
1810년 폴란드에서 출생한 쇼팽은 피아노의 시인이라고 불리며, 200곡에 이르는 수많은 피아노곡을 작곡했다. 독자적인 피아노 연주 테크닉을 완성했고, 후대 피아니스트들에게도 그의 연주법은 지대한 영향을 끼쳤다.

볼프강 아마데우스 모차르트
1756년 오스트리아에서 출생해 빈고전파 음악을 완성한 위대한 음악가다. 어릴 적부터 '음악의 신동'으로 불렸다. 오페라 〈피가로의 결혼〉, 〈돈 조바니〉 등의 걸작을 작곡했다.

프란츠 요제프 하이든
1732년 오스트리아에서 태어난 18세기 후반 빈고전파를 대표하는 작곡가다. '교향곡의 아버지'라는 별칭이 있다.

안토니오 비발디
1678년 이탈리아에서 태어난 작곡가이자 바이올린 연주가다. 바로크 시대의 음악가로 협주곡인 〈사계〉를 작곡한 것으로 유명하다.

출제기관
2023 수원시공공기관통합채용[상]

정답 31 ③ 32 ④

33

다음 중 일반적으로 금관악기로 분류되지 않는 서양악기는 무엇인가?

① 튜바
② 플루트
③ 트럼펫
④ 유포니엄

33

금관악기
피스톤이나 로터리 혹은 슬라이드 구조를 이루며 음을 조절하는 악기를 금관악기로 분류한다. 트럼펫, 호른, 튜바, 유포니엄 등이 있다.

목관악기
각각의 키에 음이 정해져 있는 방식의 악기이다. 플루트, 색소폰, 오보에, 클라리넷, 리코더, 바순 등이 있다. 과거에는 주로 목재로 만들었으나 현대에 와서 다른 재질로 만드는 경우가 많다.

출제기관
2023 구미문화재단[하]
2022 부산광역시공공기관통합채용[상]
2019 영화진흥위원회[상]
2017 부천시공공기관통합채용[하]
2016 한국장학재단[상]

34

14~16세기에 옛 그리스·로마의 고전 문화를 부흥시키려 했던 문화사조는?

① 르네상스
② 바로크
③ 신고전주의
④ 메디치

34

르네상스
중세 교회의 권위 몰락과 봉건 사회의 붕괴를 배경으로 이탈리아에서 발원하여 전 유럽으로 퍼져나간 운동이다. 종교에서 탈피하여 그리스·로마의 고전 문화를 부흥시키고, 개인을 존중하며 인간적인 근대 문화 창조(휴머니즘)를 주장했다.

바로크
16~18세기에 유럽에서 유행한 예술 양식으로 정형성을 벗어난 자유로움을 추구했다.

신고전주의
18~19세기에 걸쳐 나타난 유럽의 예술 양식으로 고전에 대한 새로운 관심을 갖고 고대적인 모티브를 즐겨 사용했다.

메디치
르네상스 시대에 이탈리아의 상업 중심지인 피렌체를 지배했던 가문이다. 이 가문의 이름을 딴 '메디치 효과'는 이질적인 분야를 접목하여 창조적·혁신적 아이디어를 창출하는 혁신 효과를 뜻한다.

출제기관
2021 의정부시시설관리공단[하]

정답 33 ② | 34 ①

과학·IT

35 다음 중 용연향에 대한 설명으로 틀린 것은?

① 향유고래의 창자 속에서 생성되는 물질이다.
② 바다를 부유하다가 해안가에 밀려들어 발견되곤 한다.
③ 신선한 상태에서는 좋은 향기가 난다.
④ 매우 비싸게 팔리는 것으로 유명하다.

36 가시광선보다 파장이 긴 전자기파는?

① 감마선
② 엑스선
③ 자외선
④ 적외선

핵심 풀이

35
용연향
수컷 향유고래가 주식인 오징어를 섭취하고 창자에 남은 이물질이 쌓여 배설되는 것으로 알려져 있다. 막 배설된 용연향은 부드럽고 악취가 심하나, 바다에 오래 부유하면서 햇볕에 마르고 검게 변하며 악취도 점차 사라진다. 바다를 부유하다가 해안가에 떠밀려 종종 발견되곤 하는데 알코올에 녹여 고급향수의 원료로 사용한다. 그 가치가 매우 높은 것으로 유명한데, 바다에 오래 떠다닐수록 향이 좋아 고가에 거래된다.

출제기관
2023 부천시 공공기관통합채용[상] 화성시공공기관통합채용[상]

36
전자기파
전기가 흐르며 생기는 전자기장의 주기적 변화로 인한 파동을 의미한다. 전자기파는 저마다 파동이 퍼져나간 거리인 '파장'을 갖게 된다. 이중 사람의 눈에 보이는 범위의 파장을 가진 전자기파를 '가시광선(빛)'이라고 한다. 감마선, 엑스(X)선, 자외선은 가시광선보다 파장이 짧고, 가시광선보다 파장이 긴 전자기파에는 열선이라고도 부르는 적외선이 있다. 적외선을 다시 파장의 길이에 따라 분류하면 0.75~3μm의 근적외선, 3~25μm의 적외선, 25μm 이상의 원적외선으로 나뉜다. 한편 적외선보다 파장이 긴 전자기파는 전파다.

출제기관
2024 대전도시공사[하]

정답 35 ③ | 36 ④

37

보일의 법칙은 일정한 온도에서 무엇을 증가시키면 부피가 줄어든다는 법칙인가?

① 질량
② 고도
③ 습도
④ 압력

38

다음 중 오존층의 역할로 맞는 것은?

① 대기 중의 온실가스의 양을 줄인다.
② 대기 중의 산소의 양을 늘린다.
③ 지표면에 도달하는 가시광선의 양을 줄인다.
④ 지표면에 도달하는 자외선의 양을 줄인다.

핵심 풀이

37

보일의 법칙

1662년 아일랜드의 물리학자 로버트 보일이 발견한 '보일의 법칙'은 일정한 온도에서 기체의 압력과 그 부피는 서로 반비례한다는 법칙이다. 온도를 일정하게 유지하는 상태에서 압력을 높이게 되면 물체의 부피는 줄어든다는 것을 실험을 통해 밝혀냈다.

출제기관

2023 전라남도공무직통합채용[상] 화성시공공기관통합채용[상]

38

오존층(Ozone Layer)

지상 20~30km의 성층권에 분포하는 층으로 성층권의 다른 부분에 비해 오존(O_3)의 농도가 높은 부분을 말한다. 대기 중의 산소분자가 태양의 자외선을 받아 원자로 분해되고 이것이 다른 산소원자와 결합되면서 오존이 생성된다. 오존층은 이러한 과정에서 태양의 강력한 자외선이 지표면에 도달하는 것을 일정부분 방해하는 역할을 한다.

출제기관

2025 용인도시공사[상]

정답 37 ④ | 38 ④

우리말 · 한자

39

다음 중 꺼병이는 어떤 동물의 새끼를 이르는 순우리말인가?

① 꿩
② 고등어
③ 호랑이
④ 곰

40

다음 중 밑줄 친 내용의 맞춤법이 옳은 것은?

① 버스 정류장이 <u>가까와진다</u>.
② 오늘 사장님께서 <u>앞가름마</u>를 하셨다.
③ 나는 그가 <u>가든지 오든지</u> 상관하지 않았다.
④ 오늘 아침에 <u>강남콩</u>을 심었다.

핵심 풀이

39

꺼병이는 꿩의 어린 새끼를 이르는 순우리말이다. 고등어의 새끼는 '고도리', 호랑이의 새끼는 '개호주', 곰의 새끼는 '능소니'라고 불린다.

출제기관
2025 수원시공공기관통합채용[상]

40

든 or 던
'하든 말든'과 같이 일의 여부를 나타내는 것은 '-든'이고 '가던 것을 말았다'와 같이 과거의 일을 나타내는 것은 '-던'이다.

-지 or 지, -시 or 시, -간 or 간
'너를 본 지 오래다'와 같이 언제로부터 얼마간의 시간이 지난 경우에는 '지'를 띄어 쓰며, '하지 않다'와 같이 행동을 지칭할 때 붙여 쓴다. '시'는 '중요시 한다'와 같이 그것을 어떻게 여긴다는 뜻으로 쓸 땐 붙여 쓰며, '그를 발견할 시 즉각 신고'와 같이 무엇을 할 때를 나타낼 땐 띄어 쓴다. '간'은 '3일간'과 같이 시간 뒤에서 그 시간 동안 만큼이란 뜻으로 쓸 땐 붙여 쓰며, '영희와 철수 간'과 같이 무언가의 사이를 나타낼 때는 띄어 쓴다. 다만 '남녀간, 국가간'과 같이 자주 쓰는 말에는 붙여 쓸 수 있다.

출제기관
2020 서울교통공사[하] 부산항만공사[하] 한국동서발전[하]
한국산림복지진흥원[하] 한국주택도시보증공사[하]
한국철도공사[하]
2017 서울신용보증재단[상]

정답 39 ① | 40 ③

문제 유형 살펴보기

단답형

01 해인사에 보관되어 있는 (　　)은/는 몽골의 침입 당시 강화도로 천도한 고려 정부가 부처의 힘으로 몽골군을 물리치고자 16년에 걸쳐 제작한 것이다.

02 흥선대원군은 국가 재정 확충을 위해 (　　)을/를 시행하여 양반에게 군포를 부과하였다.

03 정부의 부당한 행정조치를 감시하고 조사하는 국민보호제도는?

04 (　　)은/는 근무시간과 장소가 자유로워 일과 가정을 함께 돌보면서 일할 수 있는 노동자를 말한다.

05 19세기 아르누보 걸작 〈입맞춤〉 등을 남긴 오스트리아 화가는 누구인가?

> **정답** 1. 팔만대장경 2. 호포제 3. 옴부즈만 제도 4. 퍼플칼라 5. 구스타프 클림트

약술형   다음 용어에 대해 약술하시오.

01 라마단

02 베버리지 보고서의 5대 사회악

03 르네상스

04 중위연령

> **정답**
>
> **1. 라마단**
> 이슬람력의 9월이며, 이슬람교에서 대천사 가브리엘이 무함마드에게 '코란'을 가르친 달로 생각해 신성하게 여기는 기간이다.
>
> **2. 베버리지 보고서의 5대 사회악**
> 베버리지 보고서에서는 궁핍, 질병, 무지, 불결, 태만을 생활의 안정을 위협하는 사회악이라고 정의했다.
>
> **3. 르네상스**
> 중세교회의 몰락을 배경으로, 종교에서 탈피하여 그리스·로마의 고전문화를 부흥시키고, 개인을 존중하며 인간적인 근대문화 창조를 주장한 유럽의 문화운동이다.
>
> **4. 중위연령**
> 총 인구를 연령순으로 나열했을 때 정확히 중간에 있는 사람의 나이를 뜻한다.

NCS

01 적대적 M&A 혹은 경영권에 대한 침해 시도가 있을 때, 기존 주주들에게 현재 시가보다 더욱 낮은 가격에 지분을 매입할 수 있는 권리를 부여하는 제도는?

① 차입매수
② 포이즌 필
③ 언더라이팅
④ 차등의결권

02 다음 중 도덕적 해이(Moral Hazard)의 특징으로 적절하지 않은 것은?

① 결정을 내리고 책임지기보다 상급기관에 결정을 미루는 행동방식을 취한다.
② 법률 위반과 차이가 있어 적발과 입증이 어렵다.
③ 사익을 추구하지 않는 방만한 경영 행태는 도덕적 해이에 포함되지 않는다.
④ 조직의 틀에 어긋나는 개인의 이익실현 행위이다.

정답

1. ②
- 포이즌 필 : 기존 주주들의 경영권 방어를 위해 적대적 M&A나 경영권 침해 시도가 있다고 간주되는 경우, 기존 주주들이 지분을 매입하여 경영권을 방어하기 수월하도록 시가보다 낮은 가격에 지분 매입이 가능한 권리를 부여하는 제도이다.

2. ③
- 기업 내부에서의 도덕적 해이의 특징 : 직무를 충실히 수행하지 않는 행위에 한정되며, 법률 위반과는 차이가 있다. 따라서 적발과 입증이 어려운 측면이 있다. 도덕적 일탈행위와도 차이가 있어 사적 영역에서 도덕적 의무를 다하지 않는 행위는 제외된다. 직의 큰 틀에 어긋나는 의도적·적극적인 자신의 이익실현 행위가 포함된다. 또한 사익을 추구하지 않더라도 효율적 운영을 위해 최선을 다하지 않는 방만한 경영 행태가 포함된다. 위험이 따르지만 실적이 기대되는 신규업무에 관심을 갖지 않는 소극적 행위의 특징이 있으며, 결정을 내리고 책임지기보다는 상급기관에 결정을 미루고 기계적으로 따르는 행동방식을 취한다.
- 도덕적 해이(Moral Hazard) : 제도적 보장만 믿고 최선을 다하지 않고 일부러 게을리 하는 것을 말한다. 최근에는 모든 경제주체에게 적용되는 용어로 사용되고 있다.

7회차 분야별 핵심 키워드 40문제

공기업 기출 분석

한국사

01 ☑오답체크 1회차 2회차

다음에 소개한 인물에 대한 설명으로 옳은 것은?

> 그는 설총을 낳은 이후 속인의 옷으로 바꾸어 입고 스스로 소성거사라고 하였다. 우연히 광대들이 갖고 놀던 큰 박을 얻었는데 그 모양이 괴이하였다. 그 모양을 따라서 도구로 만들어 화엄경의 구절에서 이름을 따와 '무애(無㝵)'라고 하고, 노래를 지어 세상에 퍼뜨렸다.

① 부석사를 창건했다.
② 〈왕오천축국전〉을 남겼다.
③ 〈금강삼매경론〉을 저술했다.
④ 〈신편제종교장총록〉을 편찬했다.

☑정답체크
1회	2회
① ③	① ③
② ④	② ④

02 ☑오답체크 1회차 2회차

다음 중 고려시대 광종의 업적이 아닌 것은?

① 광덕·준풍이라는 자주적 연호를 사용했다.
② 노비안검법으로 호족세력을 견제했다.
③ 과거제를 시행해 신진세력을 등용했다.
④ 전시과 제도를 마련해 관리에게 지급했다.

☑정답체크
1회	2회
① ③	① ③
② ④	② ④

핵심 풀이

01

원효
신라 승려 원효는 불교종파의 대립과 분열을 종식시키고 화합을 이루기 위한 화쟁사상을 주장했다. 또한, 불교의 대중화를 위해 불교의 교리를 쉬운 노래로 표현한 〈무애가〉를 지었으며, 불교의 사상적 이해 기준을 확립한 〈금강삼매경론〉, 〈대승기신론소〉 등을 저술했다.

의상
통일신라의 승려로 당나라에서 유학하여 신라로 들어와 화엄종을 전파했고, 부석사를 창건했다. 현세에서 구원을 얻는 관음신앙을 아미타 신앙과 함께 중요시했다.

혜초
신라의 승려 혜초는 인도와 중앙아시아 지역을 답사하고 〈왕오천축국전〉을 지었다.

의천
고려시대 왕족 출신으로 교종과 선종의 통합운동을 전개했으며, 국청사를 창건하고 해동 천태종을 개창했다. 중국 및 우리나라의 불교 관계 저술을 수집하여 〈신편제종교장총록〉을 편찬하기도 했다.

출제기관
2022 대전광역시공공기관통합채용[상]
2021 의정부시설관리공단[하]

02

관리에게 직역의 대가로 토지를 나눠주는 전시과는 경종 때 처음 시행됐다.

고려 광종
고려의 광종은 '광덕, 준풍'이라는 자주적 연호를 사용하며 대외적으로 자주권을 선언하였고, 노비안검법을 실시해 불법적으로 노비가 된 자들을 평민으로 해방하여 공신과 호족세력의 약화와 함께 국가 조세수입원의 확대를 이루었다. 또한 과거제도를 실시하여 유학을 익힌 실력파 신진세력을 등용함으로써 신·구세력의 교체를 도모하였다.

출제기관
2025 광주광역시공공기관통합채용[하] 부산광역시공무직통합채용[하]
2024 한국산업인력공단[하] 광주광역시공무직통합채용[하]
2023 대전보훈병원[상]

정답 01 ③ | 02 ④

03 ☑오답체크 1회차 2회차

조선시대 세종대왕 재임 중 발명되지 않은 것은?

① 신기전
② 침금동인
③ 혼상
④ 병진자

☑정답체크
1회	2회
① ③	① ③
② ④	② ④

핵심 풀이

03
'침금동인'은 조선후기의 기술자인 '최천약'이 발명한 것으로 조선시대 의관들이 침과 뜸을 연습하던 의료기기다.

세종 대의 발명품
군사구기인 로켓추진 화살 '신기전'은 1448년(세종 30년)에 제작되었고, 별의 위치와 별자리를 표시한 '혼상'은 1437년(세종 19년)에 제작됐다. 또한 세계최초의 납 활자인 '병진자'도 1436년(세종 18년)에 세종대왕의 명으로 제작된 발명품이다.

출제기관
2024 광주광역시도시공사[상]

04 ☑오답체크 1회차 2회차

조선시대 승정원과 그 일기에 대한 설명으로 옳지 않은 것은?

① 태조부터 순종 대까지의 왕의 행적이 남아 있다.
② 조선왕조실록보다 기록의 양이 방대하다.
③ 승정원의 수장은 도승지로 정3품의 품계였다.
④ 의금부와 함께 왕권을 강화하는 역할을 하였다.

☑정답체크
1회	2회
① ③	① ③
② ④	② ④

04
승정원
조선시대 왕명을 출납하던 기구로 도승지 이하의 인원이 왕에게 간언을 하고 왕명의 출납을 담당하였다. 한성부, 춘추관, 의금부와 함께 왕권을 강화하는 역할을 하였다. 조선의 기록은 왕조실록 외에 이들의 기록인 승정원일기가 남아 있다. 임진왜란과 병자호란으로 인해 인조 이전의 기록이 남아 있지 않으나(인조~고종) 그 양은 조선왕조실록보다 방대하다.

출제기관
2023 한국산업단지공단[상]
2018 보훈복지의료공단[상] 방송통신심의위원회[상]
2017 한국산업인력공단[상]

정답 03 ② | 04 ①

05

조선시대의 사회상에 대한 설명으로 옳지 않은 것은?

① 역관은 중인 계층으로 사신을 수행하면서 통역을 담당하였다.
② 향리·서리 등은 직역을 세습하였다.
③ 좌수와 별감 등의 직을 맡은 자들은 향리를 감찰하였다.
④ 어사대와 낭사는 대간의 직을 수행했다.

핵심 풀이

05

대간
서경권, 간쟁, 봉박 등을 실시하여 왕권과 신권에 대한 견제를 펼치는 직을 가리킨다. 고려시대에는 어사대와 중서문하성의 낭사가 이 일을 수행했으며 조선시대에는 사헌부와 사간원이 양사라 하여 이 일을 담당했다.

조선의 향리
신라·고려 시대에는 호족으로 불리던 향리들이 조선시대에는 권한이 크게 축소되어 문과 입시에 제한을 받는 대신, 직을 세습하면서 고을 수령의 업무를 분담하는 역할을 하였다. 이들 향리들의 회의 기구를 유향소라 하였으나, 폐단이 심해져 성종 대에 이를 폐지하고 향청을 세웠다. 향청에는 좌우와 별감을 두어 향리들을 감찰하게 했으나 이들 또한 지방 향리 출신들이었기 때문에 폐단이 생겼다. 이에 중앙에서는 경재소를 두어 향청의 폐단을 감시하였다. 이러한 지방 기구들은 임진왜란으로 인해 무너졌다.

출제기관
2020 부산항보안공사[상]
2019 경기도공공기관열린채용[상]
2018 서울교통공사[하] 한국산업인력공단[상] 보훈복지의료공단[상]
2017 한국서부발전[상]
2016 밀양시설관리공단[하] 한국동서발전[하]

06

다음 인물에 대한 설명으로 옳은 것은?

조선 후기의 대표적 중상주의 실학자인 이 인물은 상공업의 진흥과 수레·선박의 이용 및 화폐 유통의 필요성을 강조했다. 또한 〈양반전〉, 〈허생전〉, 〈호질〉 등의 소설을 통해 양반의 무능과 허례를 풍자하고 비판했다.

① 신유박해로 탄압을 받아 유배를 갔다.
② 신분에 따라 토지를 차등 분배하는 균전론을 주장했다.
③ 단군조선과 고려 말까지를 다룬 역사서 〈동사강목〉을 저술했다.
④ 청나라에 다녀온 뒤 〈열하일기〉를 저술했다.

06

연암 박지원
조선 후기 중상주의 실학자였던 연암 박지원은 상공업의 진흥과 수레·선박의 이용 및 화폐 유통의 필요성을 강조했다. 또한 〈양반전〉, 〈허생전〉, 〈호질〉 등을 저술해 양반 계층의 무능과 허례를 풍자하고 비판했다. 그는 청나라에 다녀온 뒤 〈열하일기〉를 저술해 상공업과 화폐의 중요성에 대해 주장하기도 했다.

출제기관
2023 부산광역시공공기관통합채용[상]
2019 장애인고용공단[상]
2018 대구시설공단[상]
2016 한국농어촌공사[하]

정답 05 ④ | 06 ④

07 ☑오답체크 1회차 2회차

다음 중 조선시대 정조의 업적에 해당하는 것은?

① 통일법전인 대전회통을 편찬했다.

② 의정부서사제를 도입했다.

③ 직전법을 실시해 토지부족문제를 해결하려 했다.

④ 규장각을 설치하고 인재를 등용했다.

08 ☑오답체크 1회차 2회차

1907년 대구에서 시작된 민족 운동으로 제국신문, 황성신문, 만세보 등 언론 기관들의 지원을 받은 것은?

① 국채보상운동

② 물산장려운동

③ 애국계몽운동

④ 민립대학설립운동

핵심 풀이

07

조선 정조의 업적
조선의 제22대 왕인 정조는 선왕인 영조의 탕평책을 이어받아 각종 개혁정치를 펼쳤다. 왕의 친위부대인 장용영을 설치해 왕권을 강화했고, 규장각을 설치하고 초계문신제를 시행해 훌륭한 인재를 등용하려 힘썼다. 또한 수원에 계획도시인 화성을 건설하고, 시전 상인들의 금난전권을 폐지하는 신해통공을 단행했다.

대전회통
1865년 고종의 명에 따라 편찬된 조선왕조 마지막 법령집

의정부서사제
조선 태조가 도입한 행정체계로, 6조에서 국정현안을 의정부에 보고하고 의정부에서 이를 검토해 국왕에게 다시 보고하여 정책을 결정하는 체계

직전법
조선 세조 때 실시한 현직관리에게만 수조지를 지급하는 제도

출제기관
2025 한국폴리텍대학[상]
2024 한국산업인력공단[하] 수원시공공기관통합채용[상]
2023 보훈교육연구원[상]
2022 한국중부발전[하] 한국산업단지공단[상]
2021 부산정보산업진흥원[하]

08

국채보상운동
국민이 차관 1,300만원을 갚아 국가의 주권을 회복하고자 김광제, 서상돈 등의 제안으로 대구에서 시작됐다. 대한매일신보, 황성신문, 제국신문 등의 지원을 받아 전국적으로 확산되었다. 2017년에는 그 기록물이 유네스코에 등재되기도 했다.

물산장려운동
1920년대 조만식 등을 중심으로 평양에서 민족 자본 육성을 통한 경제 자립을 위해 자급자족, 국산품 애용, 소비 절약 등을 내세운 물산장려운동이 전개되었다.

애국계몽운동
을사늑약 체결 이후 전개된 다양한 세력의 실력양성운동이다. 1904년 보안회와 1905년 헌정연구회, 1906년 대한자강회, 1907년 대한협회와 1907년 만들어진 비밀협회 신민회의 등의 활동에 의해 이루어졌다. 신민회는 대성학교와 오산학교를 세우고 대한매일신보를 발행하기도 했다.

민립대학설립운동
1920년대 고등교육기관 설립을 목표로 한 운동이다. '한민족 1천만이 한 사람이 1원씩'이라는 구호를 내세웠다.

출제기관
2025 한국폴리텍대학[상]
2023 부산광역시공공기관통합채용[상]
2021 의정부시시설관리공단[상]
2020 한국산업기술시험원[상]
2019 지역난방공사[상]

정답 07 ④ | 08 ①

09 ☑오답체크 1회차 2회차

다음은 1923년에 작성된 〈조선혁명선언〉이다. 이것을 작성한 이에 대한 설명으로 틀린 것은?

> 강도 일본이 우리의 국호를 없이 하며, 우리의 정권을 빼앗으며, 우리 생존적 필요조건을 다 박탈하였다. …… 혁명의 길은 파괴부터 개척할지니라. 그러나 파괴만 하려고 파괴하는 것이 아니라 건설하려고 파괴하는 것이니, 만일 건설할 줄을 모르면 파괴할 줄도 모를 지며, 파괴할 줄을 모르면 건설할 줄도 모를지니라.

① 독립운동가 김원봉과 의기투합하여 만주 지역에서 독립운동단체를 결성하였다.
② 한인애국단을 조직하여 무장투쟁을 전개하였다.
③ 상해에서 〈대동단결선언문〉 발표에 참여하였다.
④ 〈조선사연구초〉, 〈조선상고사〉 등을 저술하여 민족주의 사학의 기반을 닦았다.

10 ☑오답체크 1회차 2회차

1926년 민족주의 독립 세력과 사회주의 독립 세력이 연대해야 한다는 선언을 한 사회주의 단체는 무엇인가?

① 근우회
② 정우회
③ 신간회
④ 일진회

핵심 풀이

09

신채호
한국의 역사학자이자 독립운동가이다. 독립운동가의 단결을 촉구하고 황제의 주권이 국민에게 이양됐음을 선언하는 〈대동단결선언문〉 발표에 참여하였고(1917), 항일 투쟁적 노선을 지지하여 김원봉이 무정부주의 결사단체 의열단을 창립할 때 〈조선혁명선언〉을 작성해 기여하기도 했다(1923).

김구
한인애국단을 조직하여 무장투쟁을 전개하였다(1931). 이봉창 의사의 일왕 폭탄 투척(1932)나 윤봉길 의사의 홍커우 공원 폭탄 투척(1932)을 기획하였다. 해방 이후에는 김규식 등과 남한만의 총선거에 반대하여 북한에서 김일성을 만나 회담을 개최하기도 했으나 성과는 거두지 못하고 암살되었다(1948).

출제기관
2019 보훈복지의료공단[상] 지역난방공사[상]
2018 부산교통공사[상] 한국중부발전[상]
2017 경기문화재단[하] 한국관광공사[하]
2016 한국농어촌공사[하]

10

정우회
1920년 후반 있었던 사회주의 독립세력의 연합이다. 6·10 만세운동으로 일제의 탄압을 받아 해체 위기에 놓이자 자구책으로 민족주의 세력과 연대 의사를 밝히는 '정우회 선언'을 하여 민족유일당운동을 이끌었고 신간회 설립을 이끌어냈다.

근우회
신간회의 자매단체로 여성들이 창단한 단체이다.

신간회
민족유일당운동에 따라 민족주의 독립세력과 사회주의 독립세력의 연대로 설립되었다. 총독부의 허가를 받는 등 합법적인 계몽 활동을 이어가기도 했다. 하지만 결국 민족주의와 사회주의 세력의 대립, 일제의 탄압으로 해체됐다.

일진회
1904년 일제의 지원으로 송병준 등이 설립한 친일단체이다. 1910년까지 한일병합을 지지하는 여론을 선동하는 등의 친일행각을 보였다.

출제기관
2020 한국산업단지공단[상]
2019 경기도공공기관열린채용[상]
2017 한국중부발전[하] 대구시설공단[하] 한국서부발전[상]

정답 09 ② | 10 ②

경제·경영

11 ☑ 오답체크 1회차 2회차

다음 중 직접세가 <u>아닌</u> 것은 무엇인가?

① 부가가치세
② 소득세
③ 상속세
④ 법인세

☑ 정답체크
1회 2회
① ③ ① ③
② ④ ② ④

12 ☑ 오답체크 1회차 2회차

다음 중 비경제활동인구에 해당하지 <u>않는</u> 사람은?

① 실업자
② 학생
③ 종교단체 종사자
④ 가정주부

☑ 정답체크
1회 2회
① ③ ① ③
② ④ ② ④

핵심 풀이

11

조세의 종류
조세는 국세와 지방세 혹은 직접세와 간접세로 나뉜다. 직접세와 간접세의 구분은 납세자와 담세자가 같은 경우 직접세이며 다른 경우 간접세인데, 간접세는 납세자가 자신이 납세하는지 체감이 잘 오지 않아 간접세라 불린다. 예를 들어 부가가치세의 경우 물건 가격에 세금이 포함되어 있기 때문에 세금은 구매자가 내는 것이지만 국가에는 판매자가 돈을 전달한다.

출제기관
2022 부산항보안공사[상]
2021 영화진흥위원회[상]
2020 경기도공무직통합채용[하]
2019 광명시도시공사[상]
2018 한국소비자원[하] 서울주택도시공사[하]

12

비경제활동인구와 경제활동인구
우리나라에서는 만 15세 이상이 되어야 일할 능력이 있다고 보는데, 비경제활동인구란 만 15세 이상 인구 가운데 일할 의사가 없는 사람을 말하며, 가정주부, 학생, 종교단체·자선사업단체 자발적 종사자 등이 속한다. 반면 경제활동인구는 노동시장에서 경제활동에 기여할 수 있는 만 15세 이상의 인구를 말하며 취업자와 실업자가 해당한다.

출제기관
2023 부산광역시공공기관통합채용[상]
2022 대전광역시공공기관통합채용[하] 부산대학교병원[하]
2020 서울공공보건의료재단[하]

정답 11 ① | 12 ①

13

'가격이 올라도 사게 된다'는 소비 행태와 가장 관련 없는 경제학 효과는 무엇인가?

① 베블렌효과
② 편승효과
③ 스놉효과
④ 바넘효과

14

다음 기사와 가장 관련 있는 소비자를 무엇이라 하는가?

> 서울 강남구 역삼동 수리소에서는 한 40대 고객이 직접 차를 개조하고 있다. 수리소는 해외 인증 튜닝부품을 수입해 판매하는 곳이다. 고객은 "23인치 모노블록 휠은 오직 단조 휠(직접 장인이 만드는 것)만 생산된다"며 자신의 차를 더욱 좋은 성능으로 튜닝하고 있었다.

① 메타슈머
② 리뷰슈머
③ 트윈슈머
④ 프로슈머

핵심 풀이

13

바넘효과 NCS
누구에게나 해당되는 이야기를 마치 개인에게만 적용되는 것처럼 말하여 주의를 집중시키는 방법

베블렌효과 NCS
소스타인 베블런이 그의 저서에서 발표한 상류층의 과시적 소비 행태이다.

편승효과 NCS
다른 사람의 선택을 따른다는 뜻으로 정치에서는 밴드왜건 효과라고도 한다.

스놉효과 NCS
가격이 오르는데도 수요가 증가하는 현상으로, 과시욕이나 허영심으로 인해 높은 가격의 상품을 구매하는 현상을 말한다.

출제기관
2025 청주시공무직공개채용[하]
2022 부산광역시공무직통합채용[하]
2021 동대문구시설관리공단[상] 영화진흥위원회[상]
2019 한국자산관리공사[상]
2018 한국주택금융공사[하] 서울복지재단[상]
2017 기장군도시관리공단[하] 농촌진흥청[상] 영상물등급위원회[상]
2016 대한체육회[상]

14

메타슈머
구입한 제품을 튜닝하는 등 변화시켜 새로운 가치를 만들어내는 소비자

리뷰슈머
제품을 사용해보고 사용후기를 작성하여 타인의 소비에 영향을 미치는 소비자로서 트윈슈머의 상대 개념이다.

트윈슈머 NCS
해당 제품의 사용후기를 참고해 물건을 구매하는 소비자

프로슈머
생산자(Producer)와 소비자(Consumer)의 합성어로, 제품의 생산에 참여하는 소비자를 뜻한다. 소비자의 욕구를 정확하게 파악하고 만족시키자는 인식에서 기업들이 신제품 개발에 소비자를 참여시키는 전략을 취하며 활성화되었다.

출제기관
2020 신용보증기금[하] 한국주택금융공사[상] 한국산업인력공단[하] 한국폴리텍대학[상]
2018 서울교통공사[하]
2017 농촌진흥청[상] 한국마사회[상] 평택도시공사[상]

정답 13 ④ | 14 ①

15

경제불안 속에서도 현재 만족을 위해 소비를 멈추지 <u>않는</u> 현상을 뜻하는 말은?

① 둠 스펜딩
② 패스트 스펜딩
③ 생존 소비
④ 불안 소비

핵심 풀이

15

둠 스펜딩(Doom Spending)
'끝이 좋지 않을 것을 알면서도 일단 저지르고 보는 소비'라는 뜻으로, 경제나 미래가 불안한 상황에서도 스트레스 해소나 현재 만족을 위해 소비를 멈추지 않는 현상을 말한다. 경제적으로 미래가 암울하지만 심리적 탈출 욕구 등으로 인해 소비를 늘리는 것을 뜻한다.

출제기관
2025 한국폴리텍대학[상]

16

다음 현상과 가장 관련 있는 재화는 무엇인가?

> 쌀의 가격이 올랐는데 사람들은 식비 여건상 사치재인 고기 소비를 줄이고 그래도 비교적 싼 쌀을 더 사먹을 수밖에 없게 되었다.

① 기펜재
② 열등재
③ 보완재
④ 경험재

16

재화
- 정상재 : 소득이 증가했을 때 수요가 증가하는 재화
- 열등재 : 소득이 증가했을 때 수요가 감소하는 재화
- 경제재 : 희소성과 경제적 가치가 있는 것
- 자유재 : 사용 가치는 있으나 무한한 것
- 대체재 : 한 재화의 가격이 오를 경우 대신 소비되는 것
- 보완재 : 함께 소요되는 경향이 있는 재화
- 기펜재 : 가격이 오를수록 소비량이 상승하는 열등재로, 쌀값이 오르면 사람들이 고기 소비량을 줄이고 쌀을 더 먹게 되는 현상에서 기인한 것이다.
- 공공재 : 공공기관에 의해 공급되는 비경합적 재화
- 경험재 : 수술, 공연처럼 직접 경험하기 전에는 가치판단이 거려우나 경험 뒤 반복 소비가 일어나기 힘든 재화

출제기관
2025 강서구시설관리공단[하] 부산광역시공무직통합채용[하]
2022 중앙보훈병원[상]
2021 영화진흥위원회[상] 광주광역시공공기관통합채용[상]
2018 한국주택금융공사[하] 보훈복지의료공단[상]
2017 인천국제공항공사[상] 경기도콘텐츠진흥원[상]

정답 15 ① | 16 ①

17

기업이 친환경 정책 또는 논란에 대해 침묵하는 것을 뜻하는 용어는?

① 그린딜
② 그린허싱
③ 그린워싱
④ 그린버블

17

그린허싱(Green Hushing)
친환경을 뜻하는 '그린(green)'과 침묵하다는 뜻의 '허시(hush)'의 합성어로 기업이 친환경 정책이나 논란에 대해 침묵으로 일관하거나 이와 관련된 구체적인 정책을 더이상 제시하지 않는 것을 말한다. 기업들이 실제로는 친환경적이지 않지만 마치 친환경적인 것처럼 홍보하는 '그린워싱(Green Washing)'으로 비판받는 것을 두려워해 등장한 용어다.

출제기관
2025 한국폴리텍대학[상]

국제·정치

18

유럽지역 협약가입국가 간 비자 없이 국경을 통행할 수 있는 조약은?

① 마스트리흐트조약
② 파리조약
③ 쉥겐협약
④ 베르사유조약

18

쉥겐협약(Schengen Agreement)
2025년 기준 유럽지역 27개 국가들이 여행과 통행의 편의를 위해 체결한 협약이다. 이 협약에 가입한 국가를 여행할 때는 마치 국경이 없는 하나의 국가를 여행하는 것처럼 자유로이 이동할 수 있다. 1985년 서독, 프랑스, 네덜란드, 벨기에, 룩셈부르크가 룩셈부르크 남부지역의 쉥겐에서 상호 국경개방조약을 맺으며 출발했다. 1990년 조약을 개정해 비자정책을 통일했다.

마스트리흐트조약
네덜란드 마스트리흐트에서 1992년 유럽공동체(EC) 12개국이 서명하고 1993년 발효된 조약으로, 현재의 유럽연합(EU)의 기초를 마련한 합의이다.

파리조약
대영제국과 미합중국과의 미국 독립전쟁 이후 1783년 미국의 독립을 승인한 조약이다.

베르사유조약
제1차 세계대전 후 1919년 독일과 연합국 사이에 체결된 조약으로 독일에게 전쟁에 대한 막대한 배상금을 부과했다.

출제기관
2025 광주광역시공공기관통합채용[하]

정답 17 ② | 18 ③

19

다음 중 국제기구인 APEC에 대한 설명으로 옳은 것은?

① 동남아시아 국가를 중심으로 한 정치·경계·문화 공동체다.
② 우리나라는 가입돼 있지 않다.
③ 아시아·태평양 지역 12개국 간의 자유무역협정이다.
④ 1989년 출범했고, 총 21개국이 가입돼 있다.

20

남북한이 1972년 분단 이후 처음으로 통일에 관해 협의한 만남은?

① 7·4 남북공동성명
② 6·15 남북공동선언
③ 10·4 남북공동선언
④ 9월 평양공동선언

핵심 풀이

19

아시아태평양경제협력체(APEC)

태평양 주변 국가들의 정치·경제적 결속을 다지는 기구로 지속적인 경제성장과 공동의 번영을 위해 1989년 호주 캔버라에서 12개국 간의 각료회의로 출범했다. APEC은 세계 인구의 40%, GDP의 52%, 교역량의 45%를 차지하는 최대의 지역협력체로 총 회원국은 한국, 미국, 일본, 오스트레일리아, 뉴질랜드, 캐나다, ASEAN 6개국(말레이시아, 인도네시아, 태국, 싱가포르, 필리핀, 브루나이) 등 총 21개국이 가입해 있다.

출제기관
2023 부산광역시공무직통합채용[상] 전북대학교병원[상]

20

7·4 남북공동성명

1972년 7월 4일 남북한 당국이 국토분단 이후 최초로 통일과 관련하여 합의하고 발표한 역사적인 공동성명이다. 남북한 정부는 우리 민족의 염원인 통일을 이루기 위해 1971년부터 판문점에서 비밀회담을 열었다. 이 자리에는 남북한의 적십자사 대표가 참석해 통일에 대해 의논하였고 이듬해 7월 4일에 각각 서울과 평양에서 '통일의 3대원칙'을 비롯한 여러 가지 합의 사항을 담은 성명을 발표하였다.

출제기관
2024 한국동서발전[상]
2023 광주보훈병원[상]
2021 의정부시설관리공단[하]

정답 19 ④ | 20 ①

21

다음 보기에서 설명하는 협약은 무엇인가?

> 정식 명칭은 '물새서식지로서 특히 국제적으로 중요한 습지에 관한 협약'으로, 환경올림픽이라고도 불린다. 가맹국은 철새의 번식지가 되는 습지를 보호할 의무가 있으며 국제적으로 중요한 습지를 1개소 이상 보호지로 지정해야 한다.

① 런던협약
② 몬트리올의정서
③ 람사르협약
④ 바젤협약

22

특정 정당이나 후보에게 유리하도록 의도적으로 선거구를 조작하는 것은?

① 게리멘더링
② 스핀닥터
③ 매니페스토
④ 스윙보터

핵심 풀이

21

람사르협약
습지 보호 협약으로 당사국들은 자국 내에서 국제적으로 중요한 습지를 1개소 이상 지정해 보호하기로 협의하였다. 우리나라는 우포늪을 지정하였다.

런던협약
선박이나 항공기, 해양시설로부터의 폐기물 해양 투기, 해상소각 등을 규제하는 협약

몬트리올의정서
지구의 오존층을 보호하기 위해 오존층 파괴물질의 사용을 규제하는 국제협약

바젤협약
유해폐기물의 국가 간 교역을 규제하는 국제협약

출제기관
2025 용인도시공사[상]
2022 국립호남권생물자원관[하]
2019 강동구도시관리공단[상]
2017 한국농수산식품유통공사[상]

22

게리맨더링(Gerrymandering)
1812년 당시 미국 매사추세츠 주지사 게리가 당시 공화당 후보에게 유리하도록 선거구를 재조정했는데 그 모양이 마치 그리스 신화에 나오는 샐러맨더와 비슷하다고 한 데서 유래한 말이다. 이는 특정 정당이나 후보자에게 유리하도록 선거구를 인위적으로 획정하는 것을 의미하며, 이를 방지하기 위해 선거구 법정주의를 채택하고 있다.

스핀닥터(Spin Doctor)
정부 수반에게 유리한 여론조성을 담당하는 정치 전문가를 말한다.

매니페스토(Manifesto)
정당이나 후보자가 선거공약의 구체적인 실천안을 문서화하여 공표하는 정책서약서다.

스윙보터(Swing Voter)
선거 등의 투표행위에서 누구에게 투표할지 결정하지 못한 유권자나 무당층을 말한다.

출제기관
2024 한국폴리텍대학[상] 밀양시설관리공단[상]
2020 경기도공무직통합채용[하]

정답 21 ③ | 22 ①

법률·사회

23. 패션과 미용에 아낌없이 투자하는 남성들을 뜻하는 신조어는?

① 딘트족
② 여피족
③ 그루밍족
④ 더피족

24. 특정 지역의 주민들 사이에서 주기적으로 발생하는 풍토병을 뜻하는 용어는?

① 트윈데믹
② 에피데믹
③ 엔데믹
④ 팬데믹

핵심 풀이

23

그루밍족
그루밍족(Grooming族)은 패션과 미용에 아낌없이 투자하는 남성을 뜻하는 신조어다. 피부, 두발, 치아관리는 물론 성형수술까지 마다하지 않으면서 자신을 꾸미는 것에 대한 투자를 다끼지 않는 남성들을 가리킨다. 메트로섹슈얼족의 증가와 함께 자신을 치장하고 꾸미는 것에 큰 관심을 갖는 그루밍족도 늘고 있다.

딘트족
딘트(DINT)란 'Double Income, No Time'의 약어다. 맞벌이를 해서 수입은 두 배이지만 업무가 바쁘고, 서로 시간이 없어 소비를 못하는 신세대 맞벌이 부부를 지칭한다.

여피족
Young(젊음), Urban(도시형), Professional(전문직)의 머리글자를 딴 YUP에서 나온 용어로, 도시에서 전문직에 종사하는 고수입의 젊은 인텔리를 말한다.

더피족
'여피(Yuppie)족'에서 'y' 대신 'Depressed(우울한)'의 'd'를 조합하여 만든 용어로, 경기침체로 인해 제대로 된 직장을 구하지 못하고 임시직으로 어렵게 생활하고 있는 도시 전문직을 의미한다.

출제기관
2024 대구의료원[상]

24

엔데믹(Endemic)
특정 지역의 주민들 사이에서 주기적으로 발생하는 풍토병을 의미하며, 확산세를 어느 정도 예상할 수 있다. 대표적으로 말라리아와 뎅기열 등이 해당한다.

트윈데믹(Twindemic)
코로나19와 독감이 함께 유행하는 것을 뜻한다.

에피데믹(Epidemic)
비교적 넓은 특정 지역에 감염속도가 빠르게 확산되는 유행병을 말한다.

팬데믹(Pandemic)
세계보건기구(WHO)가 감염병이 전 지구적으로 유행하고 있음을 선포하는 감염병 경고 최고등급이다. 범유행 또는 세계적 대유행이라고 부르기도 한다. 현재까지 1968년의 홍콩독감, 2009년의 신종플루 그리고 코로나19 감염사태에 대해 팬데믹이 선포됐다.

출제기관
2023 화성시흥공기관통합채용[상]
2022 화성시흥공기관통합채용[상] 강서구시설관리공단[상]
2021 부산교통공사[하]

정답 23 ③ | 24 ③

25

구직자·근로자들이 더 좋은 조건을 찾는 탐색행위로 인해 발생하는 실업은?

① 구조적 실업
② 기술적 실업
③ 마찰적 실업
④ 경기적 실업

26

스피넬로의 사이버윤리에서 정한 네 가지 원칙에 해당하지 않는 것은?

① 자율성
② 선행 원칙
③ 정의
④ 개별성

핵심 풀이

25
실업의 종류
- 마찰적 실업 : 산업 간 또는 지역 간의 노동력 이동과정에서 일시적 수급불균형으로 인해 생기는 실업이다. 대규모 사업체가 부도났을 경우 이 회사의 근로자들이 새로운 일자리를 찾을 때까지 생기는 한시적 실업이 대표적인 예다.
- 경기적 실업 : 일할 의사가 있지만 일자리를 얻지 못해 일어나는 비자발적 실업의 한 형태.
- 구조적 실업 : 자본주의 경제구조의 변화에서 오는 실업 형태로 산업부문간 노동수급의 불균형으로 말미암아 발생하는 실업이다.
- 계절적 실업 : 어떠한 산업의 생산이 계절적으로 변동했기 때문에 일어나는 단기적인 실업이다.

출제기관
2024 한국폴리텍대학[상]

26
스피넬로의 사이버윤리
사회학자 리처드 스피넬로는 저서 〈사이버윤리〉에서 인터넷 등 사이버 공간이 인간사회에 미치는 윤리적·법률적 문제를 탐구했다. 그는 저서에서 사이버 윤리 4원칙을 제시했는데, 개인이 스스로 삶의 방향을 선택하는 '자율성', 누군가에게 폐를 끼치지 않는 '무해의 원칙', 가능한 사회에 좋은 영향을 주는 '선행 원칙', 디지털 자원과 산물이 누구에게나 공정하게 돌아가는 '정의'가 그것이다.

출제기관
2025 부산광역시공무직통합채용[하]

정답 25 ③ | 26 ④

인문 · 세계사 · 문화 · 미디어

27 ☑오답체크 1회차 2회차

프란시스 베이컨이 제시한 인간의 4가지 우상에 해당하지 <u>않는</u> 것은?

① 경험의 우상
② 종족의 우상
③ 동굴의 우상
④ 시장의 우상

☑정답체크
1회	2회
① ③	① ③
② ④	② ④

28 ☑오답체크 1회차 2회차

주로 영화광고에 쓰이는 광고기법으로 상품의 일부만 보여줘 궁금증을 유발하는 기법은?

① 인포머셜 광고
② 티저 광고
③ 애드버토리얼 광고
④ 티저 트레일러

☑정답체크
1회	2회
① ③	① ③
② ④	② ④

핵심 풀이

27

프란시스 베이컨
영국 고전경험론의 창시자로서, 자연을 관찰하여 얻은 과학적 지식을 실리에 이용할 것을 주장하며 '지식의 유용성'을 강조하였다. 또한 인간의 편견이나 선입견을 '우상'으로 정의하며 4가지 우상을 제시한다.

- 종족의 우상 : 인간의 감각을 만물의 척도로 여기며 모든 것을 해석하는 편견
- 동굴의 우상 : 좁은 동굴에서 밖을 보듯 개인적이고 주관적인 편견
- 시장의 우상 : 사람들 간의 교류에서 일어나는 언어에 의한 편견
- 극장의 우상 : 기존 권위에 대한 맹신으로 인한 선입견

출제기관
2024 부산광역시공무직통합채용[하]
2023 전라남도공무직통합채용[상] 부천시공공기관통합채용[상]
2021 부산대학교병원[하]
2018 서울시설공단[하]
2017 포항시설관리공단[하]

28

티저 광고(Teaser Advertising)
처음에는 상품명을 감추거나 일부만 보여주고 궁금증을 유발하며 서서히 그 베일을 벗는 방법으로, 게릴라 마케팅의 일환으로 사용된다. 티저는 '놀려대는 사람'이라는 뜻을 지니며 소비자의 구매욕을 유발하기 위해 처음에는 상품 광고의 주요 부분을 감추고 점차 공개하는 것이다.

애드버토리얼 광고(Advertorial Advertising)
신문 · 잡지에 기사형태로 실리는 논설식 광고를 뜻한다.

티저 트레일러(Teaser Trailer)
예고편의 한 형식으로 영화 또는 방송의 장면을 조금만 보여주거나, 전혀 보여주지 않는 것으로 관객의 호기심과 호감을 자극하는 영상물을 의미하는 용어다.

출제기관
2024 대전도시공사[하] 대구의료원[상]

정답 27 ① | 28 ②

문학 · 예체능 · 기타예술

29

18세기 바로크 시대 대표적인 카스트라토 성악가의 이름은?

① 안나 렌치
② 파리넬리
③ 제니 린느
④ 엔리코 카루소

29

파리넬리(Farinelli)
본명은 '카를로 브로스키'로 1705년 이탈리아에서 태어난 인물이다. 18세기 바로크 시대의 대표적인 카스트라토 성악가로, 예명인 파리넬리는 그를 후원하던 귀족 가문의 이름에서 땄다. 미성과 넓은 음역, 대단한 폐활량으로 유럽 전역에서 명성을 누렸다.

카스트라토(Castrato)
소년의 소프라노와 알토의 높은 음역을 유지하기 위해 변성기가 되기 전 거세한 남성 가수를 일컫는 말이다. 17~18세기 유럽, 특히 이탈리아에서 인기를 얻었다. 카스트라토가 등장하게 된 근본적 원인은 교회에서 연주되던 성악음악에서 여성의 참여를 금지했던 배경과 관련이 있다. 당시는 극장에서도 여성은 무대에 설 수 없었는데, 카스트라토들이 여성의 역할을 맡았다.

출제기관
2025 수원시공공기관통합채용[상]

30

프랑스의 작가로 소설 〈페스트〉를 집필했으며 1957년 노벨문학상을 수상한 인물은?

① 알베르 카뮈
② 프란츠 카프카
③ 장 폴 사르트르
④ 헤르만 헤세

30

알베르 카뮈(Albert Camus)
프랑스 출신의 소설가 · 극작가인 알베르 카뮈는 1942년 소설 〈이방인〉을 발표하며 명성을 떨치기 시작했다. 전염병이 덮친 알제리의 마을을 배경으로 하는 소설 〈페스트〉는 그의 대표작이기도 하다. 부조리에 저항하는 인물상을 많이 그려냈으며, 시사평론을 하기도 하고 희곡을 쓰기도 했다. 그는 1957년 노벨문학상을 수상했다.

프란츠 카프카(Franz Kafka)
오스트리아-헝가리제국 태생의 실존주의 문학의 선구자로 인간의 운명과 부조리에 주목한 문학가다. 대표 작품은 〈변신〉(1916)이다.

장 폴 사르트르(Jean-Paul Sartre)
프랑스 출신의 실존주의 철학자이자 문학가로 철학저술과 소설, 희곡을 남겼다. 1964년 노벨문학상 수상자로 선정됐으나 수상을 거부했다.

헤르만 헤세(Hermann Hesse)
인간 내면의 성장과 자아탐구를 주제로 한 작품들을 쓴 독일 출신의 소설가이자 시인이다. 대표작으로는 〈데미안〉, 〈유리알 유희〉 등이 있으며, 1946년 노벨문학상을 수상했다.

출제기관
2025 청주시공무직공개채용[하]
2022 전라남도공무직통합채용[하]

정답 29 ② | 30 ①

31

다음 중 헬레니즘 문화는 어떤 문화권들이 서로 융합된 것인가?

① 그리스 + 오리엔트(동방) 문화의 융합
② 그리스 + 로마 문화의 융합
③ 로마 + 게르만 문화의 융합
④ 중국 + 인도 문화의 융합

32

몽타주 기법과 가장 관련 있는 용어는 무엇인가?

① 쿨레쇼프 효과
② 포지티브 필름
③ 스테디 캠
④ 퍼블리시티권

핵심 풀이

31

헬레니즘(Hellenism) 문화
고대 마케도니아 왕국의 알렉산드로스 대왕의 기원전 4세기 말 동방원정 이후, 그리스 문화가 오리엔트 문명과 융합되어 형성한 유럽문화의 2대 조류. 로마 문화를 일으키고 인도의 간다라 미술을 탄생시켰다.

출제기관
2025 화성시공공기관통합채용[하] 수원시공공기관통합채용[상]

32

쿨레쇼프 효과
소련의 영화감독 레프 쿨레쇼프가 만들어낸 몽타주 기법의 작동 원리이다. 각 컷들이 연결될 때 관객에게 원래 컷의 의미와 다른 감정을 자아낸다.

포지티브 필름
네거티브 필름이 필름 속의 상의 색을 반전하여 보관하는 것이라면 포지티브 필름은 필름 속의 상의 색을 그대로 보관하는 것이다.

스테디 캠
카메라의 흔들림을 방지하기 위한 촬영 보조기구를 가리킨다. 삼각대부터 크레인까지 다양하다.

퍼블리시티권
개인의 독특한 행동, 유행어 등을 사용할 수 있는 권리이다.

출제기관
2020 인천신용보증재단[하] 경기도공무직통합채용[상]
2018 영화진흥위원회[하]
2017 평택도시공사[하] 영화진흥위원회[하]

정답 31 ① | 32 ①

33

2년마다 주기적으로 열리는 미술 전시회를 가리키는 용어는?

① 트리엔날레
② 콰드리엔날레
③ 비엔날레
④ 아르누보

33

비엔날레
비엔날레는 '2년마다'라는 뜻의 이탈리아어로, 베니스 비엔날레에서 유래하여 국제 미술 전시회의 대명사가 되었다. 트리엔날레는 3년마다, 콰드리엔날레는 4년마다 한 번씩 열리는 미술 전시회를 가리킨다.

아르누보
19세기 말에 생긴 간략화된 묘사를 추구하는 미술 양식이다.

출제기관
2021 예술의전당[하]
2020 오산문화재단[상]
2018 수원문화재단[하] 서울시설공단[하]
2017 평택도시공사[하]

34

사물이나 행위를 그림으로 단순화해 표현한 기호를 뜻하는 용어는?

① 아이콘
② 픽토그램
③ 심벌
④ 로고

34

픽토그램(Pictogram)
Picture(그림)와 Gram(기호)을 합성한 용어로 의미를 그림으로 표현하여 언어와 상관없이 직관적으로 이해할 수 있는 기호를 말한다. 복잡한 요소를 최대한 축약해 의미를 바로 알 수 있도록 하고, 문자로 된 설명 없이 이미지로만 되어 있어 공항과 지하철 등 국제적인 장소에서도 통용된다. 화장실 안내표지나 출입금지 표지, 비상구 표지 등이 픽토그램의 사례다.

아이콘(Icon)
컴퓨터나 애플리케이션에서 사용되는 작은 그림이나 기호. 어떤 개념을 대표하거나 자연스럽게 연상되는 상징을 뜻하기도 함(예 혁신의 아이콘 스티브 잡스)

심벌(Symbol)
기업이나 단체 등 특정집단·브랜드를 상징하는 기호(예 올림픽 오륜기, 십자가)

로고(Logotype)
브랜드의 이름을 글자나 기호로 디자인해 대중에게 각인시키기 위한 것(예 코카콜라 로고, 삼성 로고)

출제기관
2025 광주광역시공공기관통합채용[상]

정답 33 ③ | 34 ②

과학·IT

35 스마트폰으로 QR코드 접속을 유도해 금융범죄를 벌이는 수법은?

① 파밍
② 스미싱
③ 큐싱
④ 스피어피싱

36 포도의 껍질 등에 자연적으로 들어있는 물질로 떫은맛을 내는 것은?

① 탄닌
② 케톤
③ 카복실산
④ 퓨린

35

큐싱(Qshing)
QR코드와 '개인·금융정보를 낚는다(phishing)'는 의미를 띤 합성어로, 스마트폰이 대중화되면서 새롭게 나타난 금융범죄 수법이다. QR코드에 접속하면 자동으로 악성코드가 심어지게 해 개인정보를 탈취하고 스마트폰을 해킹해 금전적 피해를 입힌다. 정상적인 QR코드를 다른 것으로 바꾸거나 덮어씌운 뒤, 악성링크로 접속을 유도하고 악성앱을 설치하는 등의 방식으로 나타난다.

파밍(Pharming)
해커가 특정 사이트의 도메인 자체를 중간에서 탈취해 개인정보를 훔치는 행위

스미싱(Smishing)
문자메시지(SMS)와 피싱의 합성어로, 스마트폰의 문자 메시지를 이용한 휴대폰 해킹

스피어피싱(Spear-phishing)
불특정다수가 아닌 특정 인물·조직을 정밀 겨냥한 피싱

출제기관
2025 한국폴리텍대학[상]

36

탄닌(Tannin)
포도를 비롯한 식물에 자연적으로 들어 있는 유기화합물로 떫은맛을 낸다. 탄닌산은 해독작용과 살균·지혈·소염작용을 하며, 적포도주의 경우 숙성과정에서 포도껍질·씨와 오랜 시간 접촉하므로, 백포도주보다 탄닌 성분이 많이 함유돼 자연스런 떫은맛을 낸다.

출제기관
2022 부산대학교병원[하]
2021 동대문구시설관리공단[하]

정답 35 ③ | 36 ①

37

다음 중 화학물질인 다이옥신에 대한 설명으로 옳은 것은?

① 무색무취의 맹독성 물질이다.
② 주로 오염된 생활하수에서 발견된다.
③ 과거에는 살충제로서 널리 사용됐다.
④ 인간을 제외한 동식물에게는 무해한 물질이다.

37
다이옥신(Dioxin)
본래는 산소 원자 2개를 포함하고 있는 분자를 총칭하지만, 특히 우리가 다이옥신이라 부르는 것은 벤젠 고리에 산소 원자와 염소가 결합된 화학물질로 무색무취의 맹독성 물질이다. 주로 플라스틱, 쓰레기 등을 소각할 때 발생하며 건물 등 인공구조물에 화재가 났을 때도 검출된다. 인체에 노출되면 치명적이며 암, 염소여드름, 간 손상, 면역·신경체계 변화, 기형아 등을 유발하고 과다노출 시 사망에 이를 수 있다. 과거 베트남전쟁 당시 미군이 밀림의 풀숲을 제거하기 위해 다이옥신이 함유된 고엽제를 살포하면서 수많은 군인과 베트남인들이 피해를 입기도 했다.

출제기관
2024 부산광역시공무직통합채용[하]

38

'데이터 마이닝'과 가장 관련 있는 IT 기술은 무엇인가?

① 빅데이터
② 딥러닝
③ 머신러닝
④ 블록체인

38
데이터 마이닝
통계학적 관점에서 데이터를 찾고 통계상에 나타나는 현상과 흐름을 파악하는 것이다. 빅데이터 기술에 활용된다.

빅데이터
인터넷 등의 발달로 방대한 데이터가 쌓이는 것, 그리고 데이터 처리기술의 발달로 디지털 환경에서 만들어지는 방대한 데이터를 분석해 그 의미를 추출하고 경향을 파악하는 것이다.

딥러닝
인공지능 프로그램이 다양한 데이터를 통해 스스로 머신러닝을 수행할 수 있는 인공신경망을 만드는 것이다. 머신러닝이란 알고리즘을 이용해 데이터를 분석하고 이를 기반으로 판단하는 작업인데 알고리즘을 생성하는 것까지 자동화하는 기반을 만든 것이다.

블록체인 `NCS`
데이터 분산처리를 통해 거래정보를 참여자가 공유하는 기술이다. 특히 온라인 거래 시 거래기록을 영구히 저장해, 장부를 통한 증명으로 돈이 한 번 이상 지불되는 것을 막는다.

출제기관
2025 광명도시공사[하]
2023 원주문화재단[상]
2022 화성도시공사[하]
2019 서울교통공사[하]
2018 농촌진흥청[하]
2017 경기도시공사[하] 영상물등급위원회[상]

정답 37 ① | 38 ①

우리말·한자

39

다음 보기 문장의 밑줄 친 단어 중 대등합성어가 쓰인 것은?

① 우리 팀은 서로 손발이 맞지 않는다.
② 아버지가 사주신 책가방은 너무 작았다.
③ 마을을 잇는 돌다리가 곳곳에 있었다.
④ 그들은 밤낮없이 근면하게 일했다.

40

다음 대화에서 밑줄 친 단어가 가지는 언어의 기능은?

> A : 할머니, 어서 이리 오세요. 갈 길이 급해요!
> B : 아이고, 얘야 조금만 쉬었다 가자.

① 명령적 기능
② 정보적 기능
③ 표출적 기능
④ 친교적 기능

핵심 풀이

39
합성어

어근과 어근이 결합되어 만들어지는 합성어는 어근 간의 관계에 따라 대등, 종속, 융합으로 구분된다. 대등합성어는 어근과 어근이 대등한 관계로 어근 사이에 '와/과'나 '-고'가 들어가 말이 성립된다. 논밭, 손발, 뛰놀다 등이 해당한다. 종속합성어는 앞의 성분이 뒤에 오는 성분을 수식한다. 돌다리는 '돌로 만든 다리'이며, 책가방은 '책을 넣는 가방'이다. 융합합성어는 어근이 본래의 의미를 잃어버리는 경우다. ④에서 밤낮은 '항상'이라는 의미를 가지며, 또 다른 예인 피땀은 '노력과 정성을 비유적으로 이르는 말'이다. 물론 경우에 따라 '밤과 낮'이나 '피와 땀'처럼 대등합성어의 의미로도 쓰일 수 있다.

출제기관
2024 광주광역시공무직통합채용[하]

40
언어의 기능

언어의 기능에는 사물이나 개념 등을 가리키는 '지시적 기능', 정보를 전달하거나 보존하는 '정보적 기능'이 있다. 또 상대방에게 어떠한 언행을 하도록 만드는 '명령적 기능'과 말로써 상대방과 친밀한 관계를 쌓을 수 있게 하는 '친교적 기능'이 존재한다. 아울러 사람의 정서를 드러낼 수 있는 '표출적 기능'을 하기도 한다.

출제기관
2024 광주광역시공무직통합채용[하]

정답 39 ① | 40 ③

문제 유형 살펴보기

단답형

01 조선시대에 왕명을 출납하던 기구로 한성부, 춘추관, 의금부와 함께 왕권을 강화하는 역할을 한 것은?

02 '아는 것이 힘이다'라는 명언을 남긴 영국 출신 철학자의 이름은 무엇인가?

03 2년마다 주기적으로 열리는 국제 미술 전시회의 명칭은?

04 조선 후기의 중상주의 실학자로 수레와 선박의 이용 및 화폐 유통의 필요성을 강조한 인물은?

05 컴퓨터가 데이터를 활용해 스스로 학습하도록 인공신경망을 기반으로 하는 기술은?

> **정답** 1. 승정원 2. 프란시스 베이컨 3. 비엔날레 4. 박지원 5. 딥러닝

약술형   다음 용어에 대해 약술하시오.

01 람사르협약

02 티저 광고

03 엔데믹

04 7·4 남북공동성명

> **정답**
>
> **1. 람사르협약**
> 생태적·국제적으로 중요한 습지를 보호하기 위해 맺은 협약이다.
>
> **2. 티저 광고**
> 처음에는 상품명을 감추거나 상품의 일부만 보여줘 궁금증을 유발해 서서히 그 베일을 벗기는 광고다.
>
> **3. 엔데믹**
> 특정 지역의 주민들 사이에서 주기적으로 발생하는 풍토병을 의미하며 확산세를 어느 정도 예상할 수 있다.
>
> **4. 7·4 남북공동성명**
> 1972년 7월 4일 남북한 당국이 분단 이후 처음으로 만나 통일 관련 논의를 하고 합의해 발표한 공동성명이다.

NCS

01 아래 글의 주된 내용 전개 방식으로 적절한 것은?

> 블록체인 기술은 익명의 '사토시 나카모토'란 인물이 「Bitcoin: A Peer-to-Peer Electronic Cash」라는 연구를 공개함으로써 대중에 알려졌다. 이 논문을 바탕으로 블록체인 기반의 비트코인이 만들어졌고 이는 가상화폐 붐으로 이어졌다. 이러한 블록체인은 중개 기관에 의존적인 기존의 거래방식에서 벗어나 거래 당사자 간의 직접적인 거래를 통해 신뢰성을 보장한다. 이는 기존 중앙 통합형 거래시스템에서 발생하는 데이터 및 트랜잭션 관리 비용과 보안 문제를 개선시킬 수 있는 방안이 되었다.
> 블록체인은 P2P(Peer-to-Peer) 네트워크, 암호화, 분산장부, 분산합의의 크게 4가지 기반기술로 구성되어 있다. P2P 네트워크는 기존의 클라이언트-서버 방식에서 탈피한 동등한 레벨의 참여자들로 이루어지는 네트워크로, 모든 정보를 참여자들이 공통적으로 소유하고 있어 정보를 관리하고 있는 시스템 1대가 정지해도 시스템 운영에 영향을 주지 않는 특징을 가진다. 암호화는 데이터의 무결성을 검증하는 해시트리와 거래의 부인 방지를 위한 공개키 기반 디지털 서명 기법을 사용한다. 분산장부는 참여자들 간의 공유를 통해 동기화된 정보의 기록 저장소이다. 마지막으로 분산합의는 참여자 간의 합의를 통해서 발생하는 적합한 거래와 정보만 블록체인으로 유지하는 기술로, 대표적으로 비트코인의 작업증명(Proof-of-Work)이 있다. 이는 참여자들의 거래 데이터를 블록으로 생성하기 위한 작업으로, 참여자 간의 블록에 대한 무결성을 이끌어낸다. 이 외에도 거래자 간의 계약조건이 자동으로 실행하는 스마트계약기술을 이용한 거래의 신뢰성 및 무결성 보장기술을 포함하고 있다.
> 이러한 블록체인 기술은 중개 기관을 배제한 거래에 적용할 수 있는 부분부터 그 활용이 확대되고 있다. 가상화폐 기능 및 거래수수료를 절감할 수 있는 금융거래에서 사물인터넷, 자율주행 자동차 등 다양한 응용 분야에서 화두로 부상하고 있다. 또한 에너지 분야에서도 다양한 프로젝트가 진행 중이며, 상용화될 경우 기존의 전력거래 및 공급 시스템의 많은 변화가 예상된다. 실제로 미국에서는 태양광 전력 생산 후 이에 대한 보상을 가상화폐(Solar Coin)로 보상하는 거래 시스템, 태양광 에너지를 생산하고 남은 전기를 이웃 간에 거래하는 프로슈머 거래 시스템, 전기차 충전소 인증 및 과금 체계에 블록체인 기반의 기술 적용이 연구 중에 있다.

① 대상을 정의하고, 종류에 대해 열거하여 설명하고 있다.
② 등장 배경을 설명하고, 대상의 특징 및 활용 분야에 대해 제시하고 있다.
③ 사건이 발생하게 된 배경을 시간적 흐름에 따라 설명하고 있다.
④ 대상의 문제점을 제시하고 대책방안을 제시하고 있다.

정답

1. ② 블록체인 기술이 등장하게 된 배경을 설명하고, 이어 블록체인의 기반기술과 여러 활용 분야를 설명하고 있으므로 글의 전개 방식으로 ②가 가장 적절하다.
   - 블록체인(Block Chain) : 온라인 거래 시 거래 기록을 영구히 저장하여, 장부를 통한 증명으로 돈이 한 번 이상 지불되는 것을 막는 기술이다. 거래가 기록되는 장부가 '블록(Block)'이 되고, 이 블록들은 시간의 흐름에 따라 연결된 '사슬(Chain)'을 이루게 된다. 이렇게 생성된 블록은 네트워크 안의 모든 참여자에게 전송되는데 모든 참여자가 이 거래를 승인해야 기존의 블록체인에 연결될 수 있다. 이러한 과정의 반복으로 형성된 구조는 거래장부의 위·변조를 불가능하게 만든다.

8회차 분야별 핵심 키워드 40문제

공기업 기출 분석

한국사

01 ✓오답체크 1회차 2회차

다음 유물 중 한반도와 중국 간 교류의 증거로 가장 거리가 먼 것은?

① 오수전
② 명도전
③ 비파형 동검
④ 성운경

✓정답체크
1회	2회
① ③	① ③
② ④	② ④

02 ✓오답체크 1회차 2회차

다음의 사건을 일어난 순서대로 배치한 것은?

㉠ 고구려에 대항해 신라와 백제가 동맹을 결성했다.
㉡ 백제가 수도를 한성에서 웅진(현재의 공주)으로 옮겼다.
㉢ 신라의 법흥왕이 금관가야를 정복하여 전기 가야 연맹이 해체되었다.
㉣ 고구려의 을지문덕이 수나라 군사 30만명을 살수에서 몰살시켰다.

① ㉠ - ㉣ - ㉢ - ㉡
② ㉡ - ㉠ - ㉢ - ㉣
③ ㉡ - ㉢ - ㉠ - ㉣
④ ㉢ - ㉣ - ㉠ - ㉡

✓정답체크
1회	2회
① ③	① ③
② ④	② ④

핵심 풀이

01
오수전·반량전·명도전은 중국의 진, 전한, 전국시대에 사용된 화폐로 요동과 한반도에서 출토되면서 중국과의 교류 증거로 평가된다. 성운경은 중국에서 제작된 거울로 선사시대부터 가야시대까지의 고분이 밀집된 창녕의 다호리 유적에서 출토됐다. 당시 한반도와 중국과의 교류 증거가 된다. 비파형 동검은 다른 지역에서 출토되는 동검과는 다른 독특한 외형을 가진 고조선을 상징하는 유물 중 하나다.

출제기관
2025 부산항보안공사[하]

02
백제의 천도
한강 유역을 빼앗긴 백제의 문주왕은 웅진으로 천도하였다(475). 이후 성왕 대에 중흥을 위해 국호를 남부여로 바꾸고 사비로 천도했다(538).

가야
김해 금관가야를 중심으로 2세기에 결성되나 5세기 법흥왕에 의해 타격을 입고(532) 다시 고령 대가야를 중심으로 결성하나 진흥왕에 의해 병합됐다(562).

나제동맹
백제의 성왕과 신라의 진흥왕은 나제동맹을 바탕으로 고구려가 차지하고 있던 한강 유역을 차지하였다(551). 신라의 진흥왕이 나제동맹을 깨고 백제가 차지한 지역을 점령하자 이에 분노한 성왕이 신라를 공격하였지만, 관산성 전투에서 전사하였다(554).

을지문덕
수 양제는 113만 대군을 이끌고 직접 고구려의 요동성을 공격하였으나 실패하자 우중문을 시켜 30만의 별동대로 평양성을 공격하도록 하였다. 그러나 을지문덕의 활약으로 살수에서 전멸하였다(612).

출제기관
2019 한국원자력환경공단[상] 경기도공공기관열린채용[상]
한국산업인력공단[상]
2018 수원문화재단[하] 영화진흥위원회[하]
2017 경기문화재단[하] 한국동서발전[하] 대구시설공단[하]
평택도시공사[하]
2016 밀양시설관리공단[하] 서울도시철도공사[상]

정답 01 ③ | 02 ③

03

백제의 13대 왕으로 4세기 백제의 최전성기를 이끈 인물은?

① 근초고왕
② 개로왕
③ 침류왕
④ 무왕

04

다음 중 고려의 문벌귀족에 대한 설명으로 옳지 않은 것은?

① 제한 없이 승진할 수 있는 음서제를 두어 지위를 세습하였다.
② 문벌귀족의 유력자 김부식은 중국 중심적 인식이 깔린 역사서를 편찬하였다.
③ 대대로 세습되면서도 세금을 내지 않고 수조권을 가진 땅으로 세력 기반을 공고히 하였다.
④ 무신의 난립으로 인해 몰락하였다.

핵심 풀이

03

근초고왕
백제의 제13대 왕으로 활발한 정복활동을 펼쳐, 남쪽으로는 마한 세력을 통합하고 가야 지역까지 진출해 백제 역사상 최대영토를 자랑하며 전성기를 이룩했다. 북쪽으로는 낙랑의 일부 지역을 확보했고, 평양성까지 진출해서 고구려 고국원왕을 전사시켰다. 그리고 요서지역과 왜에도 진출하여 왜에 칠지도를 하사하는 등 활발히 국제교류를 했다. 아울러 왕이 아들에게 왕위를 물려주는 부자상속제를 확립했다.

출제기관
2025 용인도시공사[하]
2024 대구의료원[상]

04

음서제
고려와 조선에 있었던, 고위 관리직 자녀에게 벼슬을 내리는 제도이다. 고려에서는 5품 이상의 자녀에게 벼슬을 주었다. 음서제가 기득권층에게 많이 유리한 제도였으나 고려 또한 음서 출신 관료의 승진에 제한이 있었다. 조선은 고려에 비해 음서 제도를 축소하여 유지했다.

〈삼국사기〉
김부식이 왕명을 받아 편찬하였다. 〈삼국사기〉는 유교적 합리주의 사관에 기초하여 기전체 형식으로 서술되었다(1145).

문벌귀족
유교적·사대적 사상을 가진 고려의 상류층으로, 법적으로 신분을 구별한 것은 아니었으며, 음서제·공음전을 통해 기반을 유지하였다.

공음전
고려 문종은 5품 이상의 관리들을 대상으로 자손에게 상속이 가능한 토지인 공음전을 지급하였다(1049).

출제기관
2022 중소기업유통센터[상] 한국산업인력공단[상]
2019 보훈복지의료공단[상]
2018 한국지역난방공사[상]
2017 한국중부발전[하] 한국산업인력공단[상] 한국서부발전[상]
2016 장애인고용공단[상]

정답 03 ① | 04 ①

05

다음에서 설명하는 학문을 도입한 고려시대의 인물은?

> 인간의 본성을 밝히는 학문으로 북송의 정호, 정이 형제 등이 이론의 토대를 만들고 주희(朱熹)가 이를 집대성하여 주자학이라고도 한다. 주희는 존재론으로서 이기이원론(理氣二元論)을 주장하였다. 학문의 명칭은 이의 근본 명제인 성즉리(性卽理)에서 유래한다.

① 이색
② 안향
③ 이제현
④ 정몽주

핵심 풀이

05
지문에서 설명하는 학문은 성리학으로 고려 문신인 안향은 고려 제25대 왕인 충렬왕 때 원나라로부터 성리학을 도입했다.

출제기관
2021 오산문화재단[하]
2020 경기도공무직통합채용[상]

06

다음 중 조선의 의사결정기구의 변화과정에 대한 설명으로 옳지 않은 것은?

① 조선 전기에는 의정부가 최고 정치기구로서 국정을 총괄했다.
② 중종 때 외적 침입에 대비하기 위한 임시기구로 비변사를 설치했다.
③ 선조 때 임진왜란을 거치며 비변사는 상설기구화 됐다.
④ 고종 때 흥선대원군은 비변사를 폐지하고 의정부 기능을 회복시켰다.

06
의정부
중앙통치체제를 정비하는 단계였던 조선 전기에는 의정부가 최고 의사결정기구로서 기능했다. 3정승(영의정·좌의정·우의정)이 중심이 되어 임금을 보좌하고 정책자문 및 국정총괄을 하는 등 유교적 관료정치 원리에 충실했다.

비변사
조선 중종 때 3포 왜란이 발생하자 이를 계기로 외적의 침입에 대비하기 위한 임시기구로 비변사를 처음 설치했고(1510), 명종 때 을묘왜변을 계기로 상설기구화 됐다. 임진왜란을 거치면서 조직과 기능이 확대되어 중앙기구로 자리 잡았고, 의정부를 대신하여 국정 전반을 총괄하는 실질적인 최고의 관청으로 성장했다. 이후 고종 때에 이르러 정치적 실권을 잡은 흥선대원군은 개혁의 일환으로 비변사를 폐지하고 의정부의 권한을 강화했으며, 삼군부를 부활시켜 군사 및 국방 문제를 전담하게 하였다.

출제기관
2025 수원시공공기관통합채용[상]
2022 중소기업유통센터[상]

정답 05 ② | 06 ③

07

이순신 장군의 마지막 전투로, 퇴각하는 일본군을 추격하여 섬멸한 전투는 무엇인가?

① 노량해전
② 명량해전
③ 한산도대첩
④ 사천해전

핵심 풀이

07

한산도대첩
1592년 한산도 앞바다에서 와키자카 야스히루가 이끄는 일본 수군 73척을 괴멸한 전투이다. 이순신 장군은 처음으로 학익진을 사용하였다.

명량해전
이순신 장군이 백의종군에서 복귀한 뒤 벌인 전투로 13척의 배로 수백척의 일본군을 명량에서 물리쳤다(1597).

노량해전
도요토미 히데요시의 사망과 함께 일본군의 패색이 짙어지자 이순신 장군은 일본으로 도망가려는 일본 함대 100여 척을 추격해 침몰시켰다(1598).

이순신
임진왜란이 발발할 당시(1592) 전라좌도 수군절도사로 재임하여 거북선을 건조하였다가 일본 수군에 수많은 승리를 거뒀다. 이후 모함을 받아 백의종군하였으나, 칠천량해전에서 원균이 이끄는 수군이 대패하자 다시 복직하여 명량해전, 노량해전 등의 승리를 이끌었다.

출제기관
2025 대전교통공사[하]
2022 광명도시공사[하]
2018 보훈복지의료공단[상] 한국산업인력공단[상]
2016 해양환경관리공단[상]

08

조선 영조 대의 실학자 이익에 대한 설명으로 옳지 않은 것은?

① 〈성호사설〉을 지어 한전론을 주장했다.
② 중국 중심의 역사관을 비판하였다.
③ 천문학에 조예가 있었다.
④ 상업의 발전을 강조하였다.

08

이익
조선 후기 실학자로 농업 중심의 개혁 운동을 주장했다. 〈성호사설〉을 통해 가정의 생활을 유지하는 데 필요한 영업전을 할당하고, 이 토지의 매매를 금지하며 나머지 토지에 대해서만 매매를 허용하는 '한전론'을 주장하였다. 서양 천문학에 관심을 갖기도 했으며 역사 면에서도 실증적·비판적 역사 서술을 강조하고, 중국 중심의 사관을 비판하기도 했다. 다만 유통 경제의 발전이 농촌 경제를 어렵게 만들고 있다고 하는 '폐전론'을 주장하여 상업을 경시하였다.

경세치용학파(중농주의)
조선 후기 사회 문제를 해결하기 위해 농업을 중심으로 한 제도 개혁을 주장했던 실학자 일파이다. 경세치용학파에서 내세운 개혁 방법은 균전론, 한전론, 여전론 등 토지개혁 제도의 도입으로, 이용후생학파(중상주의)가 상공업이나 화폐 경제에 높은 관심을 보였던 것과는 다르다. 주로 경기 지역의 남인들이 주장하였다.

출제기관
2023 대전도시공사[상]
2017 한국남동발전[하] 한국동서발전[하]

정답 07 ① | 08 ④

09 오답체크 1회차 2회차

다음과 같은 본문이 수록된 책의 저자와 관련 없는 사실은?

> 세상 삼라만상의 원리에는 이(理)가 자리 잡으며, 인간의 마음과 본성 모두 이(理)이거늘, 불가에서는 인간의 마음과 본성을 구분 짓고 있다.

① 〈경국대전〉을 편찬해 국가의 기틀을 다졌다.
② 〈불씨잡변〉을 지어 불교의 교리를 성리학의 원리로 비판하였다.
③ 명나라에 대립하여 요동정벌을 주장하기도 하였다.
④ 역성혁명을 일으켜 왕을 폐위하고 새 왕조를 수립하였다.

10 오답체크 1회차 2회차

일제가 한반도 식민통치를 총괄하기 위해 1910년 설립한 기관은?

① 중추원
② 조선총독부
③ 통감부
④ 관동도독부

핵심 풀이

09
정도전의 저서 〈불씨잡변〉의 일부분이다.

정도전
고려 말 급진 개혁파를 이끌었던 정도전은 신흥 무인 세력인 이성계와 연합하였다. 이들은 위화도 회군 이후 최영 세력을 몰아내고 이색, 정몽주 등의 온건 개혁파를 제거하면서 조선 건국을 주도하였다. 국가의 유교적 이념을 성문화하기 위해 〈조선경국전〉(1394)과 〈경제문감〉(1395)을 편찬하였다. 성리학자였으나 자주적인 면모를 보여 요동정벌을 주장하기도 했다. 〈불씨잡변〉을 저술하여 불교를 비판하는 등 성리학을 강력히 신봉하였다.

경국대전 NCS
조선 세조 대에 편찬되기 시작한 〈경국대전〉은 조선의 기본 법전으로 성종 대에 완성되어 반포되었다(1485).

출제기관
2024 한국산업인력공단[하]
2019 한국중부발전[상]
2018 영화진흥위원회[하] 수원문화재단[하]
2017 한국중부발전[하]

10

조선총독부
1910년 한일병합조약을 통해 대한제국의 주권이 완전히 상실됐다. 일제는 대한제국을 조선으로 개칭하였고, 일체의 정무를 관할하는 조선총독부를 설치하여 초대 총독으로 데라우치를 임명하였다. 1912년 조선총독부는 토지조사국을 설치하고 토지조사령을 발표하여 일정 기간 내 토지를 신고하도록 하는 토지조사사업을 실시했다. 신고하지 않은 토지는 총독부에서 몰수하여 일본인에게 헐값으로 팔아넘겼다. 또한 1930년대 민족 말살 통치기에는 황국신민화 정책을 선전하고, 애국반을 통한 공출, 징병·징용 등을 독려했다. 아울러 황국신민 서사 암송과 창씨개명, 신사 참배 등을 강요하며 우리민족의 정체성을 말살하려 했다.

통감부
조선총독부의 전신으로 일제가 대한제국의 외교권을 박탈한 후 설치했다. 군정의 전반을 장악한 기관으로 초대 통감은 이토 히로부미이다.

출제기관
2025 한국폴리텍대학[상]
2024 광주광역시공공기관통합채용[하]

정답 09 ① | 10 ②

경제 · 경영

11 다음 소비 트렌드와 관련된 용어 중 성격이 다른 하나는?

① 노바이
② 무지출 챌린지
③ 욜로
④ 미니멀리즘

12 특정 인물이나 콘텐츠 등을 추종해 제품을 구매하는 새로운 소비 트렌드는?

① 가치소비
② 짠테크
③ 디토소비
④ 스몰럭셔리

핵심 풀이

11

욜로(YOLO)
'You Only Live Once'의 줄임말인 욜로(YOLO)는 "인생은 한 번뿐이다"는 의미로 '지금 이 순간을 즐기며 소비하고 살아가자'는 경향이다. 반대의 개념으로는 요노(YONO)가 있다. 'You Only Need One'의 줄임말로 불필요한 것을 줄이고 꼭 필요한 것 하나만 선택하는 소비 트렌드를 말한다.

노바이(Nobuy)
최근 등장한 소비 트렌드로 'No+Buy' 즉, '아무것도 사지 않는다'는 의미다. 불필요한 소비를 줄이고 최소한으로 구매해 생활하는 방식을 말한다. 고물가·고금리 시대에 생활비 부담이 커지면서 절약 트렌드가 확산됐고, 꼭 필요한 것만 구매하고 과소비에 따른 환경문제까지 고려하는 '가치소비'가 주목을 받으면서 정립됐다. 새로 물건을 구입하기 보다는 기존의 물건을 다시 쓰거나 소비를 신중히 결정한다. 불필요한 소비를 통제하는 '무지출 챌린지'와 유사한 성격을 띤다.

미니멀리즘(Minimalism)
소비와 삶 전반을 간소화하는 철학

출제기관
2025 수원시공공기관통합채용[상]

12

디토소비
최근 등장한 소비 트렌드 중 하나로, 인플루언서·연예인 등 특정인이나 콘텐츠, 커머스를 따라 그대로 물건을 구매하는 것이다. 디토(Ditto)란 '나도, 동감이야'를 의미하는 단어로, 말 그대로 다른 사람이 하는 소비를 그대로 따라하는 소비패턴을 의미한다. 특히 MZ세대에서 유행하는 소비 트렌드로 SNS, 유튜브 등에서 인플루언서 등이 추천하거나 구매한 제품을 구매하는 방식으로 나타난다. '남들이 다 가지고 있으니 나도 구입한다'는 의식에서 행하기도 한다.

가치소비
개인의 가치관에 따라 정보를 찾고 제품을 구매하는 소비방식

짠테크
일상에서 지출을 줄이고, 소액이라도 꾸준히 모으는 재테크 방식

스몰럭셔리
불황 속에서 비싼 가격의 명품 대신 음식, 화장품 등 비교적 작은 것으로부터 사치를 부리는 새로운 소비트렌드

출제기관
2025 광주광역시공공기관통합채용[하]
2024 광주광역시공무직통합채용[하]

정답 11 ③ | 12 ③

13

저가상품 가격이 고가상품보다 빠르게 상승하는 현상을 뜻하는 말은?

① 역 슈링크플레이션
② 하이퍼플레이션
③ 로우플레이션
④ 칩플레이션

핵심 풀이

13

칩플레이션(Cheapflation)
가격이 낮다는 의미의 '칩(Cheap)'과 물가상승을 의미하는 '인플레이션(Inflation)'을 합성한 용어. 저가상품의 가격이 고가상품보다 빠르게 상승하는 것을 뜻한다. 2022년 영국의 요리사이자 빈곤퇴치 운동가인 '잭 먼로'가 SNS에 언급한 데서 유래한 용어로, 코로나19 팬데믹 당시 값싼 식료품 가격이 고가의 식료품 가격보다 빠르게 오르는 현상을 설명한 바 있다.

역(逆) 슈링크플레이션
슈링크플레이션(Shrinkflation)과 반대로 기존 가격을 유지한 채 용량을 늘리거나 가격을 인하해 가성비를 높이는 방식

하이퍼인플레이션(초인플레이션)
인플레이션의 범위를 초과해 경제학적 통제를 벗어난 인플레이션

로우플레이션(Lowflation)
물가상승률이 장기간 낮은 상태로 머무는 경제상황

출제기관
2025 한국폴리텍대학[상]

14

국채의 상환 기간을 유예하는 것은?

① 디폴트
② 모라토리엄
③ 리프로파일링
④ 로폴리틱스

14

모라토리엄
국가의 대외 채무에 대한 지불유예 선언을 의미한다.

디폴트
채무불이행으로서 정부가 외국에서 빌려온 차관을 지속적으로 갚지 못하는 상황에서 지불 불가를 선언하는 것이다.

리프로파일링
채무 재조정으로 국채 상환 기간 연장 또는 금리 조정을 의미한다.

로폴리틱스
통화나 무역 등 경제문제를 둘러싼 대외조치나 교섭을 말한다.

출제기관
2024 대구의료원[상]
2022 부산대학교병원[하]
2019 근로복지공단[상]

정답 13 ④ | 14 ②

15

부동산 산업과 빅데이터 분석 등 하이테크 기술을 결합한 서비스는?

① 프롭테크
② 핀테크
③ 임베디드 금융
④ 클린빌

핵심 풀이

15

프롭테크(Proptech)
부동산(Property)과 기술(Technology)의 합성어로, 기존 부동산 산업과 IT의 결합으로 볼 수 있다. 프롭테크의 산업 분야는 크게 중개 및 임대, 부동산 관리, 프로젝트 개발, 투자 및 자금조달 부분으로 구분할 수 있다. 프롭테크 산업 성장을 통해 부동산 자산의 고도화와 신기술 접목으로 편리성이 확대되고, 이를 통한 삶의 질이 향상되고 있다.

핀테크(Fintech)
금융(Finance)과 기술의 합성어로 정보기술을 통해 각종 금융서비스를 제공하는 것

임베디드 금융(Embedded Finance)
비금융기업이 자사의 플랫폼, 상품, 서비스에 금융서비스를 함께 제공하는 것

출제기관
2023 호성시환경공단[상]

16

회사 내에 생산설비를 따로 갖추지 않고 외부에서 부품 등을 조달해 제품을 생산하는 기업은?

① 수평기업
② 수직기업
③ 틈새기업
④ 모듈기업

16

모듈기업(Module Corporation)
제조업을 기본 업종으로 하나 회사 내에 생산시설이나 공정을 갖추지 않고, 부품이나 완제품을 외부 기업에게 조달해와 최종제품을 생산해 판매하는 기업이다. 다른 기업과 연결해 하나의 완제품을 생산해내며, 마케팅·디자인 등에 강점을 갖고 제품의 경쟁력을 높인다.

출제기관
2025 화성시공공기관통합채용[상]

정답 15 ① | 16 ④

17

다음 중 세계 3대 신용평가기관이 아닌 것은?

① 무디스(Moody's)
② 스탠더드 앤드 푸어스(S&P)
③ 피치 레이팅스(FITCH Ratings)
④ D&B(Dun&Bradstreet Inc)

국제 · 정치

18

UN 산하 전문기구의 영문명칭 연결이 잘못된 것은?

① 세계기상기구 – WMO
② 세계보건기구 – WHO
③ 국제노동기구 – IMO
④ 국제연합식량농업기구 – FAO

핵심 풀이

17

3대 신용평가기관
영국의 피치 레이팅스, 미국의 무디스와 스탠더드 앤드 푸어스(S&P)는 세계 3대 신용평가기관으로서 각국 정부·기업의 정치·경제 상황과 향후 전망 등을 고려하여 경제적 등급을 매김으로써 신용도를 평가한다.

출제기관
2024 의정부도시공사[상]
2017 부산교통공사[상]

18

UN 산하 전문기구 NCS
국제노동기구(ILO), 국제해사기구(IMO), 국제연합식량농업기구(FAO), 국제연합교육과학문화기구(UNESCO), 세계보건기구(WHO), 국제통화기금(IMF), 국제부흥개발은행(세계은행, IBRD), 국제금융공사(IFC), 국제개발협회(IDA), 국제민간항공기구(ICAO), 만국우편연합(UPU), 세계기상기구(WMO), 국제전기통신연합(ITU), 세계지적재산권기구(WIPO), 국제농업개발기금(IFAD), 국제연합공업개발기구(UNIDO), 세계관광기구(UNWTO), 세계은행(WB), 국제투자분쟁해결센터(ICSID), 다자간투자보증기구(MIGA)

출제기관
2021 의정부시시설관리공단[하]
2020 한국산업인력공단[하]
2019 한국관광공사[상]
2017 국민연금관리공단[하]

정답 17 ④ | 18 ③

19 다음 중 해양오염 방지를 위한 국제협약은?

① 파리협정
② 런던협약
③ 몬트리올의정서
④ 교토의정서

핵심 풀이

19

런던협약
방사성 폐기물을 비롯하여 바다를 오염시킬 수 있는 각종 산업폐기물의 해양투기나 해상소각을 규제하는 협약으로, 해양오염을 방지하는 것이 목적이다. 우리나라는 1992년에 가입했다.

파리협정
전 세계 온실가스 감축을 위해 2015년 12월 12일 프랑스 파리에서 맺은 국제협약으로, 지구 평균온도가 2℃ 이상 상승하지 않도록 온실가스를 단계적으로 감축하는 내용이다. 2020년 만료된 교토의정서를 대체한다.

몬트리올의정서
정식 명칭은 '오존층을 파괴시키는 물질에 대한 몬트리올의정서'이며 1989년 1월 발효됐다. 오존층 파괴물질인 프레온가스(CFC), 할론 등의 사용을 규제해 지구의 오존층을 보호하는 것이 목적이다.

교토의정서
기후변화협약(UNFCCC)에 따른 온실가스 감축을 이행하기 위한 의정서로 1997년 교토에서 열린 기후변화협약 제3차 당사국 총회에서 채택됐다. 탄산가스 배출량에 대한 국가별 목표수치를 제시했다.

출제기관
2024 대전도시공사[하] 대전광역시공공기관통합채용[하]
2023 부천도시공사[하]
2022 전라남도공무직통합채용[하]
2021 전남신용보증재단[상]

---

20 우리나라 국회에서 원내 교섭단체를 구성할 수 있는 인원수는?

① 15명
② 20명
③ 25명
④ 30명

20

원내 교섭단체
교섭단체는 국회에서 정당 소속 의원들의 의견과 정당의 주장을 통합하여 국회가 개회되기 전에 반대당과 교섭·조율하기 위해 구성하는 단체로, 소속 국회의원의 20인 이상을 구성 요건으로 한다. 하나의 정당으로 교섭단체를 구성하는 것이 원칙이지만 복수의 정당이 연합해 구성할 수도 있다. 매년 임시회와 정기회에서 연설을 할 수 있고 국고보조금 지원도 늘어난다.

출제기관
2024 의정부도시공사[상] 대구의료원[상]

정답 19 ② | 20 ②

21

다음 중 '불의 고리'와 가장 관련이 없는 국가는 어디인가?

① 미국
② 일본
③ 브라질
④ 뉴질랜드

22

트럼프 2기 행정부의 관세정책에 대한 설명으로 옳은 것은?

① WTO의 최혜국대우 원칙을 이행하는 것을 이념으로 한다.
② 모든 수입품에 10% 보편관세를 시행했다.
③ 무역적자를 고려하지 않고 모든 교역국에 3%의 추가관세를 동일 부과했다.
④ 보호무역주의 완화를 위해 중국과의 고율관세를 철폐했다.

핵심 풀이

21
브라질은 남아메리카 동부에 위치해 대서양에 인접한 국가이다.

불의 고리
태평양을 둘러싼 약 4만km의 환태평양조산대를 '불의 고리'라고 부르는데, 활발한 화산 활동이 이어지고 있다. 지구에서 발생하는 지진의 약 80%가 불의 고리에서 일어났다.

출제기관
2021 화성시공공기관통합채용[하]
2017 인천서구문화재단[하]
2016 대구도시공사[상]

22
트럼프 대통령은 2025년 4월 2일 'Liberation Day' 연설에서 모든 수입품에 10% 보편관세 부과를 선언했고, 4월 5일부터 이를 시행했다. 트럼프 2기 행정부는 WTO 원칙을 사실상 무시하는 보호무역적 보편관세를 도입했고, 추가관세는 교역국의 무역적자 규모를 고려해 국가별로 11~50% 이상 차등 부과했다. 아울러 중국을 견제하기 위해 중국산 제품에 최대 145%의 고율관세를 매겼다.

출제기관
2025 은평구도시공사[상]

정답 21 ③ | 22 ②

법률·사회

23 다음 중 고위공직자범죄수사처의 수사대상이 아닌 공직자는?

① 장성급 장교
② 구청장
③ 국회의원
④ 검찰총장

24 다음 설명과 나이가 맞지 않는 것은?

① 근로가 가능한 최저 나이 : 만 15세
② 기초생활수급자 수령 연령 : 만 65세
③ 대통령 피선거권 보유 나이 : 만 40세
④ 보호처분 가능 나이 : 만 14세

핵심 풀이

23

고위공직자범죄수사처(공수처)
고위 공직자의 범죄사실을 수사하는 독립된 기관이다. 기존 사법 기구로부터 독립되어 공직자의 비리를 고발한다. 흔히 '공수처'라고 불린다. 공수처의 수사대상에는 대통령, 국회의장·국회의원, 대법원장·대법관, 헌재소장·재판관, 검찰총장 국무총리, 중앙행정기관·중앙선관위·국회·사법부 소속 정무직 공무원, 대통령비서실·국가안보실·대통령경호처·국정원 소속 3급 이상 공무원, 광역자치단체장·교육감, 판사·검사, 경무관급 이상 경찰, 군장성 등이 있다.

출제기관
2023 부산광역시공무직통합채용[상]
2021 영화진흥위원회[하]
2020 충북대학교[하]

24

주요 법정 나이
- 만 10세 : 소년법에 따라 보호처분 가능
- 만 13세 : 성적 자기결정권 보유
- 만 14세 : 형사처벌 가능
- 만 15세 : 학생이 아닐 경우 취직 가능
- 만 18세 : 취직, 부모 동의 하에 약혼·결혼 가능, 투표권, 대통령 제외 선출직 피선거권
- 만 18세 1월 1일 : 청소년 보호법 대상 해제
- 만 19세 : 민법 상 성인
- 만 40세 : 대통령 피선거권

기초생활수급자
미성년자, 만 65세 이상의 노인, 장애인 등의 근로무능력자에 대하여 국가가 생계급여를 지급하는 것이다. 지급 기준은 소득이 중위소득의 30% 이하인 가구로 한다.

출제기관
2020 부산의료원[하] 한국산업인력공단[하]
2019 국민연금공단[상]
2018 영화진흥위원회[하] 대구시설관리공단[상]

정답 23 ② | 24 ④

25

공직자가 자신의 재임 기간 중에 주민들의 민원이 발생할 소지가 있는 혐오시설들을 설치하지 않고 임기를 마치려고 하는 현상은?

① 핌투현상
② 님투현상
③ 님비현상
④ 핌피현상

25

님투현상
공직자가 자신의 임기 내에 주민들이 반발할 시설을 들여놓지 않으려 하는 것이다.

핌투현상
자치 단체장이 사업을 무리하게 추진하며 자신의 임기 중에 반드시 가시적인 성과를 이뤄내려고 하는 업무 형태로, 님투현상과는 반대 개념이다.

님비현상
사회적으로 필요한 혐오시설이 자기 집 주변에 설치되는 것을 강력히 반대하고, 멀리 떨어진 지역에 지으려는 주민들의 이기심이 반영된 현상이다.

핌피현상
지역발전에 도움이 되는 시설이나 기업들을 적극 자기 지역에 유치하려는 현상으로 님비현상과는 반대 개념이다.

출제기관
2024 대전도시공사[하] 전국택시공제조합[상]
2023 부산광역시공무직통합채용[상] 한국폴리텍대학[상]
2022 인천글로벌캠퍼스[상] 부평구문화재단[상]
2020 경기도공무직통합채용[하]
2019 한국폴리텍대학[상]

26

도심에는 상업기관·공공기관 등만 남아 주거인구가 텅 비어 있고, 외곽에 밀집되는 현상은?

① 토페카 현상
② 지가구배 현상
③ 스프롤 현상
④ 도넛화 현상

26

도넛화 현상
'공동화 현상'이라고도 하며 높은 토지가격, 공해, 교통 등 문제들로 인해 도심에는 주택들이 줄어들고 상업·공공기관 등만이 남게 되는 현상이다. 주거인구의 분포를 보면 도심에는 텅 비어 있고, 외곽 쪽에 밀집돼 있어 도넛 모양과 유사하다. 이로 인해 도심의 직장과 교외의 주택 간의 거리가 멀어지는 직주분리가 나타나는데, 심해지면 교통난이 가중되고 능률이 떨어져 다시 도심으로 회귀하는 현상이 일어날 수도 있다.

출제기관
2024 한국폴리텍대학[상]
2022 전라남도공무직통합채용[상]
2019 경기도시공사[상] 경기콘텐츠진흥원[상]

정답 25 ② | 26 ④

인문·세계사·문화·미디어

27 중국의 춘추전국시대 당시 겸애를 강조하二 만민평등주의를 주창한 사상은 무엇인가?

① 법가
② 도가
③ 유가
④ 묵가

28 다음 중 영국의 의회민주주의 발전과 관련이 없는 사건은?

① 청교도혁명
② 명예혁명
③ 권리장전
④ 2월혁명

핵심 풀이

27
묵가
묵가는 중국 춘추전국시대에 사상가였던 묵자를 계승하는 사상으로 실리주의를 지향하고 중앙집권적인 체제를 지향하는 등 유가와 여러모로 대립적인 사상이었다. 또한 '겸애'를 강조하며 만민평등주의와 박애주의를 실천하는 것을 독려했다.

출제기관
2023 부산광역시공무직통합채용[상]
2022 충북대학교병원[상]

28
영국의 의회민주주의 발전
영국은 1642년부터 일어난 청교도혁명으로 공화정이 수립됐고, 이후 다시 크롬웰의 독재정치로 왕정으로 돌아갔다가 1688년 명예혁명으로 영국 의회민주주의의 출발을 알리는 권리장전이 선언됐다. 이로써 영국은 세계 최초로 입헌군주국이 되었다.

2월혁명
1848년 프랑스에서 일어난 사건으로 프랑스 제2공화국 수립의 계기가 되었다.

출제기관
2024 광주광역시도시공사[상]

정답 27 ④ | 28 ④

문학 · 예체능 · 기타예술

29 ☑오답체크 1회차 2회차

국제장애인올림픽위원회의 주최로 4년 주기로 개최되며, 신체장애가 있는 운동선수가 참가하는 국제 스포츠 대회의 명칭은?

① 패럴림픽
② 유스올림픽
③ 스페셜올림픽
④ 유니버시아드 대회

30 ☑오답체크 1회차 2회차

'일그러진 진주'를 뜻하는 말로 음악에는 바흐, 미술에는 렘브란트 등이 대표적인 예술사조는?

① 르네상스
② 로코코
③ 바로크
④ 고딕

핵심 풀이

29

패럴림픽
올림픽이 열리는 해에 올림픽 개최국에서 열리는 신체적 장애인들의 올림픽으로, 올림픽 폐막 후 2주 이내에 열흘 동안 진행된다. 어원은 장애인 또한 어깨를 맞대고 함께 스포츠를 즐긴다는 의미에서 옆을 의미하는 'Para'와 올림픽을 합성한 것이다.

스페셜올림픽
스페셜올림픽은 발달장애인들이 참가하는 국제경기대회이다. 하계 대회는 하계 올림픽 전 해에, 동계 대회는 동계 올림픽 다음 해에 개최된다. 신체장애인들이 참여하는 패럴림픽과 구분되며, 올림픽과 별개의 도시를 정해 개최한다.

유니버시아드
국제대학스포츠연맹이 주도하는 대학생 종합 운동경기 대회로 홀수 연도에 2년마다 열린다.

출제기관
2021 부평구문화재단[하]
2020 한국폴리텍대학[상]
2018 대한장애인체육회[하] 대전도시철도공사[상]
2017 한국관광공사[하]

30

바로크(Baroque)
약 1600~1750년 유럽에서 유행한 예술사조다. 바로크라는 말은 '일그러진 진주'를 뜻하는 포르투갈어인 'barroco'에서 유래했다. 감정의 극적인 표현과 강한 대비, 풍부한 장식, 역동성이 핵심이다. 가톨릭의 반종교개혁과 절대왕정의 권위를 시각적 · 공간적으로 설득하려는 성격이 강하다. 음악에서는 바흐, 헨델, 비발디 등이 대표적이고, 미술에서는 렘브란트, 카라바조, 루벤스 등이 유명하다.

르네상스(Renaissance)
14~16세기 그리스 · 로마의 고전문화를 부흥시키고 새로운 근대문화 창조를 주장한 문화운동

로코코(Rococo)
바로크 시대 이후 18세기 유럽에서 유행한 예술사조로 가볍고 우아한 장식성을 가진다.

고딕(Gothic)
12~15세기 유럽에서 발달한 건축 · 미술양식으로 뾰족한 첨탑을 상징으로 한다.

출제기관
2025 수원시공공기관통합채용[상] 화성시공공기관통합채용[상]
2020 오산문화재단[상] 제주특별자치도개발공사[상]

정답 29 ① | 30 ③

31

다음 중 연극의 3요소에 해당하지 않는 것은?

① 무대
② 배우
③ 관객
④ 희곡

핵심 풀이

31
일반적으로 연극의 3요소는 관객, 배우, 희곡을 꼽는다. 나아가 연극의 4요소라 할 때는 관객, 배우, 무대, 희곡이라고 정의한다.

출제기관
2024 한국폴리텍대학[상]
2022 전라남도공무직통합채용[하]

32

다음 중 세계 3대 영화제에 해당하지 않는 것은?

① 모스크바영화제
② 베니스영화제
③ 칸영화제
④ 베를린영화제

32
세계 3대 영화제
- 베니스영화제 : 1932년 창설되어, 매년 8~9월 열리는 가장 오래된 영화제다. 최고의 작품상에는 '황금사자상'이 수여된다.
- 칸영화제 : 1946년 시작되어 매년 5월 개최된다. 대상은 '황금종려상'이 수여되며 시상은 경쟁부문과 비경쟁부문, 주목할 만한 시선 부문 등으로 나뉜다.
- 베를린영화제 : 1951년 창설됐고 매년 2월 개최된다. 최우수작품상에 수여되는 '황금곰상'과 심사위원대상·감독상·주조연상 등에 수여되는 '은곰상' 등이 있다.

모스크바영화제
세계 4대 영화제 중 하나이다. 1959년 처음 개최되었으며, 러시아 모스크바에서 열린다.

출제기관
2023 구미문화재단[하] 광주보훈병원[상]
     수원시공공기관통합채용[상]
2021 예술의전당[하]
2020 화성도시공사[하]

정답 31 ① | 32 ①

33

박물관에서 소장하고 있는 유물이나 작품을 모티프로 제작된 박물관 굿즈를 뜻하는 말은?

① 뮷즈
② 헤리티지 굿즈
③ 컬처 굿즈
④ 케이굿즈

33

뮷즈(MU:DS)
박물관을 뜻하는 영단어 'museum'과 특정 브랜드에서 출시하는 상품을 뜻하는 영단어 'goods'의 합성어로 박물관에서 소장 중인 유물이나 작품을 토대로 제작된 박물관 굿즈를 말한다. 또한 국립박물관문화재단이 국립중앙박물관 상품의 브랜드 정체성을 강화하기 위해 2022년 1월 론칭한 브랜드명이기도 하다. 한국의 전통문화를 MZ세대 특유의 감성으로 해석해 새로운 트렌드를 만드는 '힙트래디션(Hiptradition)'이 유행하면서 확산하기 시작했다. 이러한 뮷즈는 기존의 박물관 상품과는 차별화된 트렌디한 디자인으로 개성을 중시하는 젊은 세대의 취향을 사로잡으며 많은 인기를 얻고 있다.

출제기관
2025 광주광역시공공기관통합채용[하]

34

다음 작품을 그린 화가에 대한 설명으로 옳지 않은 것은?

① 19세기 후반 프랑스를 중심으로 활동했다.
② 대표적인 인상주의 화가다.
③ 시시각각으로 변하는 빛과 색채에 따른 자연의 변화를 표현했다.
④ 회화에 점묘법을 처음으로 도입했다.

34

점묘법(Pointage)은 프랑스의 화가 '조르주 쇠라'가 개발한 화법으로 점을 찍어서 그림을 그리는 기법이다.

클로드 모네(Claude Monet)
1840년 프랑스 파리에서 출생한 클로드 모네는 이른바 '인상주의'를 창시한 화가다. 대상을 뚜렷하게 표현하는 전통적 회화기법을 벗어나 실시간으로 변하는 자연의 빛과 색채에 주목해 명암의 효과를 포착하고 그리는 데 중점을 뒀다. 19세기 후반 프랑스를 중심으로 활동하며 당대 미술계에 새로운 바람을 일으켰다.

출제기관
2025 화성시공공기관통합채용[하]
2020 화성시인재육성재단[하]

정답 33 ① | 34 ④

과학·IT

35

인공지능이 정보를 생산하는 과정에서 발생하는 오류를 뜻하는 용어는?

① 할루시네이션
② 검색증강생성
③ 페르소나 챗봇
④ 리스폰서블 AI

36

고도의 기술력을 바탕으로 한 혁신적 첨단기술 영역을 뜻하는 용어는?

① 섭테크
② 딥테크
③ 씬테크
④ 하이테크

35

할루시네이션(Hallucination)
원래 '환청'이나 '환각'을 뜻하는 단어였으나 최근에는 인공지능(AI)이 잘못된 정보나 허위정보를 생성하는 오류가 발생하는 것을 일컫는다. 실제로 생성형 AI의 사용이 증가하면서 이를 이용해 정보를 검색·활용하는 과정에서 AI가 질문의 맥락에 맞지 않는 내용으로 답변하거나 사실이 아닌 내용을 마치 사실인 것처럼 답변해 논란이 된 바 있다.

출제기관
2025 부산광역시공무직통합채용[하] 광주광역시도시공사[상]

36

딥테크(Deep Tech)
일반적으로 출시되는 애플리케이션 서비스 등의 IT플랫폼이 아닌 치밀한 과학적 연구에서 시작된 고도의 기술력을 바탕으로 한 혁신적인 기술영역을 뜻하는 용어다. 기초과학에 뿌리를 두고 오랜 연구와 복잡한 개발과정을 거치며, 많은 자금과 인력이 필요하다. 인공지능(AI), 바이오, 우주항공, 양자컴퓨팅, 로봇공학 등이 딥테크의 예시다.

출제기관
2025 한국폴리텍대학[상]

정답 35 ① | 36 ②

37

제임스 웹 우주망원경에 대한 설명으로 틀린 것은?

① 허블 우주망원경을 대체하는 망원경이다.
② 미항공우주국 국장의 이름을 땄다.
③ 허블 우주망원경보다 크기는 작으나 성능은 개선됐다.
④ 차세대 우주망원경으로도 불린다.

37

제임스 웹 우주망원경
허블 우주망원경을 대체할 우주 관측용 망원경이다. 별칭인 NGST는 'Next Generation Space Telescope'의 약자로 2002년 미항공우주국(NASA)의 제2대 국장인 제임스 웹의 업적을 기리기 위해 '제임스 웹 우주망원경'이라고도 한다. 이 차세대 우주망원경은 허블 우주망원경보다 반사경의 크기가 더 커지고 무게는 더 가벼워졌다. 사상 최대 크기의 우주망원경으로 망원경의 감도와 직결되는 주경의 크기가 6.5m에 달한다. 미국 NASA와 유럽우주국, 캐나다우주국이 함께 제작했다. 허블 우주망원경과 달리 적외선 영역만 관측할 수 있지만, 더 먼 우주까지 관측할 수 있도록 제작됐다.

출제기관
2023 중앙보훈병원[상]

38

다음 중 IPTV에 관한 설명으로 적절하지 않은 것은?

① 방송·통신 융합서비스이다.
② 영화·드라마 등 원하는 콘텐츠를 제공받을 수 있다.
③ 양방향 서비스이다.
④ 별도의 셋톱박스를 설치할 필요가 없다.

38

IPTV의 시청을 위해서는 TV 수상기에 셋톱박스를 설치해야 한다.

OTT
Over The Top의 약자로 'Top(셋톱박스)을 통해 제공됨'을 의미하는 것이다. 범용 인터넷을 통해 미디어 콘텐츠를 이용할 수 있는 서비스를 말한다.

출제기관
2023 보훈교육연구원[상] 광주보훈병원[상]
2020 호국기념관[하]
2019 한국폴리텍대학[상] 방송통신심의위원회[상]
2016 한국농어촌공사[하]

정답 37 ③ | 38 ④

우리말 · 한자

39

우리말 단위 '손, 죽, 쾌, 톳'을 다 더하면 얼마인가?

① 142
② 132
③ 42
④ 21

40

다음 중 사이시옷 규정상 옳지 않은 것은?

① 머릿말
② 가윗일
③ 예삿일
④ 툇간

핵심 풀이

39

우리말 단위어(수가 정해진 것)

달포 : 한 달 쯤 / 마지기 : 논 200평(유력) / 뭇 : 생선 10마리, 미역 10장 / 발 : 두 팔을 양옆으로 펴서 벌렸을 때 한쪽 손끝에서 다른 쪽 손끝까지의 길이 / 섬 : 부피의 단위, 곡식 가루, 액체 따위의 부피를 잴 때 쓴다(한 섬=약 180리터) / 손 : 큰 놈 뱃속에 작은 놈 한 마리를 끼워 넣어 파는 자반고등어 2마리 / 쌈 : 바늘 24개 / 연 : 종이 500장 / 접 : 사과 등 과일이나 배추 등의 채소 100개 / 제 : 한약의 분량을 나타내는 단위, 스무 첩 / 죽 : 옷, 신, 그릇 따위의 10개 / 축 : 오징어 20마리 / 쾌 : 북어 20마리 / 톳 : 김 100장

우리말 단위어(수가 안 정해진 것)

단 : 짚, 땔나무, 채소 따위의 묶음을 세는 단위 / 사리 : 국수, 새끼, 실 따위의 뭉치를 세는 단위 / 첩 : 약봉지에 싼 약의 뭉치를 세는 단위 / 토리 : 실을 감은 뭉치 또는 그 단위 / 필(匹) : 말이나 소를 세는 단위 / 필(疋) : 일정한 길이로 말아 놓은 피륙을 세는 단위

출제기관

2023 수원시공공기관통합채용[상]
2022 대전광역시공공기관통합채용[하]
2019 경기도공공기관열린채용[상]
2018 수원문화재단[하] 부산교통공사[상]

40

사이시옷 규정

• 뒷말의 첫소리가 된소리로 나는 것(귓밥, 나룻배, 맷돌, 선짓국, 조갯살, 찻집)
• 뒷말의 첫소리 'ㄴ, ㅁ' 앞에서 'ㄴ' 소리가 덧나는 것(아랫니, 잇몸, 깻묵, 냇물)
• 뒷말의 첫소리 모음 앞에서 'ㄴㄴ' 소리가 덧나는 것(뒷일, 베갯잇, 깻잎, 나뭇잎)
• 순우리말과 한자어로 된 합성어로서 앞말이 모음으로 끝난 경우(아랫집, 윗집)
• 뒷말의 첫소리가 된소리로 나는 것(귓병, 아랫방, 자릿세, 찻잔, 탯줄, 핏기, 횟배)
• 뒷말의 첫소리 'ㄴ, ㅁ' 앞에서 'ㄴ' 소리가 덧나는 것(곗날, 제삿날, 훗날, 툇마루, 양칫물)
• 뒷말의 첫소리 모음 앞에서 'ㄴㄴ' 소리가 덧나는 것(가욋일, 사삿일, 예삿일, 훗일)
• 한자어+한자어는 사이시옷 미적용, 다음 두 음절로 된 한자어 예외 : 곳간, 셋방, 숫자, 찻간, 툇간, 횟수

출제기관

2024 밀양시시설관리공단[상]
2022 김대중컨벤션센터[상]
2021 부천시공공기관통합채용[하]
2018 부산교통공사[상]

정답 39 ② | 40 ①

문제 유형 살펴보기

단답형

01 조선 후기 실학자 이익은 〈성호사설〉을 통해 한전론 등의 개혁 사상을 편 (   )주의 경세치용학파였다.

02 백제 (   )은/는 왕이 아들에게 왕위를 물려주는 부자상속제를 확립했다.

03 인플루언서 등 특정인이나 콘텐츠, 커머스를 따라 그대로 물건을 구매하는 최근 소비트렌드는?

04 '한 쾌'는 북어 몇 마리를 가리키는가?

05 일반적으로 연극의 3요소로는 관객, 배우, (   )을/를 꼽는다.

> **정답** 1. 중농 2. 근초고왕 3. 디토소비 4. 20마리 5. 희곡

약술형 — 다음 용어에 대해 약술하시오.

01 패럴림픽

02 디폴트

03 공동화 현상

04 문벌귀족

> **정답**
>
> **1. 패럴림픽**
> 장애인들의 올림픽으로, 올림픽 폐막 후 개최국에서 진행된다. 어원은 장애인 또한 어깨를 맞대고 함께 스포츠를 즐긴다는 의미에서 옆을 의미하는 Para와 올림픽을 합성한 것이다.
>
> **2. 디폴트**
> 정부가 외국에서 빌린 차관을 갚아 나가지 못하는 상황에서 지불 불가를 선언하는 채무불이행 선언이다.
>
> **3. 공동화 현상**
> '도넛화 현상'이라고도 하며 높은 토지가격, 교통 등의 문제들로 도심에 주택들이 줄어들고 상업·공공기관 등만이 남게 되는 현상이다.
>
> **4. 문벌귀족**
> 유교적·사대적 사상을 가진 고려시대 상류층으로 음서제와 공음전을 통해 기반을 유지했다.

NCS

01 다음 글을 근거로 판단할 때, 〈보기〉에서 옳은 것을 모두 고르면?

조선 경국대전은 6조(曹)의 직능에 맞추어 이(吏)·호(戶)·예(禮)·병(兵)·형(刑)·공(工)의 6전(典)으로 구성되어 있다. 경국대전에는 임금과 신하가 만나서 정사를 논의하는 조회제도의 기본 규정이 제시되어 있다. 조회에 대한 사항은 의례 관련 규정을 수록하고 있는 예전(禮典)의 조의(朝儀) 조항에 집약되어 있다. 조의는 '신하가 임금을 만나는 의식'을 의미한다. 다음은 경국대전 '조의'에 규정된 조회 의식의 분류와 관련 내용이다.

〈경국대전의 조회 의식〉

분류	종류	시행일	장소	참여대상
대조 (大朝)	정실조하 (正室朝賀)	정삭(正朔), 동지(冬至), 탄일(誕日)	근정전 (勤政殿)	왕세자, 모든 관원, 제방객사(諸方客使)
	삭망조하 (朔望朝賀)	매월 삭(朔)(1일)·망(望)(15일)		
상조 (常朝)	조참 (朝參)	매월 5·11·21·25일	근정문 (勤政門)	모든 관원, 제방객사(諸方客使)
	상참 (常參)	매일	사정전 (思政殿)	상참관(常參官)

※ '대조'는 특별한 시점에 시행되는 조회라는 의미이고, '상조'는 일상적인 조회라는 의미이다.
※ '제방객사'는 주변국 외교사절로서, '삭망조하'와 '조참'에는 경우에 따라 참석하였다.

대조(大朝)의 범주에 해당하는 조회는 경국대전에 조하(朝賀)로 규정됐다. 조하는 축하를 모임의 목적으로 하는 의식이다. 정월 초하루, 해의 길이가 가장 짧아지는 동지 및 국왕의 생일 행사는 대조 중에서도 특별히 구분해 3대 조회라고 지칭하고 의식의 규모도 가장 크다. 조하는 달의 변화에 따라 시행되기도 했는데, 달의 변화를 기준으로 작성된 달력에 따라 매월 1일에 해당되는 삭일(朔日)과 보름달이 뜨는 당일(望日)에 시행되는 삭망조하가 그것이다.

〈보기〉

ㄱ. 삭망조하는 달의 변화에 맞추어 시행되었다.
ㄴ. 정실조하의 참여대상 범위는 대체로 상참보다 넓다.
ㄷ. 한 해 동안 조회가 가장 많이 열리는 곳은 사정전이다.
ㄹ. 조선시대 조회에 관한 사항은 공전(工典)의 의례 관련 규정에 집약되어 있다.

① ㄱ, ㄷ   ② ㄴ, ㄹ   ③ ㄱ, ㄴ, ㄷ   ④ ㄱ, ㄴ, ㄹ

정답

1. ③ ㄱ. 조하는 달의 변화에 따라 시행되기도 했는데, 달의 변화를 기준으로 작성된 달력에 따라 매월 1일에 해당되는 삭일과 보름달이 뜨는 망일에 시행되는 삭망조하가 그것이라고 했으므로 옳은 내용이다. ㄴ. 정실조하의 참여대상은 왕세자, 모든 관원, 제방객사인데 반해, 상참의 참여대상은 상참관이므로 옳은 내용이다. ㄷ. 사정전에서 열리는 조회는 상참인데, 상참은 매일 열린다고 했으므로 옳은 내용이다. ㄹ. 조회에 대한 사항은 '예전'의 '조의 조항'에 집약되어 있다고 했으므로 옳지 않은 내용이다.
    • 경국대전 : 조선 세조 대에 편찬되기 시작한 조선의 기본법전으로 성종 대에 완성되어 반포되었다(1485).

합격의 공식 시대에듀 www.sdedu.co.kr

02
실전모의고사
계열별·유형별 6회

일반상식 고난도 기출적중

1회차 실전모의고사

Key Point
- 응시자들이 자주 틀리는 일반상식 문제 유형은 최신시사와 IT 시사 쪽에 분포되어 있다.
- 모든 분야에서 마케팅과 관련된 용어가 빈출되니 집중해서 살펴야 한다.

01 다음과 같은 특징을 가진 정부형태의 장점으로 맞는 것은?

- 의회의 신임에 의해서 정부내각이 구성된다.
- 왕 또는 대통령은 정치적 실권이 없는 상징적 존재다.

① 정치적 책임에 민감하고 국민의 민주적 요청에 충실히 임한다.
② 대통령의 임기 동안 정국이 안정된다.
③ 정책의 계속성이 보장된다.
④ 국회 다수당의 횡포를 견제할 수 있다.

02 2022년 2월 러시아의 우크라이나 침공 이후 북대서양조약기구 가입을 선언한 국가는?

① 북마케도니아　　　　　② 몬테네그로
③ 스웨덴　　　　　　　　④ 크로아티아

03 다음 조건에 해당하는 국가는 어디인가?

- EU 소속 국가 중 하나이다.
- 유로화를 국가 통화로 사용하지 않는다.

① 벨기에　　　　　　　　② 독일
③ 헝가리　　　　　　　　④ 그리스

04 다음과 같은 특징을 갖는 최근의 소비형태로 맞는 것은?

- SNS에서 입소문이 난 빵을 편의점 앱 예약시스템을 이용하면서까지 구입한다.
- 나에게 가치가 있는 물건이라면 시간과 비용을 아끼지 않는다.

① 윤리적 소비 ② 디깅 소비
③ 보복 소비 ④ 클라우드 소비

05 다음 기사의 내용과 관련 있는 것은?

"무독성 친환경 소재 물놀이 세트", "100% 자연분해 음식물 쓰레기 봉투". 이러한 문구로 제품이 친환경적인 것처럼 소비자를 속여 적발된 경우가 올해 벌써 1,300건을 넘어서 최근 5년 사이 최다를 기록할 것으로 보인다. 환경기술산업법은 '제조업자·제조판매업자·판매자는 제품 환경성과 관련해 소비자를 속이거나 소비자가 잘못 알게 할 우려가 있는 거짓·과장·기만·부당비교·비방표시·광고를 해서는 안 된다'라고 규정한다. 이에 따라 환경성 표시·광고는 과학적 사실을 근거로 완전성을 갖춰야 한다.

① 화이트워싱 ② 블랙워싱
③ 레드워싱 ④ 그린워싱

06 다음 기사의 빈칸에 들어갈 마케팅의 종류는 무엇인가?

미국의 패션브랜드 '랄프 로렌'은 2000년부터 '핑크 포니(Pink Pony)' 캠페인을 진행하고 있다. 이 캠페인은 세계적인 암 치료기관들을 후원하는 것으로 양질의 치료를 보장하고 의료 서비스의 불균형을 줄이는 프로그램을 지원하고 있다. 암 퇴치에 대한 뜻에 많은 소비자가 동참하면서 글로벌기업의 바람직한 (   ) 사례로 언급되고 있다.

① 코즈 마케팅 ② 데카르트 마케팅
③ 퍼플카우 마케팅 ④ 그린 마케팅

07 다음 중 우리나라의 국경일에 해당하지 않는 날은?

① 한글날
② 제헌절
③ 현충일
④ 개천절

08 위도 48° 이상의 고위도 지방에서 해가 지지 않는 현상을 일컫는 말은?

① 백야현상
② 일면통과현상
③ 식현상
④ 극야현상

09 다음에서 설명하는 전략무기는 무엇인가?

> 잠수함에 탑재되어 잠항하면서 발사되는 미사일 무기로 잠수함에서 발사할 수 있기 때문에 목표물이 본국보다 해안에서 더 가까울 때에는 잠수함을 해안에 근접시켜 발사할 수 있으며, 조기에 모든 미사일을 탐지하기가 어렵다는 장점이 있다. 북한은 2021년 초 미국 바이든 행정부 출범을 앞두고 '북극성-5형'이라고 이름붙인 이 무기를 공개했다. 한편 우리나라는 지난 2021년 9월 15일 발사시험에 성공하면서 세계 7번째 운용국이 됐다.

① MIRV
② THAAD
③ IRBM
④ SLBM

10 다음에서 설명하고 있는 온실가스(Green-house Gas)는?

> 온실가스는 지구 대기를 오염시켜 온실효과를 일으키는 가스를 통틀어 이르는 말로, 적당량의 온실가스는 지구의 온도를 일정하게 유지해 준다. 그러나 기술발달 등으로 인한 온실가스의 증가는 지구온난화현상을 일으켜 심각한 생태계 변화를 초래하고 있다. 온실가스 중 온도와 상당히 관계가 있는 이 가스의 경우 온난화 잠재력이 이산화탄소보다 약 20배 이상 크다. 이 가스는 무색무취의 가연성 기체로, 자연적으로는 늪이나 습지의 흙 속에서 유기물의 부패와 발효에 의해 발생한다.

① 수소불화탄소(HFCs) ② 과불화탄소(PFCs)
③ 메탄(CH_4) ④ 육불화황(SF_6)

11 다음 기사의 빈칸에 공통으로 들어갈 말은 무엇인가?

> 정부가 (　) 상한연령 하향을 추진하는 가운데, 그 필요성을 신중히 검토해야 한다는 의견이 나왔다. 국회 입법조사처는 "연령조정을 통한 형사처벌의 확대는 소년범죄 발생의 근본적 원인에 대응하는 실효적 대안이 될 수 없다는 견해가 지속적으로 제기되고 있다"며 "소년의 건전한 육성이라는 소년사법의 취지 등을 종합적으로 고려한 검토가 이뤄질 필요가 있다"고 밝혔다. (　)이란 범죄를 저지른 만 10세 이상 14세 미만 청소년으로, 형사처벌 대신 사회봉사나 소년원 송치 등 보호처분을 받는다.

① 촉법소년 ② 소년범
③ 범법소년 ④ 우범소년

12 기업의 분기별 실적 발표 시 예상보다 기업의 수익이 나빠 주가에 갑작스럽게 악영향이 미치는 것을 무엇이라 하는가? 아래에 나와 있는 영어 단어들을 가지고 물음에 맞게 조합한 보기를 고르시오.

> ㉠ Surprise ㉡ Cycle ㉢ Leverage
> ㉣ Shock ㉤ De- ㉥ Marketing ㉦ Earning

① ㉢ - ㉡ ② ㉦ - ㉣
③ ㉦ - ㉠ ④ ㉤ - ㉥

※ 다음 용어를 기술하시오. [13~22]

13 거짓정보, 가짜뉴스 등이 미디어, 인터넷 등을 통해 매우 빠르게 확산되는 현상을 무엇이라 하는가?

14 진화론을 주장한 다윈은 '이 섬'에서 개별적으로 진화한 생물들을 관찰하고 진화론에 대한 영감을 받았다. 외부 쇼크에 적응하지 못하고 점점 국제표준에서 동떨어지는 일본 시장을 가리키는 용어이기도 한 '이 섬'의 이름은?

15 장면의 상황성을 극대화하기 위해 클로즈업 등의 방식을 활용한 컷을 장면 중간에 섞는 편집 기법을 (   )(이)라고 한다.

16 미셸 부커가 2013년 다보스포럼에서 처음 발표한 개념으로, 모두가 알고 있지만 마땅히 해결 방법이 없어 방치하게 되는 위험 요인을 가리킨다. 아프리카의 동물에 빗대어 표현한 '이 용어'는?

17 2020년 만료된 교토의정서를 2021년부터 대체한 기후협약이며, 지구 평균온도가 섭씨 2도 이상 상승하지 않도록 하자는 내용의 협약은?

18 어떤 정책으로 하나의 문제가 해결되는 즉시 다른 문제가 발생하는 현상을 말하는 용어는?

19 국내독자기술로 개발한 한국 최초의 저궤도 실용위성 발사용 3단액체로켓의 이름은?

20 웹툰, 웹 소설과 웹 드라마 등 짧은 시간 내에 재밌고 가볍게 즐길 수 있는 문화 트렌드를 가리키는 용어로, 과자에 비유한 말은?

21 공기저항이 거의 없는 튜브 속에서 자기력으로 주행하는 미래형 교통수단의 명칭은?

22 지상파와 케이블 등 기존 TV 방송 서비스를 해지하고 인터넷 등으로 방송을 보는 소비자군을 가리켜 (   )족(族)이라 한다.

※ 다음 용어에 대해서 약술하시오. [23~27]

23 데이터마이닝

24 그루밍 성폭력

25 논바이너리

26 부모급여

27 프렌드쇼어링

실전모의고사

2회차 한국사 고난도 기출적중

Key Point
- 어떤 기관은 직전 해에 한국사 난이도가 쉬웠어도 다음 해에는 급격히 난이도를 올려 출제하기도 한다.
- 한국사 이슈가 나오거나 역사 영화가 흥행할 경우 관련된 문제가 출제되기도 한다.

01 다음 사진은 선원(仙源) 김상용 순의비이다. 김상용이 순국한 '전쟁' 이후에 일어난 사건으로 옳은 것은?

① 일본 정벌을 위해 제주도에서 말을 키우기 시작했다.
② 4군 6진을 설치해 북방 영토를 개척했다.
③ 명나라를 정벌하자는 북벌 운동이 추진됐다.
④ 소현세자와 봉림대군 등이 인질로 끌려갔다.

02 다음 사건이 있었던 당시 붕당에 대한 설명 중 옳은 것은?

- 효종의 국상 당시 인조의 계비 자의대비의 복상 문제를 놓고 다툼이 일었다.
- 서인은 효종이 장자가 아니기에 자의대비가 1년상을 치러야 한다고 주장하였다.
- 남인은 왕은 장자가 아니더라도 3년상을 치러야 한다고 주장하였다.

① 남인의 주장이 받아들여진다.
② 효종의 비의 국상 때에도 비슷한 논쟁이 벌어졌고 서인의 주장이 받아들여진다.
③ 남인은 주로 이황의 학통을 계승하였다.
④ 서인은 광해군의 중립외교를 지지하였다.

03 다음 사진의 섬이 한국의 영토임을 밝히기 위한 탐구 활동으로 적절하지 <u>않은</u> 것은?

① 대한제국이 반포한 칙령 제41호의 내용을 분석한다.
② 샌프란시스코 강화조약 때 제주도, 울릉도와 함께 한국의 섬으로 결정되었다.
③ 지증왕이 이사부를 보내 복속한 지역과 부속 도서를 살펴본다.
④ 러시아의 남하를 견제하기 위한 기타 열강의 대책을 알아본다.

04 다음은 독립투사 이상설의 활동 내격이다. (가) 안에 들어갈 내용으로 올바른 것은?

활동 지역	주요 활동
국내(서울)	을사늑약 체결 비판과 을사5적 처단 상소
간도	서전서숙 설립과 민족교육 실시
네덜란드(헤이그)	만국평화회의에 파견되어 을사늑약의 부당성 폭로
미국	애국동지대표자회의 참석과 국민회 결성에 기여
러시아(연해주)	(가)
중국(상하이)	신한혁명당 결성과 외교 활동

① 숭무학교 설립과 무장 투쟁 준비
② 한인애국단 결성과 항일 의거 활동
③ 권업회 조직과 대한광복군 정부 수립
④ 국민대표회의 참여와 대한민국 임시 정부 활동

05 다음 지도가 제작된 시기와 가장 가까운 시기에 벌어진 일로 알맞은 것은?

- 서양 기술에 의한 측량이 이루어지기 전 제작된 한반도의 지도 중 가장 정확한 지도이다.
- 백두산에서 지리산까지 이어지는 한반도의 혈맥 '백두대간'을 표시하였다.

① 백두산에 백두산정계비를 건립하였다.
② 임술농민봉기가 일어났다.
③ 인조반정으로 광해군이 폐위되고, 인조가 즉위하였다.
④ 이익이 실증적 역사 서술로 중국 중심의 역사관을 비판하였다.

06 다음과 같은 업적을 세운 신라 왕의 업적으로 옳은 것은?

> • 대가야를 정복하여 낙동강 서쪽을 장악하였다.
> • 한강 유역을 차지하고 영토를 함경도 지역까지 확장하면서 이를 기념하기 위해 순수비를 세웠다.

① 수도에 동시전을 설치하였다.
② 지배자의 칭호를 '마립간'에서 '왕'으로 바꿨다.
③ 율령을 반포하여 통치 질서를 확립하였다.
④ 화랑도를 국가조직으로 개편하였다.

07 다음과 같은 사건 당시에 벌어진 일에 대한 설명으로 옳지 <u>않은</u> 것은?

> 당태종이 직접 군사를 이끌고 고구려를 공격하여 요동성과 백암성을 함락시키고 안시성을 공격하였으나 고구려는 안시성 성주 양만춘을 중심으로 저항하여 당군에 항전했다.

① 안시성을 공격한 군대는 제1차 당나라 침입 때 들어온 군대이다.
② 연개소문은 요동성에서 고구려의 실권을 쥐고 있었다.
③ 안시성에서의 패배 직후 당태종은 군사를 이끌고 퇴각했다.
④ 당시 고구려의 왕은 보장왕이었다.

08 다음 인물에 대한 설명으로 옳은 것은?

> • 백제의 장군으로 가문 대대로 달솔을 역임하였다.
> • 왕자 풍을 왕으로 추대하였다.

① 김흠돌의 반란을 진압하였다.
② 완산주에 도읍하고 나라를 세웠다.
③ 국호를 마진으로 바꾸고 철원으로 천도하였다.
④ 임존성에서 소정방이 이끄는 당군을 격퇴하였다.

09 6월 민주항쟁에 대한 설명으로 옳은 것을 〈보기〉에서 고른 것은?

〈보기〉
ㄱ. 계엄군의 무력 진압으로 시민들이 사망하였다.
ㄴ. 전국 시위 기일 바로 전날 박종철 군이 경찰의 고문 끝에 사망하는 사건이 있었다.
ㄷ. 호헌 철폐 등의 구호를 내세웠다.
ㄹ. 여당 대통령 후보의 직선제 개헌 선언으로 이어졌다.

① ㄱ, ㄴ ② ㄱ, ㄷ
③ ㄴ, ㄷ ④ ㄷ, ㄹ

10 다음과 같은 기록이 남겨진 시기의 사회상으로 옳지 <u>않은</u> 것은?

종로의 연초 가게에서는 전기수가 소설을 읽어주고 있다. 어떤 이들은 소설에 심취하여 집안일을 내버려두고 가산을 탕진하는 이들도 많았다.

① 금속 화폐인 건원중보가 주조되었다.
② 고구마 등의 구황 작물이 재배되었다.
③ 독점적 도매상인인 도고가 활동하였다.
④ 송상, 만상이 대청 무역으로 부를 축적하였다.

11 다음 지도상 표시된 지역은 한반도 중부·북부 지방 선사 시대의 유적지이다. 이 유적지를 발굴한 유물로 적절하지 <u>않은</u> 것은?

① 반달 돌칼
② 민무늬 토기
③ 비파형 동검
④ 빗살무늬 토기

12 다음 조약과 관련 있는 사건의 결과로 올바른 것은?

> … (전략) …
> **제2조** 이번에 피해를 입은 일본인의 유가족과 부상자를 돌보아 주고, 아울러 상인들의 화물이 훼손·약탈된 것을 보상하기 위해 조선국은 11만원을 지불한다.
> … (중략) …
> **제4조** 일본 공관을 신축해야 하므로 조선국은 땅과 건물을 내주어 공관 및 영사관으로 사용할 수 있도록 한다. 그것을 수축이나 증축할 경우 조선국이 다시 2만원을 지불하여 공사비로 충당하게 한다.
> … (후략) …

① 3일 만에 실패로 끝나 주동자들이 해외로 망명하였다.
② 김기수가 수신사로 일본에 파견되었다.
③ 이만손 등의 영남 유생들이 만인소를 올렸다.
④ 개화 정책을 담당하는 통리기무아문이 설치되었다.

13 다음 사건의 결과로 도래한 시대에 대한 설명으로 잘못된 것은?

> 정중부 등이 왕을 모시던 신하 20여 명을 살해하였다. 왕은 수문전(修文殿)에 앉아서 술을 마시며 영관(伶官)들에게 음악을 연주하게 하였으며 밤중에야 잠이 들었다. 이고와 채원이 왕을 시해하려고 했으나 양숙이 막았다. 정중부가 왕을 협박하여 군기감으로 옮기고, 태자는 영은관으로 옮겼다.

① 2성 6부의 기능이 약화되었다.
② 도병마사, 중추원이 권력 기구로 부상했다.
③ 전시과 체제가 무너지고 농장이 발달했다.
④ 노비, 천민들의 신분해방 운동이 빈발했다.

14 다음 그림과 같은 진경산수화(眞景山水畵)를 남긴 조선 후기의 화가는?

① 오원 장승업
② 단원 김홍도
③ 혜원 신윤복
④ 겸재 정선

15 다음은 정효공주 묘이다. 이 문화재를 만든 나라에 대한 설명으로 옳은 것은?

① 말, 모피, 인삼 등 토산물과 불상, 자기 등의 수공업품을 수출했다.
② 지방에 22담로를 두어 왕족을 파견하였다.
③ 지방 세력을 통제하기 위해 지방 호족의 자제를 볼모로 중앙에 잡아두는 기인제도를 시행했다.
④ 관 위에 돌로 덮는 돌무지 덧널무덤 방식으로 유력자의 무덤을 만들었다.

16 조선의 조세 방식인 삼정의 문란에 대한 설명으로 옳지 않은 내용은?

① 전정 : 밭에서 거두는 세금이다. 밭의 양만큼 세금을 낸다. 토지가 없는 곳에 토지가 있다고 기록하여 이를 통해 농민들에게 세를 부과하는 백지징세 등이 행해졌다.
② 환정 : 조선의 구휼제도로 춘궁기에 곡식을 빌려주고 추수기에 되돌려 받는다. 관아의 창고에 있는 양곡을 횡령하여 장부보다 적은 양곡이 있는 경우가 허다했는데 이를 후임 관리에게 거짓으로 기재하여 인계하는 황구첨정이 만연했다.
③ 군정 : 징집대상자인 정남(丁男) 일원마다 거두는 세금이다. 죽은 이에 대한 군포까지 걷어가는 백골징프가 만연했다.
④ 삼정의 문란이 점차 심해져서 철종 대에는 우병사 백낙신의 수탈에 못이긴 농민들이 진주농민항쟁을 일으키기도 했다.

17 다음과 같은 사건이 벌어졌던 정부 당시의 일이 아닌 것은?

> 대통령선거를 앞두고 선거 승리를 위해 청와대 행정관 오정은과 한성기, 장석중 등이 독단으로 북한 조선아시아태평양평화위원회의 박충 참사관을 만나 북한의 무력 도발을 부탁하였다.

① 개성공업단지가 조성되었다.
② 환율변동 제한폭을 폐지하고 외국인 투자를 대폭 허용했다.
③ IMF 금융위기를 극복하기 위해 KBS에 의해 금모으기 운동이 시작되었다.
④ 경제 활동의 투명성을 높이기 위해 금융실명제를 실시했다.

실전모의고사

3회차 경제 계열 기출적중

Key Point
- 환율과 통화의 원리 등은 빠른 시간 안에 풀 수 있도록 체득해두자.
- 최근 수상한 노벨상 수상자, 개최된 경제포럼, 통계청에서 발표된 통계 등에 대한 내용이 자주 출제된다.

01 다음 중 변동환율제도에 대한 설명으로 옳지 않은 것은?

① 자국의 통화 가치가 외국환시장에 따라 변화하는 환율제도를 의미한다.
② 경상수지 적자가 발생할 경우, 통화의 평가절상을 통해 만회할 수 있다.
③ 통화의 가격이 자동으로 조절되기 때문에 경제상황에 따른 변동성을 줄일 수 있다.
④ 현재 대부분의 국가는 관리변동환율제도를 채택하고 있다.

02 다음 중 예시로 나온 세금들과 같은 분류로 묶을 수 있는 세금은 무엇인가?

• 주민세   • 재산세   • 자동차세

① 취득세   ② 부가가치세
③ 소득세   ④ 증여세

03 다음 중 연방준비제도(Fed)에 대한 설명으로 옳지 않은 것은?

① 연방준비제도이사회를 통해 운영된다.
② 미국 달러의 발행권을 갖고 있다.
③ 지급준비율 변경, 주식거래에 대한 신용 규제, 정기예금 금리 규제 등의 역할을 한다.
④ 12개의 국립은행인 연방준비은행을 가지고 있다.

04 다음 설명에 해당하는 펀드는?

- 투자 중인 개별 펀드에 투자한다.
- 수익은 그만큼 적어지지만 위험은 감소된다.

① 뮤추얼펀드(Mutual Fund)
② 모태펀드(Fund of Funds)
③ 헤지펀드(Hedge Fund)
④ ELS펀드(Equity Linked Securities Fund)

05 엥겔계수에 대한 설명으로 옳은 것은?
① 총가계소득액에서 식료품비가 차지하는 비율을 나타낸다.
② 엥겔계수가 높을수록 선진국이다.
③ 엥겔계수가 0.3~0.5 정도이면 개발도상국으로 분류한다.
④ 국가의 소득 불평등 정도를 파악할 수 있다.

06 다음 기사 안의 빈칸에 공통으로 들어갈 만한 용어는 무엇인가?

정부의 스튜어드십 코드(Steward Ship) 도입이 기업들이 (　　)로 하여금 공격받을 가능성을 높이고 있다는 지적이 나온다. 스튜어드십 코드로 인해 국민연금 등은 '의결권 자문사'에게 선택을 위임할 일이 많아질 것이고 만약 이들이 객관성을 계속 유지한다면 다행이지만 투기세력들의 로비 대상이 되고 외부 세력의 개입에 의한 권력 기관으로 변질될 경우 기업들은 주주총회에서 휘둘릴 가능성이 높아지기 때문이다. 특히 (　　)는 기업을 매입해 멀쩡한 기업 자산까지 팔면서 배당을 받으려는 습성이 있어, 장기적으로 경제에 악영향을 끼칠 우려가 있다.

① 헤지펀드(Hedge Fund)
② 벌처펀드(Vulture Fund)
③ 리츠펀드(REITs Fund)
④ 스폿펀드(Spot Fund)

※ 다음 용어에 대해서 약술하시오. [07~21]

07 세계 3대 신용평가기관

08 베버리지 보고서

09 세이의 법칙

10 경상수지

11 황금낙하산

12 퍼플칼라

13 마케팅믹스 4P

14 브레튼 우즈 체제

15 액면가

16 분수효과

17 머니마켓펀드(MMF)

18 소스타인 베블렌

19 완전경쟁시장

20 존 케인스

21 그레샴 법칙

※ 다음 문장들의 빈칸 속 보기 중 옳은 것 하나를 고르시오. [22~31]

22 통화량이 증가하면 주가가 (상승 / 하락)한다.

23 통화량이 감소하면 인플레이션 압박이 (상승 / 하락)한다.

24 원화의 환율이 연일 하락하면 한국 수출품의 가격 경쟁력은 (상승 / 하락)한다.

25 환율이 인하되면 주가는 (상승 / 하락)한다.

26 완만한 물가 상승은 주가를 (상승 / 하락)시킨다.

27 달러 통화량이 감소하면 한국 경제는 (상승 / 하락)한다.

28 원자재 가격 하락은 주가 (상승 / 하락)을 불러온다.

29 A국이 자국의 화폐를 평가절상할 경우 A국에 투자한 이들의 이익률은 (상승 / 하락)한다.

30 미국의 금리가 인상될 경우 한국의 수출량은 (상승 / 하락)한다.

31 엔저 현상이 나타날 경우 우리나라의 주가는 상대적으로 (상승 / 하락)한다.

4회차 문화·관광 계열 기출적중

실전모의고사

Key Point
- 영화·문화·관광 계열 공공기관 채용 시험에 자주 출제된다.
- 최근 유네스코에 등재된 유산의 출제 확률이 높다.

01 다음에서 설명하는 용어와 관련된 것은?

> **리추얼 라이프 Ritual Life**
> 일상에 활력을 불어넣는 규칙적인 습관을 뜻하는 용어로 규칙적으로 행하는 의식 또는 의례를 뜻하는 '리추얼(Ritual)'과 일상을 뜻하는 '라이프(Life)'를 합친 말이다. 자기계발을 중시하는 MZ세대 사이에 자리 잡은 하나의 트렌드로 취업난·주택난 등에서 오는 무력감을 극복하고, 심리적 만족감과 성취감을 얻으려는 욕구가 반영된 것으로 분석된다.

① 허슬 컬처 ② 플로깅
③ 에이징테크 ④ 미라클모닝

02 다음 중 세계문화유산이 아닌 것은?

①
②
③
④

03 다음 중 판소리 5대 마당이 아닌 것은?

① 춘향가 ② 흥보가
③ 변강쇠가 ④ 적벽가

04 문화산업의 산업 연관효과가 다른 산업에 비해 훨씬 큰 것을 뜻하는 용어는?

① 피셔 효과
② 창구 효과
③ 전시 효과
④ 백로 효과

05 문화예술상품의 속성에 대한 설명으로 틀린 것은?

① 소유할 수 있는 실재적 · 개인적 가치재
② 잠시 경험하는 미학적 · 감각적 경험재
③ 모두가 소유하는 사회적 공공재
④ 상품의 효용성에 대한 가치판단이 어려운 탐색재

06 다음 ⊙과 ⓒ에 들어갈 것을 바르게 제시한 것은?

구분	제1호	제2호	제3호	제4호	제5호
국보	⊙	서울 원각사지 십층석탑	서울 북한산 신라 진흥왕 순수비	여주 고달사지 승탑	보은 법주사 쌍사자 석등
보물	서울 흥인지문	옛 보신각 동종	서울 원각사지 대원각사비	안양 중초사지 당간지주	중초사지삼층석탑 (1997년에 해제)
사적	경주 포석정지	김해 봉황동 유적	수원 화성	부여 가림성	부여 부소산성
명승	명주 청학동 소금강	거제 해금강	완도 정도리 구계등	해남 대둔산 일원 (1998년에 해제)	승주 송광사 · 선암사 일원 (1998년에 해제)
국가무형 문화재	ⓒ	양주별산대놀이	남사당놀이	갓일	판소리

	⊙	ⓒ
①	서울 숭례문	남사당놀이
②	서울 숭례문	종묘제례악
③	훈민정음	종묘제례악
④	훈민정음	양주 별산대놀이

07 일상 속 물건이나 물체를 그 본래의 용도와 본질에서 떼어내 다른 상징적 요소로 사용하는 미술기법은?

① 스노비즘 ② 메타포
③ 그로테스크 ④ 오브제

08 다음과 같은 법률에 명기된 박물관의 종류와 설립 주체에 대한 설명으로 틀린 것은?

> 박물관 및 미술관 진흥법 (약칭: 박물관미술관법)
> [시행 2016.2.3.] [법률 제13966호, 2016.2.3., 일부개정]
>
> 제1장 총칙
> 제1조(목적) 이 법은 박물관과 미술관의 설립과 운영에 필요한 사항을 규정하여 박물관과 미술관을 건전하게 육성함으로써 문화·예술·학문의 발전과 일반 공중의 문화향유(文化享有) 및 평생교육 증진에 이바지함을 목적으로 한다. 〈개정 2016. 2. 3.〉
> 제2조(정의) 이 법에서 사용하는 용어의 뜻은 다음과 같다. 〈개정 2007. 7. 27., 2009. 3. 5., 2016. 2. 3.〉
> 1. "박물관"이란 문화·예술·학문의 발전과 일반 공중의 문화향유 및 평생교육 증진에 이바지하기 위하여 역사·고고(考古)·인류·민속·예술·동물·식물·광물·과학·기술·산업 등에 관한 자료를 수집·관리·보존·조사·연구·전시·교육하는 시설을 말한다.

① 공립박술관 : 모든 공공단체에 의해 설립된 박물관이다.
② 사립박술관 : 「민법」, 「상법」 등에 따라 법인·단체·개인이 설립한 박물관이다.
③ 국립박술관 : 국가 중앙정부가 설립한 박물관이다.
④ 대학박물관 : 「고등교육법」에 따른 대학이 설립한 박물관이다.

09 다음 중 인물과 그에 대한 설명이 틀린 것은?

① 권정생 : 독립운동가로 활동했고 광복 후 종합교양지 〈사상계〉를 창간했다.
② 함석헌 : 민권운동가·문필가이며 잡지 〈씨알의 소리〉를 발간해 민중계몽운동을 했다.
③ 이어령 : 문학평론가이자 우리나라의 초대 문화부장관을 지낸 인물이다.
④ 나혜석 : 한국 최초의 여성 서양화가로 여성의 권리신장과 여성계몽을 주장했다.

10 다음에서 설명하는 '날'은 언제인가?

- 「문화기본법」에 근거를 둔다.
- 문화시설의 문턱을 낮추기 위해 문화 업계에서는 각종 할인 행사를 진행한다.
- 2014년 1월부터 도입되었다.

① 매달 마지막 주 수요일
② 매달 첫째 주 월요일
③ 매달 넷째 주 토요일
④ 매주 토요일

11 다음 중 우리나라에서 유네스코에 가장 먼저 등록된 '유산'은 무엇인가?

① 석굴암 · 불국사
② 종묘제례 및 종묘제례악
③ 조선통신사 기록물
④ 씨름

12 다음 중 칸 영화제에서 수상하지 않은 우리나라 영화는 무엇인가?

① 〈헤어질 결심〉
② 〈기생충〉
③ 〈피에타〉
④ 〈박쥐〉

※ 다음 용어에 대해서 약술하시오. [13~22]

13 사이버 렉카

14 훈민정음 해례본

15 멀티 페르소나

16 클리셰

17 Netflixed

18 크로마 키

19 미디어 파사드

20 MCN

21 이머시브 공연

22 TNR 사업

5회차 기업·지역 문제 탐구

실전모의고사

Key Point
- 지원하는 기업의 인재상, 사훈, 비전, 설립 목적 등은 꼭 알아둬야 한다.
- 자신이 지원하는 기업에 대입하여 지원하기 전에 기업과 관련된 어떤 정보를 알아두어야 하는지 파악하자.

01 삼국시대에 들어서 수원 지역을 최초로 차지한 국가는?

① 고구려
② 백제
③ 신라

02 부산의 기후에 대한 설명으로 틀린 것은?

① 4계절이 뚜렷한 온대기후다.
② 봄에는 인근지방인 울산과 통영보다 평균기온이 낮다.
③ 여름에는 밤에도 최저기온이 높은 열대야가 나타난다.
④ 우리나라에서는 제주도 다음으로 겨울철이 온화하다.

03 다음 중 부산광역시의 마스코트 명칭으로 올바른 것은?

① 피우미
② 부비
③ 꾸미
④ 해누리

04 다음 중 인천광역시의 지역 상징을 바르게 짝지은 것은?

① 시목 – 목백합, 시화 – 수선화, 시조 – 까치
② 시목 – 소나무, 시화 – 장미, 시조 – 두루미
③ 시목 – 목백합, 시화 – 장미, 시조 – 두루미
④ 시목 – 소나무, 시화 – 수선화, 시조 – 까치

05 경기도 민선 8기의 도정 슬로건은?

① 생명의 땅 으뜸 경기
② 경기의 힘으로! 새로운 대한민국
③ 변화의 중심 기회의 경기
④ 더 행복한 경기, 대한민국의 중심

06 다음과 같은 서체의 명칭은 무엇인가?

> 일자리 넘치는
> 안전하고 따뜻한 경기도
> Good morning Gyeonggi

- 자음과 모음의 자연스러운 연결로, 협력과 포용을 상징한다.
- "과거, 현재, 미래를 잇는다"라는 의미가 담겨 있다.
- 곡선과 절제한 직선이 어우러지도록 제작되었다.

① 경기천년체
② 경기안식체
③ 굿모닝경기체
④ 새천년경기체

07 다음은 부산시민헌장 내용의 일부이다. 괄호 안에 들어갈 말로 적절한 것은?

> 가야와 신라의 숨결 속에 낙동강의 얼과 금정산의 슬기가 담긴 부산은 민족의 자존을 지키고 민주의 새 역사를 일궈낸 (   )이다.

① 희망의 도시
② 역사의 도시
③ 혁신의 도시
④ 자유의 도시

08 경기도는 몇 개의 시·군으로 이뤄져 있는가?

① 27개 시 4개 군
② 27개 시 3개 군
③ 28개 시 4개 군
④ 28개 시 3개 군

09 한국전력공사에 대한 설명으로 옳지 <u>않은</u> 것은?

① 본사는 전라남도 나주시에 있다.
② 1961년 「한국전력주식회사법」에 의해 통합 신설되었다.
③ 안전 최우선, 지속 성장, 상호 존중, 사회적 책임을 4대 핵심가치로 내걸고 있다.
④ 인재상은 주인의식을 가진 기업가형 인재, 융합적 사고를 하는 통섭형 인재, 실패와 좌절을 두려워하지 않는 도전적 인재, 날카로운 통찰력을 가진 가치창조형 인재이다.

10 다음 법에 대한 내용으로 옳지 <u>않은</u> 것은?

> **한국관광공사법**
> [시행 2016. 12. 20.] [법률 제9474호, 2016. 12. 20., 일부개정]
>
> **제1조(목적)** 이 법은 한국관광공사를 설립하여 관광진흥, 관광자원 개발, 관광산업의 연구·개발 및 관광 관련 전문인력의 양성·훈련에 관한 사업을 수행하게 함으로써 국가경제 발전과 국민복지 증진에 이바지함을 목적으로 한다.
> [전문개정 2009. 3. 5.]
> **제2조(법인격)** 한국관광공사(이하 "공사"라 한다)는 법인으로 한다.
> [전문개정 2009. 3. 5.]

① 공사의 자본금은 500억원으로 정해져 있다.
② 공사의 사장은 민간인 중에서 공사의 업무에 관한 재판 행위를 할 수 있는 대리인을 선임할 수 있다.
③ 이 법은 1997년에 제정되어 1998년부터 시행되었다.
④ 정부는 필요 시 공사의 사업에 보조금을 지원할 수 있다.

11 다음 중 한국수력원자력의 비전으로 맞는 것은?

① 친환경 에너지전환 선도기업
② 사람 중심의 깨끗하고 따뜻한 에너지
③ 탄소중립 청정에너지 리더
④ 친환경 에너지를 선도하는 국민기업

12 다음 글에 대한 설명으로 옳지 <u>않은</u> 것은?

> 우리나라 역시 미래 경제성장의 동력으로 수소경제를 선정하고, 수소경제 선도국가로 도약하기 위해 2019년 수소차와 연료전지를 양대 축으로 하는 '수소경제 활성화 로드맵'과 '수소 인프라 및 충전소 구축방안'을 발표했다. 이어서 2020년 2월에는 '수소경제'를 체계적으로 추진하기 위하여 '수소경제 육성 및 안전관리에 관한 법률'을 세계 최초로 공포했고, 전국 지자체들은 지역별 여건과 특성에 맞는 수소 산업 육성에 참여하고 있다. 한국가스공사도 수소경제에 발맞춰 '수소 사업 추진 로드맵'을 수립, 친환경 에너지 공기업의 책임을 다하고 있다. 정부의 수소 사업에 민간이 선제적으로 참여하기는 쉽지 않은 만큼, 인프라 확충 및 민간의 참여 활성화를 위해서는 공공기관의 선도적인 투자가 필수이다. 이에 한국가스공사는 기존의 천연가스 인프라망을 활용한 수소경제의 마중물 역할을 해 나갈 계획이다. 1983년 우리나라 최초의 천연가스회사로 출발, 뜨거운 열정과 치열한 노력으로 일궈온 기술과 인프라는 우리나라가 수소경제 선도국가로 나아가는 데 든든한 디딤돌이 될 것이다. 아울러 지난 수년간의 천연가스 설비 건설, 운영, 공급 경험을 기반으로 국민에게 경제적이고 안정적인 수소 공급 서비스를 제공하기 위해 힘쓸 것이다. 수소 관련 설비, 운영 등 전반적인 과정에서 한국가스공사가 안전관리 및 최적화에 주도적인 역할을 할 것으로 기대된다. 한국가스공사의 '수소 사업 추진 로드맵'은 국가의 수소 사업을 든든하게 지원하는 역할뿐만 아니라, 공사의 미래 성장 동력을 마련, 수소 에너지를 주도하는 글로벌 기업으로 도약하기 위한 시작이 될 것이다. 한국가스공사는 천연가스 산업의 불모지였던 우리나라에 최초로 LNG를 도입하였고, 이제는 1,156만kL 규모의 LNG 저장 용량과 4,908km의 배관망을 갖춘 국내 최고의 에너지 기업이자, 세계 곳곳에서 다양한 프로젝트를 수행하는 글로벌 기업으로 성장했다. 그 과정에서 변화하는 국내외 에너지 시장을 선도하기 위한 도전과 노력을 멈추지 않았고, 다가올 수소 사회를 위한 준비도 차근차근 진행 중이다. 저탄소 에너지로의 전환은 전 인류에게 주어진 과제이고, 수소 에너지 시대를 향한 경쟁은 이미 시작됐다. 한국가스공사는 이를 기회로 삼고자 한다. 이미 2018년 12월, 한국가스공사법 개정을 통해 수소 에너지의 생산과 공급 관련 사업을 추가하였고, 수소 시장 활성화와 산업 발전을 위해 수소 인프라 구축에 선제적으로 투자하고 있다. 점차 감소하는 천연가스 사용량을 보완·대체하기 위해 수소 발전과 연료전지 사업 등 새로운 시장 발굴에 힘쓰고 있으며, 천연가스와 더불어 수소로 상품을 다양화하여 세계적인 종합 가스 기업으로 도약해 나갈 것이다.

① 수소 관리에 관한 법률은 2019년에 공포됐다.
② 한국가스공사는 원래 천연가스회사로 설립됐다.
③ 한국가스공사는 수소 기술 활성화를 위해 기존의 천연가스 인프라를 활용할 예정이다.
④ LNG는 한국가스공사에 의해 우리나라에 최초로 도입됐다.
⑤ 한국가스공사는 2018년 수소 에너지를 새로운 사업으로 추가하였다.

※ 다음 용어에 대해서 약술하시오. [13~22]

13 6차산업

14 고교학점제

15 청년기본소득

16 K-택소노미

17 국민비서

18 디딤돌 대출

19 국가데이터처

20 첫만남 이용권

21 늘봄학교

22 뭣즈

6회차 NCS 기반 일반상식 문제 탐구

Key Point
- 일부 상식들이 직업기초능력의 의사소통능력에 지문 키워드로 자주 나온다. 해당 내용을 미리 파악하고 있으면 문제 풀이의 속도를 빠르게 올릴 수 있으니 NCS 빈출 키워드들은 꼭 파악해두자.
- 해당 상식을 알지 못하면 풀 수 없는 문제들의 분량도 점차 늘어나고 있다. SWOT 등 경영·경제학 계열 지식과 인문 지식이 주로 출제되니 상식 시험이 없는 기관에 응시하더라도 집중 탐구해두자.

※ 다음 글을 읽고 이어지는 질문에 답하시오. [01~02]

(가) 경영학 측면에서도 메기효과는 한국, 중국 등 고도 경쟁사회인 동아시아 지역에서만 제한적으로 사용되며 영미권에서는 거의 사용되지 않는다. 기획재정부의 조사에 따르면 메기에 해당하는 해외 대형가구업체인 이케아(IKEA)가 국내에 들어오면서 청어에 해당하는 중소가구업체의 입지가 더욱 좁아졌다고 한다. 이처럼 경영학 측면에서도 메기효과는 제한적으로 파악될 뿐 과학적으로는 검증되지 않은 가설이다.

(나) 결국 과학적으로 증명되진 않았지만 메기효과는 '경쟁'의 양면성을 보여 주는 가설이다. 기업의 경영에서 위협이 발생하였을 때, 위기감에 의한 성장동력을 발현시킬 수는 있을 것이다. 그러나 무한 경쟁사회에서 규제 등의 방법으로 적정수준을 유지하지 못한다면 거미의 등장으로 인해 폐사한 메뚜기와 토양처럼, 거대한 위협이 기업과 사회를 항상 좋은 방향으로 이끌어 나가지는 않을 것이다.

(다) 그러나 메기효과가 전혀 시사점이 없는 것은 아니다. 이케아가 국내에 들어오면서 도산할 것으로 예상되었던 일부 국내 가구업체들이 오히려 성장하는 현상 또한 관찰되고 있다. 강자의 등장으로 약자의 성장동력이 어느 정도는 발현되었다는 것을 보여 주는 사례라고 할 수 있다.

(라) 그러나 최근에는 메기효과가 과학적으로 검증되지 않았고 과장되어 사용되고 있으며 심지어 거짓이라고 주장하는 사람들이 있다. 먼저 메기효과의 기원부터 의문점이 있다. 메기는 민물고기로 바닷물고기인 청어는 메기와 관련이 없으며, 실제로 북유럽의 어부들이 수조에 메기를 넣었을 때 청어에게 효과가 있었는지는 검증되지 않았다. 이와 비슷한 사례인 메뚜기와 거미의 경우는 과학적으로 검증된 바 있다. 2012년 『사이언스』에서 제한된 공간에 메뚜기와 거미를 두었을 때 메뚜기들은 포식자인 거미로 인해 스트레스의 수치가 증가하고 체내 질소 함량이 줄어들었으며, 죽은 메뚜기에 포함된 질소 함량이 줄어들면서 토양 미생물도 줄어들었고 토양은 황폐화되었다.

(마) 우리나라에서 '경쟁'과 관련된 이론 중 가장 유명한 것은 영국의 역사가 아놀드 토인비가 주장했다고 하는 '메기효과(Catfish Effect)'이다. 메기효과란 냉장시설이 없었던 과거에 북유럽의 어부들이 잡은 청어를 싱싱하게 운반하기 위하여 수조 속에 천적인 메기를 넣어 끊임없이 움직이게 했다는 것이다. 이 가설은 경영학계에서 비유적으로 사용된다. 다시 말해 기업의 경쟁력을 키우기 위해서는 적절한 위협과 자극이 필요하다는 것이다.

01 윗글의 문단을 논리적 순서대로 바르게 나열한 것은?

① (가)-(라)-(나)-(다)-(마)
② (다)-(마)-(가)-(나)-(라)
③ (마)-(가)-(라)-(다)-(나)
④ (마)-(라)-(가)-(다)-(나)

02 다음 중 윗글을 이해한 내용으로 적절하지 않은 것은?

① 거대기업의 출현은 해당시장의 생태계를 파괴할 수도 있다.
② 메기효과는 과학적으로 검증되지 않았으므로 낭설에 불과하다.
③ 발전을 위해서는 기업 간 경쟁을 적정수준으로 유지해야 한다.
④ 메기효과는 경쟁을 장려하는 사회에서 널리 사용되고 있다.

※ 다음은 안전보장이사회를 소개하는 기사 내용이다. 기사를 읽고 이어지는 질문에 답하시오.[03~04]

국제연합(United Nations)은 제2차 세계대전 말기에 태동하기 시작하여 1945년 샌프란시스코회의에서 헌장이 작성되고, 동년 10월 24일 발효함으로써 창설된 2차 대전 이후 최대 국제기구이다. 산하 주요기관으로서는 총회, 안전보장이사회, 경제이사회, 신탁통치이사회, 국제사법재판소 그리고 사무국이 있다. 이 중에서 안전보장이사회는 국제평화와 안보에 대한 위협을 다루는 데 있어서 좀 더 효율적인 의사결정을 촉진하기 위해 작은 규모로 유지되어 왔다. 그러나 규모와 달리 평화를 파괴할 우려가 있는 분쟁 또는 사태를 평화적으로 처리하며, 평화에 대한 위협, 평화의 파괴 또는 침략행위 등에 대한 중지·권고 또는 강제조치를 결정하는 권한을 보유하고 있다. 이에 관련된 군비규제 계획의 작성, 국제사법재판소의 판결이행사항 이행, 지방적 분쟁에 대한 지역적 처리 장려, 지역적 강제행동의 허가, 전략지구의 감독 등을 수행한다. 또한 총회와 공동으로 가맹승인·제명·권리정지 및 사무총장의 임명 등을 관장한다.

안전보장이사회는 또한 상임이사국과 비상임이사국 모두를 가진 유일한 UN기구이다. 5개 상임이사국은 미국, 영국, 프랑스, 러시아(1992년 소련의 의석을 승계)와 중국(1971년 중화민국의 의석을 승계)인데, 이들은 거부권을 가지고 있기 때문에 안전보장이사회 의사결정의 핵심이라고 할 수 있다. 1965년에 10개국으로 확대된 비상임이사국들은 2년 임기로 선출되고, 안전보장이사회의 모든 업무에 참여한다. 적어도 비상임이사국들이 찬성해야만 결의안이 통과된다. 현재의 규칙에 의하면 비상임이사국은 연임할 수 없으며 비상임이사국 중 5석은 아프리카와 아시아가 차지하고, 라틴아메리카와 서유럽국가들이 각각 2석을, 동유럽 국가들이 한 자리를 차지한다.

국제 평화와 안보의 목적을 추구하는 일차적 책임은 안전보장이사회에 있다. 예컨대, 안전보장이사회는 국제 평화와 안보를 유지하거나 혹은 회복하기 위해 심지어 군사조치까지 승인하는 결의안을 만들 수 있다. 이러한 경우에는 총 15개 안전보장이사회 회원국 중 5개의 상임이사국을 포함하고 9개 이상 이사국의 찬성 표결이 있어야만 한다. 이 중 5개 상임이사국은 거부권을 행사할 수 있다.

현재 안전보장이사회의 평화유지의 역할을 수행하는 것과 관련된 조항은 UN헌장 제6장과 제7장에 열거되어 있다. 제6장은 분쟁의 평화적 해결 문제를 다루고 있는데, 이 장은 분쟁을 조사하고 당사국들로 하여금 폭력의 사용 없이 분쟁을 해결하도록 돕는 여러 형태의 기술적 내용들을 제시하고 있다. 제7장은 침략자들을 규정하고, 경제제재 혹은 공동행동을 위한 군사력 제공 등과 같은 실행조치를 취하는 데 있어서 회원국들을 독려할 수 있는 안보리의 권한을 명시하고 있다. 1990년 이전, 안보리는 단지 두 사건에 있어서만 제7장에 근거한 강제 권력을 사용하였고, 대부분의 냉전시대 분쟁에 대응하기 위해서는 제6장의 절차에 근거하였다. 따라서 1992년 이전에 모든 UN 평화유지군은 제6장에 근거하여 권한이 주어졌다. 냉전종식 이후 가장 큰 변화 중 하나는 안보리가 제7장을 더 많이 활용한다는 것인데, 이는 경제제재와 군사적 행동을 위한 조치들을 포함하는 것이다. 이처럼 국제평화에 대하여 지대한 책무를 지닌 까닭에 안보리 개최에 최적의 환경 확보를 위해 이사국은 그들의 대표를 유엔본부 내에 상주시키고 있다.

03 각 문단의 제목으로 적절하지 않은 것은?

① 첫 번째 문단 : 안전보장이사회의 기능과 권한
② 두 번째 문단 : 안전보장이사회의 구성
③ 세 번째 문단 : 안전보장이사회의 거부권 행사
④ 네 번째 문단 : 안전보장이사회와 관련된 UN헌장 제6장과 제7장

04 기사의 내용으로 올바른 것은?

① UN헌장 제7장은 분쟁의 평화적 해결 문제를 다루고 있다.
② 5개의 상임이사국은 미국, 중국, 러시아, 일본, 프랑스로 구성되어 있다.
③ 안전보장이사회는 국제사법재판소의 판결이행사항을 이행하기도 한다.
④ 냉전종식 이후 UN헌장 제6장이 제7장보다 더 많이 활용되고 있다.

05 다음 설명을 참고하여 아래 기사를 읽고 B자동차가 취할 수 있는 전략으로 옳은 것은?

> 'SWOT'는 Strength(강점), Weakness(약점), Opportunity(기회), Threat(위협)의 머리글자를 따서 만든 단어로, 경영전략을 세우는 방법론이다. SWOT로 도출된 조직의 내·외부 환경을 분석하고, 이 결과를 통해 대응전략을 구상할 수 있다. 'SO전략'은 기회를 활용하기 위해 강점을 사용하는 전략이고, 'WO전략'은 약점을 보완 또는 극복하여 시장의 기회를 활용하는 전략이다. 'ST전략'은 위협을 피하기 위해 강점을 활용하는 방법이며, 'WT전략'은 위협요인을 피하기 위해 약점을 보완하는 전략이다.

〈기사〉
- 새로운 정권의 탄생으로 자동차업계 내 새로운 바람이 불 것으로 예상된다. A당선인이 이번 선거에서 친환경차 보급확대를 주요공약으로 내세웠고, 공약에 따라 공공기관용 친환경차 비율을 70%로 상향시키기로 하고, 친환경차 보조금 확대 등을 통해 친환경차 보급률을 높이겠다는 계획을 세웠다. 또한 최근 환경을 생각하는 국민의식의 향상과 친환경차의 연비절감 측면이 친환경차 구매욕구 상승에 기여하고 있다.
- B자동차는 기존에 전기차 모델들을 꾸준히 출시하여 성장세가 두드러지고 있는데다 고객들의 다양한 구매욕구를 충족시킬 만한 전기차 상품의 다양성을 확보했다. 또한, B자동차의 전기차 미국 수출이 증가하고 있는 만큼 향후 전망도 밝을 것으로 보인다.

① SO전략
② WO전략
③ ST전략
④ WT전략

※ 다음은 매슬로우의 인간욕구 5단계 이론을 설명한 자료이다. 다음 자료를 읽고 이어지는 질문에 답하시오. [06~08]

(가) 이러한 인간욕구 5단계는 경영학에서 두 가지 의미로 널리 사용된다. 하나는 인사 분야에서 인간의 심리를 다루는 의미로 쓰인다. 그 예로는 승진이나 보너스, 주택 전세금 대출 등 사원들에게 동기부여를 위한 다양한 보상의 방법을 만드는 데 사용한다. 사원들이 회사 생활을 좀 더 잘할 수 있도록 동기를 부여할 때 주로 사용한다 하여 '매슬로우의 동기부여론'이라고도 부른다.

(나) 인간의 욕구는 치열한 경쟁 속에서 살아남으려는 생존욕구부터 시작해 자아실현욕구에 이르기까지 끝이 없다. 그런데 이런 인간의 욕구는 얼마나 다양하고 또 욕구 간에는 어떤 순차적인 단계가 있는 걸까? 이런 본질적인 질문에 대해 에이브러햄 매슬로우(Abraham Maslow)는 1943년 인간욕구에 관한 학설을 제안했다. 이른바 '매슬로우의 인간욕구 5단계 이론(Maslow's Hierarchy of Needs)'이다. 이 이론에 의하면 사람은 누구나 다섯 가지 욕구를 가지고 태어나며, 이들 다섯 가지 욕구에는 우선순위가 있어서 단계가 구분된다.

(다) 좀 더 자세히 보자. 첫 번째 단계는 생리적욕구이다. 숨 쉬고, 먹고, 자고, 입는 등 우리 생활에 있어서 가장 기본적인 요소들이 포함된 단계이다. 사람이 하루 세끼 밥을 먹는 것, 때마다 화장실에 가는 것, 그리고 종족번식본능 등이 이 단계에 해당한다. 두 번째 단계는 (A) 안전욕구이다. 우리는 흔히 놀이동산에서 롤러코스터를 탈 때 '혹시 이 기구가 고장이 나서 내가 다치지는 않을까?' 하는 염려를 한다. 이처럼 안전욕구는 신체적, 감정적, 경제적 위험으로부터 보호받고 싶은 욕구이다. 세 번째 단계는 소속과 애정의 욕구이다. 누군가를 사랑하고 싶은 욕구, 어느 한 곳에 소속되고 싶은 욕구, 친구들과 교제하고 싶은 욕구, 가족을 이루고 싶은 욕구 등이 여기에 해당한다. 네 번째 단계는 존경욕구이다. 우리가 흔히들 말하는 명예욕, 권력욕 등이 이 단계에 해당한다. 즉, 누군가로부터 높임을 받고 싶고, 주목과 인정을 받으려 하는 욕구이다. 마지막으로 다섯 번째 단계는 자아실현 욕구이다. 존경욕구보다 더 높은 욕구로 역량, 통달, 자신감, 독립심, 자유 등이 있다. 매슬로우는 최고수준의 욕구로 이 자아실현욕구를 강조했다. 모든 단계가 기본적으로 충족돼야만 이뤄질 수 있는 마지막 단계로 자기발전을 이루고 자신의 잠재력을 끌어내어 극대화할 수 있는 단계라 주장한 것이다.

(라) 사람은 가장 기초적인 욕구인 생리적욕구(Physiological Needs)를 맨 먼저 채우려 하며, 이 욕구가 어느 정도 채워지면 안전해지려는 욕구(Safety Needs)를, 안전욕구가 어느 정도 채워지면 사랑과 소속 욕구(Love & Belonging)를, 그리고 더 나아가 존경욕구(Esteem)와 마지막 욕구인 자아실현욕구(Self-Actualization)를 차례로 채우려 한다. 즉, 사람은 5가지 욕구를 채우려 하되 우선순위에 있어서 가장 기초적인 욕구부터 차례로 채우려 한다는 것이다.

(마) 다른 하나는 마케팅 분야에서 소비자의 욕구를 채우기 위해 단계별로 다른 마케팅 전략을 적용하는 데 사용한다. 예를 들면, 채소를 구매하려는 소비자가 안전의 욕구를 갖고 있다고 가정하자. 마케팅 전략을 짜는 사람이라면 '건강'에 기초한 마케팅 전략을 구상해야 할 것이다. 마케팅 담당자가 고객의 욕구보다 더 높은 수준의 가치를 제공한다면, 고객 만족을 실현할 수 있는 지름길이자 기회인 것이다.

06 다음 (가)~(마) 문단을 순서대로 나열한 것은?

① (나)-(라)-(다)-(가)-(마)
② (라)-(다)-(가)-(마)-(나)
③ (나)-(다)-(가)-(마)-(라)
④ (라)-(다)-(나)-(마)-(가)

07 제시문을 읽고 이해한 내용으로 적절하지 <u>않은</u> 것은?

① 배고플 때 맛있는 음식이 생각나는 것은 인간욕구 5단계 중 첫 번째 단계에 해당한다.
② 사람은 가장 기초적인 욕구부터 차례로 채우려 한다.
③ 우수한 사원을 위한 성과급은 매슬로우의 동기부여론 사례로 볼 수 있다.
④ 행복한 가정을 이루고 싶어 하는 것은 존경욕구에 해당한다.

08 제시문의 밑줄 친 (A)에 대한 사례로 적절한 것은?

① 돈을 벌어 부모에게서 독립하고 싶은 A씨
② 야근에 지쳐 하루 푹 쉬고 싶어 하는 B씨
③ 노후대비를 위해 연금보험에 가입한 C씨
④ 동호회 활동을 통해 다양한 사람들을 만나고 싶은 D씨

09 다음 글에서 〈보기〉가 들어갈 위치로 가장 적절한 것은?

> 베토벤의 〈교향곡 9번 d 단조〉 Op. 125는 그의 청력이 완전히 상실된 상태에서 작곡한 것으로 유명하다. ㉠ 1824년에 완성된 이 작품은 4악장에 합창 및 독창이 포함된 것이 특징이다. 당시 시대적 배경을 볼 때, 처음으로 성악을 기악곡에 도입한 획기적인 작품이었다. ㉡ 이 작품은 베토벤의 다른 작품들을 포함해 서양음악 전체에서 가장 뛰어난 작품 중 하나로 손꼽히며, ㉢ 현재 유네스코의 세계기록유산으로 지정되어 있다. ㉣ 또한 4악장의 전주 부분은 유럽연합의 공식 상징가로 사용되며, 자필 원본악보는 2003년 런던 소더비 경매에서 210만파운드에 낙찰됐다.

〈보기〉
이 작품에 '합창교향곡'이라는 명칭이 붙은 것도 바로 4악장에 나오는 합창 때문이다.

① ㉠ ② ㉡
③ ㉢ ④ ㉣

10 다음 글의 내용으로 적절하지 않은 것은?

핀테크(FinTech)란 Finance(금융)와 Technology(기술)의 합성어로 금융과 IT의 융합을 통한 금융서비스 제공을 비롯한 산업의 변화를 통칭하는 신조어다. 금융서비스의 변화로는 모바일(Mobile), SNS(Social Network Service), 빅데이터(Big Data) 등 새로운 IT기술을 활용하여 기존의 금융기법과 차별화된 서비스를 제공하는 기술기반의 혁신이 대표적이다. 최근에 대중이 널리 사용하는 모바일뱅킹(Mobile Banking)과 앱카드(App Card)도 이러한 시대적 흐름 가운데 나타난 핀테크의 한 예라 볼 수 있다.

이에 따라 금융위원회는 핀테크 산업 발전을 위한 디지털 금융의 종합혁신방안을 발표하였다. 규제 완화와 이용자 보호장치 마련이 주목적이었다. 종합지급결제업과 지급지시전달업의 신설로 핀테크 기업들은 고도화된 디지털 금융서비스 창출과 수익다각화의 기반을 마련했다. 간편결제에 소액 후불결제 기능을 추가한 것이라든지 선불결제 충전한도 상향 등은 중요한 규제완화의 예라 볼 수 있다. 전자금융업종의 통합과 간소화를 통해 이제는 자금이체업, 대금결제업, 결제대행업으로 산업이 재편된 셈이다.

핀테크 산업의 미래는 더 이터 기반의 마이데이터 서비스체계를 구축하는 것이다. 개인이 정보이동권에 근거하여 본인의 데이터에 대한 개방을 요청하면 기업이 해당 데이터를 제3자에게 개방하도록 하는 것이 마이데이터의 개념이다. 그동안 폐쇄적으로 운영·관리되어 왔던 마이데이터를 통한 개인정보의 활용으로 맞춤형 재무서비스나 금융상품 추천 등 다양한 데이터 기반의 금융서비스 활성화가 기대되는 바이다. 또한 마이데이터의 도입으로 고객 데이터 독점이 사라지는 상황에서 금융업 간 경쟁심화는 필연적일 것으로 보인다. 마이데이터 사업자와의 협력과 직접진출 등이 활발하게 나타날 것으로 전망되기 때문이다.

사이버 관련 사고가 지능화되고 고도화되면서 보안기술과 시스템에 대한 수요도 높은 수준을 요구하고 있다. 정부가 D.N.A(Data, Network, AI) 생태계 강화 등을 기반으로 디지털뉴딜을 추진 중이며, 전 산업의 디지털화가 진행 중이라 대부분의 산업에 있어서도 보안기술의 향상이 요구된다. 특히 최근에는 금융권 클라우드나 바이오정보에 대한 공격증가에 따른 금융기관 등의 피해가 커질 위험에 노출되어 있어 주의를 요한다.

개인정보보호법, 신용정보법, 정보통신망법 등 개인정보보호 관련 3개 법률(데이터 3법) 개정안이 발표되었다. 이는 가명정보의 도입, 개인정보의 활용 확대, 마이데이터 산업 도입 등을 주요내용으로 한다. 데이터 3법 개정으로 마이데이터 사업이 본격화되고 핀테크 기업 중심의 정보공유 활성화, 데이터 기반 신산업 발전 등이 효과를 볼 것으로 전망된다. 반면 개인정보 및 금융정보의 노출 가능성이 높아지게 되고 보안사고의 위험과 개인정보 보호의 이슈가 부각될 수 있는 현실을 맞이하게 된 것이다.

① 빅데이터를 활용한 금융서비스 제공 역시 핀테크의 일종이다.
② 핀테크 산업 활성을 위해서는 기존의 규제를 완화하는 것이 필요하다.
③ 마이데이터 서비스체계에서 기업은 개인의 동의하에 제3자에게 데이터를 제공할 수 있다.
④ 마이데이터 사업자 간의 협력이 활발해진다면 금융업 간 경쟁심화는 완화될 것으로 보인다.
⑤ 데이터 3법 개정과 함께 기업들은 개인정보 보호를 위한 보안기술 구축을 위해 별도로 노력해야 한다.

정답 및 해설

1회차 : 일반상식 고난도 기출적중

01	①	02	③	03	③	04	②	05	④
06	①	07	③	08	①	09	④	10	③
11	①	12	②						

01 ①
(해설)
의원내각제
정부형태의 일종인 의원내각제는 권력융합주의를 기본 이념으로 하며 의회의 신임에 의해 내각이 구성된다. 왕 또는 대통령은 정치적 실권이 없는 상징적 존재이며, 의회는 내각불신임의결권을 가진다. 내각은 의결기관이자 의회해산권과 법률안 제안권을 갖고 있고, 각료는 원칙적으로 의회 의원이어야 하며 의회 출석 발언권을 가진다. 내각은 정치적 책임에 민감하고 국민의 민주적 요청에 충실히 임하며, 정국이 안정됐을 시 능률적 행정이 가능하다. 그러나 다수당의 횡포가 발생할 가능성이 있고, 정책의 일관성과 지속성이 결여될 소지가 있다.

02 ③
(해설)
북대서양조약기구
북대서양조약기구(North Atlantic Treaty Organization, NATO), 일명 나토는 미국과 서방 유럽을 아우르는 군사동맹체. 나토는 제2차 세계대전이 종전되고 1949년에 미국을 중심으로 영국, 프랑스, 이탈리아 등 서방 유럽주요국가들이 맺은 집단안전보장조약을 기초로 한다. 미국이 유럽국가들과의 군사적 관계를 공고히 함으로써 소련과의 패권다툼에서 승리하고자 했다. 나토가 러시아와 가까운 국가들로 회원국을 늘리는 '동진'을 하면서 러시아의 위기감이 고조됐다. 이 위기감은 2022년 2월 러시아가 우크라이나를 침공하는데 영향을 끼쳤고, 이는 러시아의 고립을 심화하고 스웨덴, 핀란드 등 유럽국의 자발적 나토가입을 촉발하게 됐다.

03 ③
(해설)
유로존
EU의 통화 공동체로 유로화를 쓰는 지역을 가리킨다. EU에 소속되어 있으나, 유로화를 사용하지 않는 국가들도 있으며(덴마크, 스웨덴, 불가리아, 체코, 헝가리, 크로아티아, 폴란드, 루마니아), EU가 아니나 유로화를 쓰는 국가들도 있다(모나코, 산마리노, 바티칸 시국, 안도라).

04 ②
(해설)
디깅 소비
'파다'라는 뜻의 '디깅(digging)'과 '소비'를 합친 신조어로 청년층의 변화된 라이프스타일과 함께 나타난 새로운 소비패턴을 의미한다. 소비자가 선호하는 특정 품목이나 영역에 깊이 파고드는 행위가 소비로 이어짐에 따라 소비자들의 취향을 잘 반영한 제품들에서 나타나는 특별 수요현상을 설명할 때 주로 사용된다. 특히 가치가 있다고 생각하는 부분에는 비용지불을 망설이지 않는 MZ세대의 성향과 맞물려 청년층에서 두각을 드러내고 있다.

05 ④
(해설)
그린워싱(Green Washing)
친환경 제품이 아닌 것을 친환경 제품으로 속여 홍보하는 것이다. 초록을 뜻하는 그린(Green)과 영화 등의 작품에서 백인 배우가 유색인종 캐릭터를 맡을 때 사용하는 화이트 워싱(White Washing)의 합성어로 위장 환경주의라고도 한다. 기업이 제품을 만드는 과정에서 환경

오존을 유발하지만 친환경 재질을 이용한 제품 포장 등만을 부각해 마케팅에 강조하는 것이 그린워싱의 사례다.

06 ①
(해설)
코즈 마케팅(Cause Marketing)
기업과 사회적 이슈가 연계되어 상호이익을 추구하는 것이다. 기업이 일방적으로 기부나 봉사활동을 하는 것에서 나아가 기업이 공익을 추구하면서도 이를 통해 실질적인 이익을 얻을 수 있도록 공익과의 접점을 찾는 마케팅 전략이다.

07 ③
(해설)
국경일
나라의 경사스러운 날을 기념하기 위한 날로써 3·1절(3월 1일), 제헌절(7월 17일), 광복절(8월 15일), 개천절(10월 3일), 한글날(10월 9일)이 이에 해당한다. 국토방위에 충성으로 목숨을 바친 이들을 기리는 현충일(6월 6일)은 국경일이 아닌 공휴일로 지정돼 있다.

08 ①
(해설)
백야현상
보통 고위도 지방에서 한여름에 발생하며, 길게 나타날 경우 최장 6개월 동안 해가 지지 않는다.
일면통과현상
지구에서 보았을 때 내행성이 태양면을 통과하는 현상으로 수성과 금성의 일면통과를 관찰할 수 있다.
식현상
천문학에서 한 천체가 다른 천체를 가리거나 그 그림자에 들어가는 현상으로, 개기 또는 가기식이라고도 한다. 일반적으로 월식, 일식 등으로 사용된다.
극야현상
고위도 지역이나 극점 지역에서 겨울철에 오랫동안 해가 뜨지 않고 밤만 계속되는 현상이다.

09 ④
(해설)
SLBM
Submarine-Launched Ballistic Missile의 약자이다. 해저의 잠수함에서 발사하는 탄도미사일을 가리킨다.

10 ③
(해설)
메탄(CH_4)
미생물에 의한 유기물질의 분해과정을 통해 주로 생산되며, 화석연료 사용, 폐기물 배출, 가축 사육, 바이오매스의 연소 등 다양한 인간활동과 함께 생산되는 온실가스다. 대기 중에 존재하는 메탄가스는 이산화탄소의 1/200에 불과하지만, 그 효과는 이산화탄소보다 약 20배 이상 강력해 지구온난화에 치명적이다.
수소불화탄소(HFCs)
이산화탄소의 1,000배 이상의 온실효과가 있으며 에어컨, 냉장고의 냉매로 사용된다.
과불화탄소(PFCs)
이산화탄소의 6,000~10,000배 이상의 온실효과가 있으며, 반도체 제작공정과 알루미늄 제련과정에서 발생한다.
육불화황(SF_6)
이산화탄소의 20,000배 이상의 온실효과가 있으며, 반도체나 전자·제품 생산공정에서 발생한다.

11 ①
(해설)
촉법소년
범죄를 저지른 만 10세 이상 14세 미만 청소년으로, 형사책임능력이 없어 형사처벌을 받지 않고, 가정법원의 처분에 따라 보호처분을 받거나 소년원에 송치된다. 아동과 청소년의 범죄가 심각해지고, 이 과정에서 촉법소년 제도를 악용하는 사례도 발생하면서 촉법소년의 연령을 낮추자는 의견이 정치권에서 제기됐다. 정부는 지난 2022년 11월 소년범죄 종합대책을 발표하면서 형법·소년법을 개정해 촉법소년 상한연령을 '만 14세 미만'에서 '만 13세 미만'으로 1살 내리겠다고 발표했다.

12 ②
(해설)

어닝 쇼크(Earning Shock)

기업의 실적 발표 시 매출이 예상 치에 한참 못 미치면 주가가 급락하는 '어닝 쇼크'가 일어나고 기대 이상의 실적을 올린 경우 주가가 급등하여 '어닝 서프라이즈(Earining Surprise)'가 일어난다.

13 인포데믹(Infodemic)
(해설)

인포데믹(Infodemic)

'정보'를 뜻하는 'Information'과 '유행병'을 뜻하는 'Epidemic'의 합성어로, 잘못된 정보나 악성루머 등이 미디어, 인터넷 등을 통해 무분별하게 퍼지면서 전염병처럼 매우 빠르게 확산되는 현상을 일컫는다. 허위정보가 범람하면 신뢰성 있는 정보를 찾아내기 어려워지고, 이 때문에 사회 구성원 사이에 합리적인 대응이 어려워지게 된다. 인포데믹의 범람에 따라 정보방역이 중요성도 강조되고 있다.

14 갈라파고스
(해설)

갈라파고스 효과

독자적인 형태로 기술·서비스 개발을 가속하여 국제 표준에 동떨어지고, 내수시장 여건도 충분하여 아무런 혁신이 일어나지 않고 종국에 도태되는 현상을 가리킨다.

15 인서트
(해설)

인서트(Insert)

신 중간에, 상황을 더욱 생생하게 표현하기 위해 고안된 컷을 삽입하는 촬영 및 편집 기법이다. 도주 장면에서 얼굴을 클로즈업 하는 것, 먹는 장면에서 음식을 클로즈업하는 것 등이 있다.

16 회색 코뿔소(Grey Rhino)
(해설)

회색 코뿔소(Grey Rhino)

세계정책연구소의 대표 이사 미셸 부커가 2013년 다보스포럼에서 처음 발표한 개념으로, 모두가 알고 있지만 마땅히 해결 방법이 없어 방치하게 되는 위험 요인을 가리킨다. 이런 위험 요인에는 결국 아무런 대처도 할 수 없으며 오히려 중요한 판단의 시기에 간과하게 되는 경향이 있다.

17 파리협정
(해설)

파리협정

전 세계 온실가스 감축을 위해 2015년 12월 12일 프랑스 파리에서 열린 제21차 유엔기후변화협약(UNFCCC) 당사국총회에서 맺은 국제협약으로, 지구 평균온도가 2도 이상 상승하지 않도록 온실가스를 단계적으로 감축하는 내용을 담고 있다. 2021년부터 교토의정서를 대체하는 기후협약이다.

18 풍선효과(Balloon Effect)
(해설)

풍선효과(Balloon Effect)

어떤 문제를 해결하기 위해 정책을 실시하여 그 문제가 해결되고 나면 다른 곳에서 그로 말미암은 또 다른 문제가 발생하는 현상을 말한다. 이러한 현상이 마치 풍선의 한 쪽을 누르면 다른 쪽이 튀어나오는 모습과 같다고 하여 풍선효과라는 이름을 붙였다.

19 누리호(KSLV-Ⅱ)
(해설)

누리호(KSLV-Ⅱ)

누리호는 2021년 6월에 개발된 우리나라 최초의 저궤도 실용위성 발사용 로켓이다. 국내독자기술로 개발한 3단 액체로켓으로, 액체연료 엔진부터 핵심기술과 장비 모두 국내 연구진이 개발했다. 누리호에 실린 성능검증위성이 발사에 성공해 궤도에 안착하면서 우리나라는 세계 7번째로 1t 이상인 실용적 규모의 인공위성을 자체기술로 쏘아 올린 나라가 됐다.

20 스낵컬처
(해설)
스낵컬처
항상 새로운 것을 열망하는 소비자들이 많은 것을 소비할 수 있도록 하는 하나의 문화 트렌드로 웹툰, 웹 소설과 웹 드라마 등이 대표적이다.

21 하이퍼튜브(Hyper Tube)
(해설)
하이퍼튜브(Hyper Tube)
공기저항이 거의 없는 아진공 튜브 내에서 자기력으로 차량을 추진·부상하여 시속 1,000km 이상으로 주행하는 교통시스템을 말한다. 항공기와 유사한 속도로 달리면서 열차처럼 도심 접근성을 충족시킬 수 있다는 점에서 차세대 운송시스템으로 주목받고 있다.

22 코드커터
(해설)
코드커터족(Code Cutters)
코드커터족(Cord Cutters)은 지상파와 케이블 등 기존 TV 방송 서비스를 해지하고 인터넷 등으로 방송을 보는 소비자군을 말한다. 코드커터족은 20~30대 젊은 층이 주류를 이룬다. 이들은 어릴 때부터 인터넷으로 동영상을 보는 데 익숙하고 방송 프로그램을 수동적으로 시청하는 것보다 능동적인 방송 선택을 선호한다.

23
(정답)
데이터마이닝(Datamining)
'데이터(Data)'와 채굴을 뜻하는 '마이닝(Mining)'이 합쳐진 단어로 방대한 양의 데이터로부터 유용한 정보를 추출하는 것을 말한다.

24
(정답)
그루밍 성폭력(Grooming Crime)
피해자와 친분을 쌓아 심리적으로 지배한 뒤 피해자에게 성적 가해를 하는 것을 뜻한다. 'Grooming', 즉 길들인다는 의미대로 상대방에게 원하는 것을 주거나 희망을 주어서 성적 가해를 하여도 거부할 수 없게 만든다.

25
(정답)
논바이너리(Non-binary)
한 성별에만 국한되지 않는 성 정체성으로 여성과 남성 둘로 구분되는 기존의 성별기준에 속하지 않는 것이다. 외국에서는 이들에게 특정성별을 지칭하는 단어를 사용하지 않고 'They'라는 중립적인 표현을 쓴다.

26
(정답)
부모급여
부모급여는 영아수당을 확대 개편한 것으로 2023년부터 어린이집이나 종일제 아이돌봄 서비스를 이용하지 않는 부모에게 월 일정금액을 지원하는 복지정책이다. 2023년부터 기존의 영아수당이 부모급여로 변경돼 지급된다.

27
(정답)
프렌드쇼어링(Friend-shoring)
동맹국 간 공급망을 구축하기 위한 미국의 전략적 움직임으로, 글로벌 공급망 위기로 세계경제가 출렁이자 미국이 동맹국 간 공급망을 구축하기 위해 전략적으로 움직이는 것을 말한다.

2회차 : 한국사 고난도 기출적중

01	④	02	③	03	②	04	③	05	②
06	④	07	②	08	④	09	④	10	①
11	④	12	①	13	②	14	④	15	①
16	②	17	①								

01 ④
(해설)
김상용
조선 후기의 문신으로 병자호란 때 강화도가 함락되자 문루에서 화약을 터뜨려 자폭하여 청병을 막았다.
병자호란(1636)
청나라가 조선을 침략하여 항복을 받아낸 전쟁이다. 항복의 대가로 소현세자와 봉림대군을 청나라에 볼모로 보냈으며, 청의 명령에 의해 조선군을 보내 나선정벌에 동참하기도 했다.
4군 6진
조선 초기 세종대왕은 김종서와 최윤덕을 보내 북방민족을 몰아내고 현재의 대한민국 영토선에 가까운 영토선을 확정했다.

02 ③
(해설)
기해예송(1659)
현종 대에 벌어진 예송 논쟁이다. 전대 왕 효종이 붕어하자 효종 전대의 왕 인종의 계비인 자의대비가 상복을 몇 년 입어야 할지를 놓고 서인은 1년을, 남인은 3년을 주장했다. 이때는 서인의 승리로 끝난다. 이후 효종비가 붕어했을 때도 서인은 7개월을 남인은 1년을 상을 치를 것을 주장했고 이때는 남인의 주장이 받아들여진다(갑인예송).
남인
선조 대에 동인에서 북인과 함께 갈라져 나온 붕당이다. 광해군과 북인이 몰락한 후 서인과 함께 붕당을 이끌었다. 예송논쟁으로 인해 서인과 사이가 나빠진 후 현종 대에 장희빈과 인현황후 등의 환국정치로 인해 갈등이 극에 치달아 공존 정치가 아닌 일당 전제화 정치가 시작됐다.

03 ②
(해설)
샌프란시스코 강화조약
1951년 전후 일본의 처리에 관해 다룬 조약으로, 일본은 기타 아시아 국가 및 한반도에 대한 권리를 포기하며 제주도, 울릉도, 거문도는 한반도의 섬임을 확인하였다.
독도의 역사
신라의 지증왕은 이사부를 시켜 우산국(울릉도)과 우산도(독도)를 정벌하였다. 조선 숙종 대에는 동래 출신 안용복이 독도를 왕래하는 일본 어부들을 쫓아내고 이들을 따라 일본까지 가서 독도가 조선의 영토임을 확인받기도 했다. 대한제국은 칙령 제41호를 통해 울릉도를 군으로 승격하고 독도를 관할하게 하였다.
독도 시마네현 편입
일본은 러일 전쟁 중 러시아 함대를 감시하기 위해 독도를 불법적으로 시마네 현에 편입시켰다.
영국의 거문도 점령
영국은 러시아의 남하를 막는다는 구실로 거문도를 불법적으로 점령하였다(1885). 이후 러시아의 남하가 멈추지 않자 영국과 일본은 영일동맹을 맺는다(1902).

04 ③
(해설)
을사늑약
대한제국의 외교권을 일본제국에게 귀속시킨다는 내용의 조약이다. 체결된 후 조병세, 최익현, 이상설 등은 을사늑약의 무효와 을사5적의 처단을 요구하는 상소를 올렸다. 장지연은 황성신문에 〈시일야방성대곡〉을 써 비판하기도 했다.
서전서숙
이상설이 만주 북간도 용정촌에 건립한 민족학교이다. 같은 북간도에서 김약연은 명동학교를 세우기도 했다.
헤이그 특사 파견
고종은 을사늑약 이후 1907년 네덜란드 헤이그의 만국

평화회의에 이준, 이상설, 이위종 등을 파견하여 을사늑약의 무효를 알리고자 했으나, 이들은 회의에 참석할 수 없었다. 이로 인해 고종은 폐위되고 순종이 등극한다.

권업회

연해주 지역에 이상설을 중심으로 설립된 자치 조직이다(1911). 이후 대한광복군 정부가 되어 독립운동을 전개시킨다.

05 ②
(해설)

대동여지도

조선 철종 12년(1861)에 김정호가 제작한 한반도의 지도이다.

임술농민봉기

삼정의 문란과 경상 우병사 백낙신의 수탈에 견디다 못한 농민들의 반발로, 진주 지역의 돌락 양반인 유계춘을 중심으로 발생하였다(1862).

백두산정계비

숙종 대에 간도 지역을 두고 청과 국경 분쟁이 발생하자 조선과 청의 두 나라 대표가 백두산 일대를 답사하고 국경을 확정하여 백두산정계비를 세웠다(1712).

인조반정

광해군 대에 북인이 집권하여 정계에서 밀려 있던 서인 세력이 광해군의 중립 외교 정책과 폐모살제 문제를 빌미로 인조반정을 일으켜 광해군이 폐위되고 인조가 왕위에 올랐다(1623).

이익(1681~1763)

조선 후기 실학자로 농업중심의 개혁 운동을 주장했다. 〈성호사설〉을 통해 가정의 생활을 유지하는 데 필요한 영업전을 할당하고, 이 토지의 매매를 금지하며 나머지 토지에 대해서만 매매를 허용하는 '한전론'을 주장하였다. 서양 천문학에 관심을 갖기도 했으며 역사 면에서도 실증적·비판적 역사 서술을 강조하고, 중국 중심의 사관을 비판하기도 했다. 다만 유통 경제의 발전이 농촌 경제를 어렵게 만들고 있다고 하는 '폐전론'을 주장하며 상업을 경시하였다.

06 ④
(해설)

진흥왕

신라의 24대 임금으로 화랑도를 국가 조직으로 개편하였으며, 나제동맹을 맺어 한강 유역을 차지하고 단양적성비와, 북한산 진흥왕순수비를 세웠다. 대가야를 정복하고 창녕비를 세우기도 했다. 이후 함경도까지 진출해 마운령비와 황초령비를 세운다. 거칠부로 하여금 역사서 〈국사〉를 편찬하게 하기도 했다.

지증왕

신라의 22대 임금으로 신라를 부국강병하게 만드는 많은 업적을 남겼다. 시장의 감시기구인 동시전을 설치하고 군현제를 정비하였다. 신라 국호와 왕호를 처음으로 사용하였으며 이사부에게 명하여 우산국을 정복하였다. 순장을 폐지하고 우경법을 실시하여 노동력과 농업 생산력을 올리기도 했다.

법흥왕

신라의 23대 임금으로 '건원(建元)'이라는 연호의 사용과 율령 반포 등을 통해 국가 체제의 확립에 힘을 기울였다. 이외에도 불교를 공인하고 백관의 공복을 정립하는 등의 나라의 기틀을 다졌다.

07 ②
(해설)

양만춘

고구려의 장수이자 안시성 성주로 645년 제1차 당나라 침입 때 안시성에서 항전하여 당나라군 20만을 물리치고 퇴각시켰다. 안시성에서 양만춘이 항전할 당시 오동성·백암성 등은 당나라에게 함락된 상태였다.

연개소문

642년에 정변을 통해 보장왕을 왕위에 세우고 대막리지가 되었다. 당의 1·2차 침략을 막아냈으나 664년 사망하고 그의 아들들이 정쟁을 벌이면서 국력이 약화되어 고구려는 멸망하게 됐다.

08 ④
(해설)
백제부흥운동
백제가 멸망한 뒤 흑치상지는 복신, 도침 등과 함께 왕자 풍을 왕으로 추대하고 임존성, 주류성을 거점으로 백제부흥운동을 전개하였다. 백제부흥운동의 실패 이후 흑치상지는 당으로 건너가 무장으로 활동하였으며, 1929년에 중국에서 흑치상지의 묘가 발견되었다.
김흠돌의 난
통일 신라 신문왕은 장인인 김흠돌이 일으킨 반란을 진압하고 귀족 세력을 숙청하여 왕권을 강화하였다.

09 ④
(해설)
6월 민주항쟁
1987년 시민들의 지속적인 민주화 요구가 직선제 개헌으로 이어진 일련의 사건을 가리킨다. 6월 10일 민정당 대통령 후보 지명 전당대회 날에 맞춰 전국적인 시위가 일어났다. 6월 9일 '이한열' 학생이 최루탄을 맞아 숨진 것이 알려지면서 시위의 규모는 더욱 커졌다. 계엄령은 발동되지 않았지만 시위가 거세어지자 여당 민정당 노태우 대표는 6월 29일 직선제 개헌 선언을 했다.

10 ①
(해설)
조선 후기 사회상
조선 후기에는 임진왜란 도중 일본으로부터 고추, 감자, 고구마 등이 전래되어 구황 작물로 재배되기 시작하였다. 번화가에는 소설을 읽어주고 돈을 받는 전기수들이 등장하기도 하였다. 또한 농업 생산력의 증대와 유통 경제의 발달로 상업이 발달하면서 사상이 성장하여 개성, 의주, 평양 등의 지역에서 송상, 만상 등이 무역으로 부를 축적하였다. 일부에서는 유통 과정에서 상품의 매점이나 독점을 통해 가격을 조작하고 이익을 취하는 도고가 등장하기도 하였다. 그리고 보부상이 전국 각지의 장시를 돌아다니며 활동하면서 장시들을 하나의 유통망으로 연결하였다.
건원중보
고려 성종 대에 상업 활동이 활발해지면서 발행된 화폐이다.

11 ④
(해설)
청동기 유적지
나열된 백두산 · 회령 · 나진 · 강계 · 의주 · 평양 · 강화 · 파주 · 속초 · 강릉 등은 청동기–고조선의 유적지이다. 비파형 동검은 주로 대륙 쪽에서 발견되는 유물이나 한반도에서도 일부 발견되고 있다. 신석기시대 유물인 빗살무늬 토기는 시기적으로 맞지 않다. 일반적으로 청동기 유적지는 부여 송국리, 울주 검단리, 의창 덕천리 등이 꼽힌다.
구석기 유적지
연천 전곡리, 공주 석장리, 청주 만수리, 단양 금굴, 평양 만달리, 장흥 신북리, 진천 송두리
신석기 유적지
제주도 고산리, 부산 동삼동, 서울 암사동

12 ①
(해설)
갑신정변(1884)
김옥균을 중심으로 한 급진개화파는 일본의 군사적 지원을 받아 우정국 개국 축하연에서 갑신정변을 일으켰다. 일본은 갑신정변 당시 사망한 일본인에 대한 배상과 일본 공사관 신축 부지 제공 및 신축공사비 지불을 요구하면서 조선과 한성조약을 체결하였다(1885).
대한제국 이전 조선의 개방
강화도조약으로 인해 개방 및 근대화의 필요성을 느낀 고종은 문호를 개방하여 개화 정책을 추진하였다. 수신사로 일본에 다녀온 김기수는 신식 기관과 각종 근대 시설을 시찰하고 돌아와 일본의 발전을 고종에게 보고하였다(1876). 또한 고종은 국내외의 군국 기무를 총괄하는 업무를 맡은 관청인 통리기무아문을 설치하였다(1880). 그리고 기존 5군영을 무위영과 장어영의 2군영으로 개편하고 신식 군대인 별기군을 설치하였다(1881). 김홍집은 청나라 황쭌셴이 조선의 외교 정책에 대해 조언한 책

인 〈조선책략〉을 청나라에서 읽게 되고 이에 감흥을 받아 조선에 들여왔다. 〈조선책략〉은 미국과 외교 관계를 맺어야 한다는 내용을 담고 있다. 이에 이만손을 중심으로 한 영남 유생들이 만인소를 올려 〈조선책략〉을 비판하고 김홍집의 처벌을 요구하였다(1881).

13 ②
(해설)
무신정권
1170년 정중부의 난으로 무신들이 권력을 잡아 1270년까지 지속된 무관들의 집권시기이다. 이의방–정중부–경대승–이의민–최충헌–최우–최항–최의–김준–임연–임유무 순으로 집권자가 이어졌다. 최우 때에는 대몽항쟁을 하며 수도를 강화로 옮기기도 했다.

정방
고려 무신정권기 최충헌의 아들 최우가 인사 문제를 처리하기 위해 자신의 집에 설치한 것이다(1225). 무신정권기에 접어들수록 기존 통치기구였던 2성 6부와 도병마사는 힘을 잃는다.

14 ④
(해설)
인왕제색도
진경산수화의 신기원을 이루었다고 평가받는 겸재(謙齋) 정선의 그림이다.

15 ①
(해설)
정효공주는 발해의 3대 임금 문왕(대흠무)의 딸이다.
발해의 토산품
모피, 인삼, 말 등을 생산하여 교역했고 공예품으로는 조각·도자기·기와·벽돌·금속세공품 등을 만들어 교역했다.

백제의 사회
백제 웅진 시기 무령왕은 지방에 22담로를 설치하고 왕족들을 보내 지방 통제를 강화하였다. 뇌물을 받은 관리를 종신형에 처하는 등 처벌이 엄격했다.

돌무지 덧널무덤
신라의 무덤 방식이다. 나무로 곽을 짜고 그 위에 돌을 쌓은 다음 흙을 덮어 만들어져 도굴이 어려워 많은 껴묻거리가 함께 출토된다.

16 ②
(해설)
삼정
양곡을 생산하는 밭에 부과하는 세금인 전정, 징집대상자인 정남(丁男) 일원마다 부과하는 군정, 춘궁기에 양곡을 빌려줬다가 추수기에 이자를 붙여 받는 환정이 있다. 이것의 폐단이 점차 심해져 죽은 이에게 군포를 걷는 백골징포, 유아에게 군포를 걷는 황구첨정, 없는 토지에 전정을 받는 백지징세, 관아의 양곡을 착복하고 거짓으로 기록하여 후임 관리에게 넘기는 허류가 만연했다.

임술농민항쟁(진주농민항쟁)
삼정의 문란과 경상 우병사 백낙신의 수탈에 견디다 못한 농민들의 반발로 진주 지역의 몰락 양반인 유계춘을 중심으로 발생하였다(1862).

17 ①
(해설)
총풍 사건
1997년 김영삼 정부 시기 15대 대선을 앞두고 이회창 후보를 지지하는 청와대 행정관과 일부 사업가들이 북한 측에 접선하여 무력 도발을 요청한 사건이다. 정치권과 연계되지는 않는 것으로 드러났지만 큰 파문을 일으켰다.

개성공업단지
김대중 정부 남북협상의 결과로 추진한 남북협력 공업단지이다.

금융실명제
신분증 없이는 계좌 개설과 이체가 불가능한 금융 제도다. 1993년 김영삼 정부는 경제적으로 탈세와 부정부패를 뿌리 뽑겠다는 의지로 금융실명제를 실시하였다.

금모으기운동
외환위기가 발생하자 1998년 1월 KBS에 의해 시작된 국민들이 소유한 금을 매도·기탁하는 운동이다.

3회차 : 경제 계열 기출적중

01	②	02	①	03	④	04	②	05	③
06	②								

01 ②
(해설)

변동환율제도

변동환율제도는 자국의 통화가치가 외국환시장에 따라 변화하는 환율제도를 의미한다. 변동환율제도하에서는 경상수지 적자가 발생할 경우, 통화의 평가절하를 통해 경상수지 적자를 만회할 수 있다. 통화의 가격이 자동으로 조절되기 때문에 경제상황에 따른 변동성을 줄일 수 있는 장점이 있으나, 고정환율제도에 비해 확실성과 예측성이 떨어진다는 단점도 존재한다. 아울러 관리변동환율제도는 고정환율제와 변동환율제의 중간형태로 중앙은행이 필요하다고 판단할 경우 외환시장에 개입하는 환율제도다.

02 ①
(해설)

조세의 종류

조세는 국세와 지방세 혹은 직접세와 간접세로 나뉜다. 직접세와 간접세의 구분은 납세자와 담세자가 같은 경우 직접세이며 다른 경우 간접세인데 간접세는 납세자가 자신이 납세하는지 체감이 잘 오지 않아, 간접세라 불린다. 예를 들어 부가가치세의 경우 물건 가격에 세금이 포함되어 있기 때문에 세금은 구매자가 내는 것이지만 국가에는 판매자가 돈을 전달한다. 그 외에 누진세와 역진세의 구분이 있는데 누진세는 소득이 오를수록 많이 내는 세금이며, 역진세는 소득과 직접적인 상관이 없어 저소득층에게 부담을 주는 세금이다.

지방세

중앙부처가 거두어들이는 세금이 아닌 지방자치단체가 과세권을 갖는 세금을 가리킨다. 조세법률주의에 의거 지방세 또한 법률에 근거되어야만 한다. 지방 내에 거주하는 거주자 혹은 사업소를 둔 사업자가 내는 주민세, 소유한 부동산, 선박, 항공기 등에 물리는 재산세, 자동차에 물리는 자동차세, 매매, 교환, 상속, 증여, 기부, 간척, 건축 등으로부터 얻는 취득에 매기는 취득세 등이 대표적인 지방세이다.

03 ④
(해설)

미국 연방준비제도(Fed ; Federal Reserve System)

1913년 미국의 연방준비법에 의해 설치된 미국의 중앙은행제도이다. 미국은 전역을 12개 연방준비구로 나눠 각 지구에 하나씩 사립은행인 연방준비은행을 두고 이들을 연방준비제도이사회(FRB)가 통합하여 관리하는 형태를 취한다. 이사회는 각 연방은행의 운영을 관리하고 미국의 금융정책을 결정하는 역할을 하고 있는데, 화폐공급한도를 결정하는 것은 연방공개시장위원회(FOMC)이며 FRB는 FOMC와 협력하여 금융정책을 수행한다. 각 연방은행의 주된 업무는 미국 달러를 포함한 은행권(연방준비권과 연방준비은행권)의 발행이고, 그밖에는 민간금융기관의 예금지불을 집중적으로 보관하고 상업어음 재할인 등을 하는 것이다.

04 ②
(해설)

모태펀드

기업에 직접 투자하기보다는 개별펀드에 출자하여 위험을 감소시키면서 수익을 달성하려는 상품이다.

뮤추얼펀드

대중을 대상으로 자금을 모은 뒤, 채권이나 주식 등에 투자하여 얻은 수익을 다시 투자자들에게 배당금의 형태로 돌려주는 상품이다.

헤지펀드

제한된 인원을 고객으로 받아, 단기이익을 목적으로 주식, 채권, 파생상품, 실물자산 등에 투자해 수익을 달성하는 상품이다.

ELS펀드

원금보장이 가능한 채권 등에 투자금의 대부분을 넣고 소액으로는 개별종목 등에 투자하여 소액 부분에서 손해를 보더라도 채권 등에서 만회할 수 있는 투자이다.

05 ③
(해설)
지니계수
계층 간 소득분포의 불균형 정도를 나타내는 지표로 상류층에서 많은 소득을 가져갈수록 지니지수는 0에서 1로 높아진다. 소득의 인구별 분배를 나타내는 로렌츠곡선이 이루는 면적으로 계산한다.

엥겔계수
엥겔계수는 총가계지출액에서 식료품비가 차지하는 비율로, 국가의 삶의 질 수준을 나타낸다. 엥겔계수가 0.5 이상이면 후진국, 0.3~0.5면 개발도상국, 0.3 이하일 경우 선진국으로 분류한다.

06 ②
(해설)
벌처펀드
대머리독수리(Vulture)에서 유래한 표현으로, 도산위기의 기업이나 부실채권에 투자해 사업정리로 수익을 내거나 정상화시킨 후 비싼 값에 팔아 고수익을 노린다.

리츠펀드
부동산에 투자한 뒤 그 수익을 투자자들에게 배당하는 부동산 증권화 상품

스폿펀드
초단기 투자전략으로, 만기 6개월, 1년 등의 기간을 정하지 않고 목표수익률을 정하여 그 기간만큼 가치가 오르면 바로 원금과 이익금이 회수되는 상품이다.

07
(정답)
세계 3대 신용평가기관
영국의 피치 레이팅스, 미국의 무디스와 스탠더드 앤 푸어스(S&P)는 세계 3대 신용평가기관으로서 각국·기업의 정치·경제 상황과 향후 전망 등을 고려하여 국가별 등급을 매김으로써 국가신용도를 평가한다.

08
(정답)
베버리지 보고서
1942년 영국의 경제학자 베버리지가 사회보장에 관한 연구·조사 결과를 정리한 보고서로 국가가 '요람에서 무덤까지' 국민들의 생활을 보장해야 한다는 복지국가 이념을 담았다. 이후 영국은 복지 제도가 과대해지자 국가재정은 바닥나고 국민의 근로 의욕은 바닥인 '노지병'을 앓기도 했다는 평가가 나온다.

09
(정답)
세이의 법칙
'공급은 스스로 수요를 창조한다'는 이론으로 총공급의 크기가 총수요의 크기를 결정하기 때문에 총공급과 총수요는 언제나 일치하고 그 결과 항상 완전고용이 달성된다는 이론이다. 이는 경제대공황으로 인해 틀렸음이 증명되었다.

10
(정답)
경상수지
자본수지와 함께 국제수지를 이루는 요소로서 상품수지, 서비스수지, 소득수지, 경상이전수지로 구성된다. 국가 간의 상품과 서비스의 수출입 결과를 종합한 것이다.

11
(정답)
황금낙하산
인수 대상 기업의 CEO가 거액의 퇴직금, 저가(低價) 주식매입권(스톡옵션)을 사전에 고용계약에 기재하여 안정성을 확보하고 동시에 기업의 인수 비용을 높이는 방법이다.

12
(정답)
퍼플칼라
근무시간과 장소가 자유로워 일과 가정을 함께 돌보면서 일할 수 있는 노동자를 말한다. 적은 시간 동안 일하면 보수가 적지만 정규직으로서의 직업안정성과 경력을 보장받는다는 점에서 파트타임, 비정규직과는 다르다.

13
(정답)
마케팅믹스 4P
마케팅믹스란 표적시장에서 마케팅 목표를 달성하기 위해 필요한 요소들의 조합을 말한다. 제품(Product), 가격(Price), 유통(Place), 촉진(Promotion)의 요소로 구성되는데, 이 요소들을 조합해서 마케팅 목표를 달성하는 것이 마케팅믹스의 핵심이다.

14
(정답)
브레튼 우즈 체제
1944년 자유진영은 종전 후 세계 경제의 판도가 미국 중심이 될 것임에 동감하며, 미 달러의 금태환제와 범국가 간 일반 관세협정 체결을 추진하기로 합의하였다. 이 결과로 국제금융기관인 IBRD와 IMF가 창설되었으며, 일반 관세협정 GATT가 맺어졌다. 브레튼 우즈 체제의 핵심은 미 달러는 미국이 보유한 금과 동일한 가치만큼만 찍어낸다는 금본위제 달러 발행과 언제든 금과 달러를 바꿔준다는 금태환제였다. 하지만 베트남 전쟁으로 인해 미국은 통화량 발행을 금 보유량에 비해 급증시키게 된다. 달러의 가치가 떨어지자 달러 보유국들은 금태환을 요구하였지만 미국은 1971년 금태환을 공식 거절하는 닉슨 조치를 단행했고 브레튼 우즈 체제는 붕괴됐다.

15
(정답)
액면가
주권에 표시된 가격이라는 의미의 액면가(額面價) 가격이다. 주식을 발행할 때는 회계 장부상 발행주식의 총수와 주식의 액면가를 곱해 주식회사의 자본금으로 등기한다. 실제 시장의 가치와는 다른 가격인 셈이다. 100원~5,000원의 액면가를 선택해 발행할 수 있다. 발행주수에 액면가를 곱한 금액을 자본금이라 한다.

16
(정답)
분수효과
저소득층의 소득증대와 이에 따른 민간소비증대가 총수요를 진작하고 투자·경기활성화를 불러와 고소득층의 소득까지 상승시킨다는 이론이다. 영국의 경제학자인 존 케인즈(John Maynard Keynes)가 주장했으며, 낙수효과와 반대되는 개념이다.

17
(정답)
머니마켓펀드(MMF)
펀드를 구성하여 단기성 국공채·우량채 등 안정성 높은 상품에 낮은 수익률을 기대하고 투자하는 것이다. 부도 위험을 줄이기 위해 특정 채권에 5% 이상 투자하는 것이 금지되어 있다.

18
(정답)
소스타인 베블렌
미국의 경제학자이자 사회학자인 소스타인 베블렌은 〈유한계급론〉(1899)에서 "상류층 계급의 두드러진 소비는 사회적 지위를 과시하기 위하여 자각 없이 행해진다"고 지적했다.

19
(정답)
완전경쟁시장
판매자와 구매자가 모두 합리적 선택을 하게 되는 시장으로 구매자에게 가격, 상대방의 정보, 제품의 질 등에 대한 완벽한 정보가 주어졌을 때 실현될 수 있다. 현실에서는 사실상 불가능하므로 이상적인 시장 모형으로 상정된다.

20
(정답)
존 케인스
경제대공황의 해결책으로 정부의 역할을 강조하여 유효수요를 늘리고 완전고용을 목표로 경제를 운영할 것을 강조한 미국의 경제학자이다.

21
(정답)
그레샴 법칙
소재의 가치가 서로 다른 화폐가 동일한 명목 가치를 가진 화폐로 통용되면, 소재가치가 높은 화폐는 유통시장에서 사라지고 소재가치가 낮은 화폐만 유통되는 법칙(악화가 양화를 구축한다)

22 상승
(해설)
통화량 증가 → 유동성 풍부 → 명목소득 상승 → 주식 수요 증가 → 주가상승

23 하락
(해설)
통화량 감소 → 디플레이션

24 하락
(해설)
원화 환율 하락 → 달러 가치 하락 → 외국 소비자의 한국 상품 구매 부담 증가 → 한국 수출품 경쟁력 하락

25 하락
(해설)
환율 인하 → 원화 가치 상승 → 국제자본 외국으로 배출 → 주가 하락

26 상승
(해설)
완만한 물가 상승 → 기업 판매이윤 증가 → 주가 상승

급격한 물가 상승 → 제조비용 증가 → 실질 구매력 감소 → 기업수지 악화 → 주가 하락

27 하락
(해설)
달러 통화량 감소 → 국제 통화량 감소 → 세계 경제 위축 → 한국 경제 하락

28 상승
(해설)
원자재 가격 하락 → 제조비용 하락 → 제품가격 하락 → 소비 부담 감소 → 실질소득 상승 → 주가 상승

29 상승
(해설)
평가절상(자국 화폐를 높게 평가함) → 환율 인하 → 통화 가치 상승 → 해당 주식 투자자 이익
평가절하(자국 화폐의 가치를 낮게 평가함) → 환율 상승 → 통화가치 하락 → 해당국 주식 투자자 손해

30 상승
(해설)
경쟁국 금리 인상 → 자국 국제자본 경쟁국으로 유출 → 자국 화폐 가치 감소 → 환율 상승 → 수출 증대

31 하락
(해설)
엔저 현상 → 일본으로 국제자본 이동 → 한국 주가 하락

4회차 : 문화 · 관광 계열 기출적중									
01	④	02	③	03	③	04	②	05	④
06	②	07	④	08	①	09	①	10	①
11	①	12	③						

01 ④
(해설)
리추얼 라이프(Ritual Life)
일상에 활력을 불어넣는 규칙적인 습관으로 규칙적으로 행하는 의식 또는 의례를 뜻하는 '리추얼(Ritual)'과 일상을 뜻하는 '라이프(Life)'를 합친 말이다. 자기계발을 중시하는 MZ세대 사이에 자리 잡은 하나의 트렌드로 취업난, 주택난 등에서 오는 무력감을 극복하고, 심리적 만족감과 성취감을 얻으려는 욕구가 반영된 것으로 분석된다. 리추얼 라이프를 실천하는 사례로는 일찍 자고 일찍 일어나 하루를 시작하는 '미라클모닝', 독서하기, 운동하기, 하루 2L 물 마시기 등이 있으며, 리추얼 라이프와 관련된 앱이나 서비스도 다양하게 출시되고 있다.

02 ③
(해설)
①은 석굴암, ②는 수원화성, ③은 경복궁, ④는 종묘이다.
한국의 유네스코 세계문화유산
석굴암 · 불국사(1995), 해인사 장경판전(1995), 종묘(1995), 창덕궁(1997), 수원화성(1997), 경주역사유적지구(2000), 고창 · 화순 · 강화 고인돌 유적(2000), 제주화산섬과 용암동굴(2007), 조선왕릉(2009), 안동하회 · 경주 양동마을(2010), 남한산성(2014), 백제역사유적지(2015), 산사, 한국의 산지승원(2018), 한국의 갯벌(2021), 가야고분군(2023), 반구천의 암각화(2025)

03 ③
(해설)
판소리 5대 마당
춘향가, 심청가, 홍보가, 적벽가, 수궁가

04 ②
(해설)
창구효과
문화산업에서의 산업 연관효과가 다른 산업에 비해 매우 큰 것을 의미하는 용어. 문화산업은 상품을 생산하기 위해 초기에 매우 큰 비용이 들지만, 이후의 재생산하는 비용은 거의 들지 않는다. 또 한 장르의 문화상품은 다른 장르로 연계되고 시장이 확대될 여지가 높아, 새로운 부가가치를 창출할 수 있다.

05 ④
(해설)
문화예술상품의 특징
가치재 · 경험재 · 공공재
신뢰재
제품에 대한 효용성의 판단이 쉽사리 되지 않는 재화를 가리킨다.
탐색재
제품의 특징과 특성이 구매 이전에 쉽게 파악되는 것이다.

06 ②
(해설)

구분	문화재
국보 1호	서울 숭례문
국보 2호	서울 원각사지 십층석탑
국보 3호	서울 북한산 신라 진흥왕 순수비
국보 4호	여주 고달사지 승탑
국보 5호	보은 법주사 쌍사자 석등
보물 1호	서울 흥인지문
보물 2호	옛 보신각 동종
보물 3호	서울 원각사지 대원각사비
보물 4호	안양 중초사지 당간지주
보물 5호	중초사지삼층석탑(1997년에 해제)
사적 1호	경주 포석정지
사적 2호	김해 봉황동 유적
사적 3호	수원 화성

사적 4호	부여 가림성
사적 5호	부여 부소산성
명승 1호	명주 청학동 소금강
명승 2호	거제 해금강
명승 3호	완도 정도리 구계등
명승 4호	해남 대둔산 일원(1998년에 해제)
명승 5호	승주 송광사 · 선암사 일원(1998년에 해제)
무형문화재 1호	종묘제례악
무형문화재 2호	양주별산대놀이
무형문화재 3호	남사당놀이
무형문화재 4호	갓일
무형문화재 5호	판소리

07 ④
(해설)
오브제(Objet)
프랑스어로 물건 · 물체를 뜻한다. 미술에서는 특히 초현실주의나 다다이즘 작가들이 예술과는 거리가 먼 일상 속의 평범한 물건이나 물체를 소재로 쓰는 것을 말하는데, 물체가 가진 본래의 용도와 본질을 제거하고 사람들에게 전혀 다른 느낌을 전하려 하는 기법이다. 프랑스 미술가 마르셀 뒤샹의 작품 〈샘〉이 그 대표적인 사례다.

08 ①
(해설)
박물관 설립 주체
박물관 및 미술관 진흥법 제3조는 박물관의 설립 · 운영 주체를 다음과 같이 구분한다.
- 국립 박물관 : 국가가 설립 · 운영하는 박물관
- 공립 박물관 : 지방자치단체가 설립 · 운영하는 박물관
- 사립 박물관 : 「민법」, 「상법」, 그 밖의 특별법이 따라 설립된 법인 · 단체 또는 개인이 설립 · 운영하는 박물관
- 대학 박물관 : 「고등교육법」에 따라 설립된 학교나 다른 법률에 따라 설립된 대학 교육과정의 교육기관이 설립 · 운영하는 박물관

공공단체
국가로부터 그 존립(存立)의 목적이 주어진 법인을 말한다. 지방자치단체 · 공공 조합 · 영조물 법인 등이 있다.

09 ①
(해설)
장준하
일제강점기 독립운동가이자 광복 후에는 대한민국 정부 문교부에서 국민정신계몽 담당관 등으로 일하며 종합교양지인 〈사상계〉를 창간한 정치가 · 사회운동가다.
함석헌
민권운동가 · 문필가이며 잡지 〈씨알의 소리〉를 발간해 민중계몽활동을 했다. 폭력과 권위에 저항하는 일관된 신념을 바탕으로 항일 · 반독재운동을 선도한 인물이다.
권정생
〈강아지 똥〉, 〈몽실언니〉 등의 동화를 쓴 아동문학가로 기독교 정신을 바탕으로 한 어린이와 어려운 이웃, 자연과 생명을 향한 사랑을 주제로 따뜻한 작품을 써냈다.
이어령
이어령은 문학평론가이자 초대 문화부장관을 지낸 인물이다. 서울대 재학 시절 기성 문단을 비판하는 평론 〈우상의 파괴〉를 써서 이름을 알렸고 전후세대 문학 비평가로서 활약했다. 1988년 서울올림픽의 개회식과 폐회식을 총괄기획하기도 했다.
나혜석
한국 최초의 여성 서양화가로 당시에 크게 낙후된 여성의 권리신장과 여성계몽을 주장한 페미니스트다. 일본학교에서 유학하며 그림을 배웠고, 유학시절 〈여자계〉라는 기관지를 주도적으로 창간했다.

10 ①
(해설)
문화가 있는 날
매달 마지막 수요일에 국민들이 일상에서 문화를 향유할 수 있게끔 하는 날이다. 2014년 1월부터 「문화기본법」 12조에 의하 지정됐다.

11 ①

(해설)

구분	등재 현황
세계유산	석굴암·불국사(1995), 해인사 장경판전(1995), 종묘(1995), 창덕궁(1997), 수원화성(1997), 경주역사유적지구(2000), 고창·화순·강화 고인돌 유적(2000), 제주화산섬과 용암동굴(2007), 조선왕릉(2009), 안동하회·경주양동마을(2010), 남한산성(2014), 백제역사유적지(2015), 산사, 한국의 산지승원(2018), 한국의 서원(2019), 한국의 갯벌(2021), 가야고분군(2023), 반구천의 암각화(2025)
인류무형문화유산	종묘제례 및 종묘제례악(2001), 판소리(2003), 강릉단오제(2005), 강강술래(2009), 남사당놀이(2009), 영산재(2009), 처용무(2009), 제주칠머리당영등굿(2009), 가곡(2010), 대목장(2010), 매사냥(2010), 택견(2011), 줄타기(2011), 한산모시짜기(2011), 아리랑(2012), 김장문화(2013), 농악(2014), 줄다리기(2015), 제주해녀문화(2016), 씨름(2018.11.26, 남북공동), 연등회(2020), 한국의 탈춤(2022), 한국의 장 담그기 문화(2024)
세계기록유산	훈민정음(1997), 조선왕조실록(1997), 직지심체요절(2001), 승정원일기(2001), 해인사 대장경판 및 제경판(2007), 조선왕조의궤(2007), 동의보감(2009), 일성록(2011), 5·18민주화 운동 기록물(2011), 난중일기(2013), 새마을운동기록물(2013), KBS 특별생방송 '이산가족을 찾습니다' 기록물(2015), 한국의 유교책판(2015), 조선왕실 어보와 어책(2017), 국채보상운동 기록물(2017), 조선통신사 기록물(2017), 4·19혁명 기록물(2023), 동학농민혁명기록물(2023), 제주4·3 기록물(2025), 산림녹화 기록물(2025)

12 ③

(해설)

칸 영화제

1932년 시작한 프랑스 칸 영화제는 매년 8~9월 개최되며 대상에는 '황금종려상'이 수여된다. 박찬욱 감독의 〈박쥐〉는 제63회 영화제에서 심사위원상을, 〈헤어질 결심〉은 제75회 감독상을 수상했다. 봉준호 감독의 〈기생충〉은 제72회 황금종려상을 받았다. 고(故) 김기덕 감독의 〈피에타〉는 제69회 베니스 영화제 황금사자상 수상작이다.

13

(정답)

사이버 렉카(Cyber Wrecker)

온라인상에서 화제가 되는 이슈를 자극적으로 포장해 공론화하는 매체를 말한다. 빠르게 소식을 옮기는 모습이 마치 사고현장에 신속히 나타나는 견인차와 닮았다고 해서 이러한 명칭이 붙었다.

14

(정답)

훈민정음 해례본

한글이 어떤 원리로 제작되었는지 기록된 책이다. 국보 제70호로 유네스코 세계기록유산으로 등재되어 있다.

15

(정답)

멀티 페르소나(Multi-persona)

상황에 따라 다양한 형태의 자아를 갖는 것으로 현대인들이 직장이나 학교, 가정이나 동호회, 친구들과 만나는 자리 등에서 각기 다른 성격을 보인다는 것을 뜻한다.

16

(정답)

클리셰

인쇄에서 '연판'을 뜻하는 프랑스어에서 기원했으며, 현재는 문학·영화에 등장하는 진부하고 상투적인 표현을 뜻하는 용어로 쓰인다. 지나친 클리셰는 극의 전개를 정형화하고 예측가능하게 만들어 독자와 관객의 흥미를 반감시킨다.

17

(정답)

Netflixed

직역하면 '넷플릭스 당했다'라는 의미로 넷플릭스의 등장으로 인해 기존 케이블티비와 IPTV업계의 판도가 바뀐 것처럼 뛰어난 경쟁자의 등장으로 여타 판매자들이 무너지고 시장 자체의 모습이 바뀌는 현상을 가리킨다.

18
(정답)
크로마 키
영상 합성 기술로 두 영상의 색상 차이를 이용해 특정한 피사체만을 추출하여 다른 영상에 끼워 넣는 기술이다. 추출하고자 하는 피사체가 사람일 때, 피부색의 보색인 청색을 배경으로 사람을 촬영한 후 배경색을 제거하면 검은 배경에 사람만 남게 된다. 이후 배경을 따로 촬영하여 사람의 영상에 합성한다.

19
(정답)
미디어 파사드(Media Facade)
건물 외벽을 스크린처럼 이용해 영상을 표시 하는 미술 기법을 말한다. LED 조명을 건물의 외벽에 설치하여 디스플레이를 구현한다.

20
(정답)
MCN(Multi Channel Network)
'다중 채널 네트워크'를 뜻하며 유튜버, 스트리머, 크리에이터 등 인터넷방송채널·창작자들을 종합적으로 관리해주는 기업을 말한다.

21
(정답)
이머시브(Immersive) 공연
관객이 공연을 한자리에서 관람하는 것이 아닌 직접적으로 공연에 들어가 참여하는 형태다.

22
(정답)
TNR 사업
길고양이의 개체수 조절을 위한 중성화 수술 사업으로, 포획(Trap)해서 중성화수술(Neuter)을 하고 다시 방사(Return)한다는 의미이다. 중성화 후 방사된 고양이들의 왼쪽 귀 끝은 1cm 가량 짧게 되어 있다.

5회차 : 기업 · 지역 문제 탐구

01	②	02	②	03	②	04	③	05	③
06	①	07	④	08	④	09	③	10	②
11	③	12	①						

01 ②
(해설)
수원은 철기시대(원삼국시대 포함)에는 삼한 중 마한에 속해 있다가 삼국시대에 들어 백제가 수원지역을 최초로 차지했다. 백제는 3세기 중엽 고이왕 때 급격히 발전해 4세기 근초고왕 때에는 고대 국가체제를 완성하여 현재의 경기도지역 대부분이 백제의 영토에 포함됐다.

02 ②
(해설)
부산의 봄철 평균기온은 14.9℃로 인근의 울산이나 통영지방보다 높은 편이다. 다만, 봄바람이 무척 강하기 때문에 체감온도는 상당히 낮은 것이 특징이다.

03 ②
(해설)
① 창원시 마스코트
③ 양주시 마스코트
④ 서산시 마스코트

04 ③
(해설)
인천광역시의 시목은 목백합, 시화는 장미, 시조는 두루미다.

05 ③
(해설)
경기도 민선 8기의 도정 슬로건은 '변화의 중심 기회의 경기'이다. '정치개혁'과 '정파와 이념을 뛰어넘는 도정'을 통해 경기도의 변화를 이끌겠다는 김동연 도지사의 의지를 담았다.
① 생명의 땅 으뜸 전남 : 전라남도 도정 슬로건
② 경북의 힘으로! 새로운 대한민국 : 경상북도 도정 슬로건
④ 더 행복한 충남, 대한민국의 중심 : 충청남도 도정 슬로건

06 ①
(해설)
경기천년체
경기도에서 발표한 공식 서체로 경기도의 역사적, 지리적, 문화적, 사회적 특성 등을 시각화함으로써 경기도의 정체성을 강화하고자 하는 목적으로 제작되었다.

07 ④
(해설)
부산시민헌장
가야와 신라의 숨결 속에 낙동강의 얼과 금정산의 슬기가 담긴 부산은 민족의 자존을 지키고 민주의 새 역사를 일궈낸 자유의 도시이다. 부산은 대양의 관문이며 대륙을 향한 교두보로 동북아의 중심에 우뚝 서서 세계의 인재와 자원을 모으는 역동의 해양도시이다. 우리는 부산의 주인임을 자랑스럽게 여기며 진취적 기상으로 미래를 개척하여 지역번영과 인류평화에 이바지할 것이다.

08 ④
(해설)
2013년 여주군이 여주시로 승격하면서 경기도는 28개 시 3개 군이 되었다.

09 ③
(해설)
③은 한국수력원자력의 핵심가치이다. 한국전력의 핵심가치는 미래지향, 변화혁신, 고객존중, 상생성장, 신뢰소통이다.
기업 지원 시 해당 기업의 인재상, 핵심가치, 비전, 진행 사업 등은 파악해두어야 한다.

10 ②
(해설)
「한국관광공사법」에 따르면 사장은 재판 대리인으로 회사의 직원을 뽑아야 한다. 사내 소속이 없는 민간인은 대리가 불가능하다.
공공기관의 경우 설립 근거가 법으로 마련되어 있는 경우가 많아 법과 관련된 질문이 나오기도 한다.

11 ③
(해설)
① 한국동서발전의 비전
② 한국전력공사의 비전
④ 한국남부발전의 비전

12 ①
(해설)
'수소경제 육성 및 안전관리에 관한 법률'은 2020년 2월에 공포됐다.
② 1983년 우리나라 최초의 천연가스회사로 출발했다.
③ 지난 수년간의 천연가스 설비 건설, 운영, 공급 경험을 기반으로 국민에게 경제적이고 안정적인 수소 공급 서비스를 제공하기 위해 힘쓸 예정이다.
④ 한국가스공사는 천연가스 산업의 불모지였던 우리나라에 최초로 LNG를 도입하였다.
⑤ 2018년 12월, 한국가스공사법 개정을 통해 수소 에너지의 생산과 공급 관련 사업을 추가하였다.

13
(정답)
6차산업
1차산업과 2차산업, 3차산업을 연계하여 새로운 부가가치를 창조하고자 하는 활동을 말한다.

14
(정답)
고교학점제
고등학생도 대학생처럼 학교에서 적성에 따라 원하는 과목을 선택해서 수강할 수 있는 교육제도다.

15
(정답)
청년기본소득
경기도에서 2019년 4월부터 운용하기 시작한 만 24세 청년에게 일정금액의 지역화폐를 지급하는 사업이다.

16
(정답)
K-택소노미(Taxonomy)
어떤 경제활동이 친환경적이고 탄소중립에 이바지하는지 규정한 한국형 녹색분류체계로, 기업의 친환경 경제활동에 대한 원칙과 기준을 제시한 가이드라인 이다.

17
(정답)
국민비서
국민에게 필요한 각종 행정정보를 네이버·카카오톡 같은 민간 플랫폼을 통해 사전설정하여 때마다 제공받을 수 있는 서비스다.

18
(정답)
디딤돌 대출
저금리로 주택 계약을 하는 이에게 대출을 해주는 것으로, 부부합산 연소득 6천만원 이하인 자에게 최고 2.5억원의 자금이 연 2.15~3.00%의 이율로 제공된다.

19
(정답)
국가데이터처
2025년 9월 이재명정부가 정부조직 개편을 실시하면서 기존의 통계청이 국가데이터처로 격상되었고, 기획재정부 산하에서 국무총리 소속으로 분리·독립되었다.

20
(정답)
첫만남 이용권
출산 가정의 초기 양육부담을 경감하기 위해 2022년 1월 이후 출생한 모든 아동에게 200만원의 바우처를 지급하는 제도다.

21
(정답)
늘봄학교
방과후수업과 돌봄교실을 통합한 개념으로 평일 오전 7시부터 오후 8시까지 학교에서 학생을 돌봐주는 제도이다.

22
(정답)
뮷즈
박물관에서 소장 중인 유물이나 작품을 토대로 제작된 박물관 굿즈를 말한다. 또한 국립박물관문화재단이 국립중앙박물관 상품의 브랜드 정체성을 강화하기 위해 론칭한 브랜드명이기도 하다.

6회차 : NCS 기반 일반상식 문제 탐구

01	④	02	②	03	③	04	③	05	①
06	①	07	④	08	③	09	②	10	④

01 ④
(해설)
제시문은 메기효과에 대한 글이므로 가장 먼저 메기효과의 기원에 대해 설명한 (마) 문단으로 시작해야 하고, 뒤이어 메기효과의 기원에 대한 과학적인 검증 및 논란에 대한 (라) 문단이 오는 것이 적절하다. 이어서 경영학 측면에서의 메기효과에 대한 내용이 와야 하는데, (다) 문단의 경우 앞의 내용과 뒤의 내용이 상반될 때 쓰는 접속부사인 '그러나'로 시작하므로 (가) 문단이 먼저 나오고 그 다음에 (다) 문단이 이어지는 것이 적절하다. 그리고 마지막으로 메기효과에 대한 결론인 (나) 문단으로 끝내는 것이 가장 적절하다.

02 ②
(해설)
메기효과는 과학적으로 검증되지 않았지만 적정수준의 경쟁이 발전을 이룬다는 시사점을 가지고 있다고 하였으므로 낭설에 불과하다고 하는 것은 적절하지 않다.

03 ③
(해설)
안전보장이사회의 기능과 이에 대한 상임이사국의 거부권을 설명하는 부분이다. 본문의 내용과 다르다.

04 ③
(해설)
첫 문단에 "국제사법재판소의 판결이행사항 이행"이라는 내용이 나와 있다.

05 ①
(해설)
해당기사를 분석하면 SO전략이 적절하다.
- Strength(강점) : B자동차는 전기차 모델들을 꾸준히 출시해 성장세가 두드러지고, 고객들의 구매욕구를 충족시킬 만한 상품 다양성을 확보했다.
- Opportunity(기회) : 새 정권에서 친환경차 보급확대에 적극 나설 것이라는 점과 환경을 생각하는 국민의식의 향상, 친환경차의 연비절감 측면이 친환경차 구매욕구를 상승시키고 있다. B자동차의 미국 수출도 증가 추세다.

06 ①
(해설)
매슬로우의 인간욕구 5단계 이론을 소개한 (나), 다섯 가지 욕구와 그 우선순위를 설명하는 (라), 다섯 단계의 욕구를 더 자세히 설명하는 (다), 인간욕구 5단계 이론이 경영학 중 하나인 인사분야에서 사용됨을 설명하는 (가), 마지막으로 경영학 중 다른 하나인 마케팅 분야에서 사용됨을 설명하는 (마) 순서로 나열된다.

07 ④
(해설)
행복한 가정을 이루고 싶어 하는 것은 소속과 애정의 욕구로 볼 수 있다.

08 ③
(해설)
노후대비를 위해 연금보험에 가입한 것은 경제적 위험으로부터 보호받고 싶어 하는 안전욕구로 볼 수 있다.

09 ②
(해설)
제시문은 베토벤의 9번 교향곡에 대한 내용으로, 〈보기〉는 9번 교향곡이 '합창 교향곡'이라는 명칭이 붙은 이유에 대해 말한다. 제시문의 세 번째 문장까지는 교향곡에 대해 설명하고 있으며, 네 번째 문장부터는 교향곡에 대한 현대의 평가 및 가치에 대한 설명이다. 따라서 〈보기〉는 교향곡에 대한 설명과 교향곡에 성악이 도입되었다는 설명을 한 다음 문장인 ㉡에 들어가는 것이 적절하다.

10 ④
(해설)
세 번째 문단에 따르면, 오히려 마이데이터 사업자와의 협력과 직접진출 등이 활발하게 나타남으로써 금융업 간 경쟁심화는 필연적일 것으로 전망된다.

훌륭한 가정만한 학교가 없고,
덕이 있는 부모만한 스승은 없다.
– 마하트마 간디 –

교육이란 사람이 학교에서 배운 것을
잊어버린 후에 남은 것을 말한다.
- 알버트 아인슈타인 -

좋은 책을 만드는 길, 독자님과 함께 하겠습니다.

2026 시대에듀 기출이 답이다 공기업 일반상식·한국사 단기완성 기출 500제

개정7판1쇄 발행	2026년 01월 05일 (인쇄 2025년 10월 22일)
초 판 발 행	2019년 03월 05일 (인쇄 2019년 01월 03일)
발 행 인	박경일
책 임 편 집	이해욱
편 저	시사상식연구소
편 집 진 행	김준일·남민우
표지디자인	조혜령
편집디자인	조상아·이다희
발 행 처	(주)시대고시기획
출 판 등 록	제10-1521호
주 소	서울시 마포구 큰우물로 75 [도화동 538 성지 B/D] 9F
전 화	1600-3600
팩 스	02-701-8823
홈 페 이 지	www.sdedu.co.kr
I S B N	979-11-434-0249-3 (13030)
정 가	18,000원

※ 이 책은 저작권법의 보호를 받는 저작물이므로 동영상 제작 및 무단전재와 배포를 금합니다.
※ 잘못된 책은 구입하신 서점에서 바꾸어 드립니다.

공기업 전공필기 분야의 독보적인
COMPACT 시리즈

공기업 전공필기 시리즈로 공부하고 합격하자!

COMPACT 공기업 전공필기
기출적중 경제학

COMPACT 공기업 전공필기
기출적중 경영학

COMPACT 공기업 전공필기
기출적중 행정학

※ 도서의 이미지 및 구성은 변동될 수 있습니다.

공기업 전공시험의 최적대비서

[핵심이론]
확실한 기본기를 잡아주는 핵심이론 수록

[기출분석문제]
최신 기출경향을 빠르게 파악할 수 있는 기출분석문제 수록

[하프모의고사]
완벽한 최종점검과 실전경험을 위한 하프모의고사 수록

가장 빠르게 합격하고 싶다면?

합격의 지름길로 안내하는 **취업 베스트** 도서!

기출로 공부하는 일반상식 통합기본서
- 빈출상식 194선 + 무료동영상(최신시사특강)
- 공사공단·언론사·기업체 취업 대비를 위한 일반상식 종합서

공기업 일반상식·한국사 기출 500제
- 최근 출제된 상식만 모아서 500개 문제 공략
- 대표 공기업 상식 출제경향 분석표 제시

일반상식 만점 비법! 단기완성 시리즈

시험에 필요한 **모든 것을 한 권에** 담았다! 기출의 빈틈을 채우는 상식

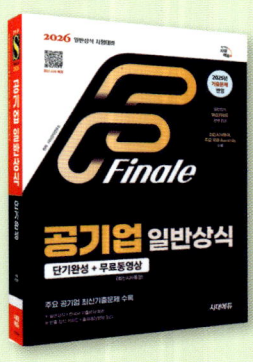

공기업 일반상식 단기완성
- 공기업 일반상식 필기시험 완벽 대비
- 최신기출문제로 본 일반상식 공략 비법 제공
- 빈출상식 키워드 + 출제예상문제 정리

7일 속성 취업 일반상식
- 필기·논술·면접 대비를 위한 취업 일반상식 필독서
- 공기업·기업체·언론사 기출 및 빈출상식 공략
- 7개 분야를 3단계 학습으로 7일 만에 완전 정복

신문으로 공부하는
말랑말랑 시사상식 시리즈

어려운 상식 키워드를 쉬운 설명과 출제 기사로 말랑말랑하게 공부하자!

시사상식 종합편
- 각 분야 155개 키워드를 쉽고 재밌게 정리
- 읽으면서 정리하는 신문 공부법 노하우 전수

시사상식 청소년
- 사고를 넓히는 시사상식으로 대입·토론 최적화
- 선생님도 훔쳐보는 시사상식의 모든 것

시사상식 경제·경영
- 시사 경제·경영 상식을 자연스레 암기
- 경제 키워드와 기초 경제학 이론까지 함께 공부

시사상식 과학·IT
- 과학 시사상식을 신문으로 재미있게!
- 과학·IT 상식을 손쉽게 쌓을 수 있는 방법!

센스 있는 지성인이 되고 싶다면?

빈틈없이 상식을 채워주는 필수 잇템으로 상식 마스터!

뇌가 섹시해지는 꿀잼 상식퀴즈
- 청소년부터 직장인까지 누구에게나 유용한 상식 퀴즈!
- 평소 찾기 힘들지만 알아두면 도움이 되는 문제를 분야별로 수록!
- 각종 퀴즈대회를 섭렵할 수 있는 절호의 기회

하루 30개씩 한 달 PLAN 하루상식
- 하루하루 쌓아 한 달이면 상식 완전 정복!
- 취업 및 각종 시험에 필요한 상식 핵심 공략!
- 최신 이슈, '핫이슈 시사상식' 수록

※ 도서의 이미지 및 구성은 변동될 수 있습니다.

대한민국
모든 시험 일정 및
최신 출제 경향·신유형 문제

꼭 필요한 자격증·시험 일정과 최신 출제 경향·신유형 문제를 확인하세요!

출제 경향·신유형 문제

시험 일정 안내

◀ 시험 일정 안내 / 최신 출제 경향·신유형 문제 ▲

- 한국산업인력공단 국가기술자격 검정 일정
- 자격증 시험 일정
- 공무원·공기업·대기업 시험 일정

합격의 공식
시대에듀